中国文化
地理概述

（第五版）

ZHONGGUO WENHUA DILI GAISHU

胡兆量　韩茂莉　阿尔斯朗　琼达　等　编著

北京大学出版社
PEKING UNIVERSITY PRESS

图书在版编目(CIP)数据

中国文化地理概述/胡兆量等编著. —5 版. —北京：北京大学出版社，2023.2
ISBN 978-7-301-33545-1

Ⅰ.①中… Ⅱ.①胡… Ⅲ.①文化地理学–中国 Ⅳ.①K901.6

中国版本图书馆 CIP 数据核字（2022）第 204839 号

书　　名	中国文化地理概述（第五版） ZHONGGUO WENHUA DILI GAISHU（DI-WU BAN）
著作责任者	胡兆量　韩茂莉　阿尔斯朗　琼达　等 编著
责任编辑	王树通
标准书号	ISBN 978-7-301-33545-1
出版发行	北京大学出版社
地　　址	北京市海淀区成府路 205 号　100871
网　　址	http://www.pup.cn　新浪微博：@北京大学出版社
电子信箱	zpup@pup.pku.edu.cn
电　　话	邮购部 010-62752015　发行部 010-62750672　编辑部 010-62764976
印 刷 者	天津中印联印务有限公司
经 销 者	新华书店
	730 毫米×1020 毫米　16 开本　20 印张　403 千字
	2001 年 9 月第 1 版
	2023 年 2 月第 5 版　2024 年 7 月第 3 次印刷
定　　价	58.00 元

未经许可，不得以任何方式复制或抄袭本书之部分或全部内容。
版权所有，侵权必究
举报电话：010-62752024　电子信箱：fd@pup.pku.edu.cn
图书如有印装质量问题，请与出版部联系，电话：010-62756370

第五版说明

第五版修编的重点是国情。我国有三大国情：① 文明绵延五千年,是时间特征；② 地域辽阔,是空间特征；③ 凝聚力强的中华民族,是文化特征。三大国情编织成一个整体。研究文明延续和地域辽阔,必然追溯到民族凝聚。三大国情间存在表里关系和因果关系。文明延续和地域辽阔是表,是果。民族凝聚是里,是因。研究三大国情的实质是探寻我国社会发展的规律性。

《管子》说："四维不张,国乃灭亡。"凝聚中华民族的"四维"是天下观、和谐观、仁爱观、勤奋观。天、和、仁、勤是支撑国家大厦的四根擎天大柱。以人为本治国方略,人类命运共同体理念,"一带一路"倡议,与我国传统文化"四维"一脉相承。

地理学的理论、思维和方法可以为研究我国社会发展规律做出贡献。地理环境是社会发展的舞台,我国锦绣大地上绘出了中华民族一幕幕壮丽的历史画卷。运用地带性规律、距离衰减规律可以解释我国优异的区位、雨热同季的气候、完整的山川体系,共同构成独一无二的舞台。运用地理学的综合思维和区域比较,可以突显我国社会发展的个性。通过四大文明古国比较,可以寻找我国文明延续的秘密。与欧洲比较,可以发现我国一统的原因。

提笔区域比较,脑海中浮现两位贵人的身影。一位是德国陶普曼教授[①]。有幸三次获得邀请访问德国。1989年10月第一次受邀沿西伯利亚大铁路缓缓西行,浏览贝加尔湖风光,目睹民主德国与联邦德国合并和柏林墙倒塌。教授英年早逝,2007年参加教授追思会故地重游,萌发探索中欧文化比较的愿望。另一位是加拿大福琴教授[②]。受邀访加,顺访美国,对北美文化有了直观的体验。同时,感谢原冶金工业部唐克[③]部长安排,1980年随团考察日本

---

① 陶普曼(Wolfgang H. Taubmann, 1937—2006),德国不来梅大学教授.
② 彼得·福琴(Peter Foggin),加拿大蒙特利尔大学教授.
③ 唐克(1918—2013),江苏盐城人,中共第十一届、十二届中央委员,1975—1982年任冶金工业部副部长、部长.

钢铁工业。这次考察感悟日本文化与经济腾飞的关联,后半生攻读的重点转向文化地理。

修编的催化剂是在两门课程中穿插讲授。一门是韩茂莉的精品课,一门是冯健、陈彦光的专题课。西藏地名文化和东北地名文化由次仁央宗、郎云华①执笔。有关俄罗斯的内容与列那②切磋。两年来与周一星、吕斌、唐晓峰、李贵才、叶裕民商榷,获益良多。一星建言精辟,吕斌协助把握中日比较分寸。互联网是重要信息来源,有些标题受网上评论的启示。

从第四版起增添插图。杨晓东、谢凝高、冯健、韩茂莉、沈文权的画作为书稿增彩。晓东作画笔意俱全,细腻精妙。凝高踏遍名山,堪称海内地理素描第一人。冯健精于传统山水画。

岁月有情,初版问世以来留下许多美好的回忆。状元陆润庠大名有误,业师朱家泽③当面提示,陆大壮分外关切。清朝苏州陆门荣获两位状元,润庠是大壮叔祖。时年九十高龄的巫咏扬老师和吉林大学应届毕业生魏新宇分别寄来洋洋数十款订正建议。韩国湖西大学金贵成教授将初版译成韩文,在首尔出版。2020年11月23日,授课时大一学员陆海天指出书中年号有误。具有一定知识积淀且热爱中国文化方能有此识别能力,后继有人,后生可畏。斗转星移,二十年祖国腾飞,小书得以一而再版。谨向关爱诸君,致以崇高敬礼!

物华天宝,人杰地灵。中国文化地理浩瀚精深。敬请学友读者,继续指正赐教。但愿借以天年,有机会续修新版改正。

胡兆量
2022年1月

---

① 次仁央宗,女,藏族,西藏大学地理系教授.郎云华,女,满族,东北师范大学附中特级地理教师.
② 列那(Masterova Elena),女,北京大学城市与环境学院俄罗斯留学生.
③ 朱家泽(1921—2009),江苏宜兴人,上海位育中学教务长,南洋模范中学校长.

第四版说明

《中国文化地理概述》是普通高等教育"十一五"国家级规划教材之一,出版后被选为"国际注册汉语教师资格"考试读物,对书稿的科学性、系统性和可读性提出更高的要求。

第三版问世以来,中国加快了走向世界的步伐。第四版增添全球视野下的中国文化(下篇),包括文明古国比较(第二十一章)和文化与全球治理(第二十二章)。

中国部门文化地理修订的重点是汉语的简约性、中国画的重神似特征和风水中的迷信成分。冯健对中国画特征的修订做出重要贡献。区域文化地理修订增加天津文化一节,充实北京的建筑文化遗产和黔贵文化、藏文化内容。琼达和次仁央宗为藏文化修订提供宝贵意见。① 邓文碧参与黔贵文化修订。② 在增添和补充的同时,删除了一些次要的段落。

新版增加图件49幅。2014年8月30日,中国美术馆举办"人民艺境——吴良镛绘画书法建筑艺术展"。步入展厅,有高山仰止的感受。得到首肯,收录展出的国画《广西阳朔兴坪》。新增图中,有10幅选自谢凝高《名山·风景·遗产》一书。③ 凝高遍游名山大川,人称当代徐霞客,风景素描造诣高深。定稿前收到钱云等撰写的《丝绸之路绿洲研究》,转引书中《坎儿井结构示意图》。④ 韩茂莉、冯健、洪炉、刘晓宇等为本书提笔作画,谨致衷心感谢。书中引用多本专著中的精美插图,一并致谢。专著和插图的作者有谭晓春、韦启美、张德宝、刘扬、曹开翔、王仁湘、沈天呈、李延龄、冯钟平、黄天驹、赵航、段渊古、白云翔、周若祁、汤国华、李任远、王晓东、吴尚荣、王蔚、张颖、张妙弟、李世瑜、刘善龄、惠焕章、昆武、马军、黄莉等(按出现顺序排列)。这些精美插图,提高了本书的可

---

① 琼达和次仁央宗,藏族,在西藏大学地理系执教.
② 邓文碧,贵州布依族.
③ 谢凝高.名山·风景·遗产:谢凝高文集[M].北京:中华书局,2011.
④ 钱云,金海龙.丝绸之路绿洲研究[M].乌鲁木齐:新疆人民出版社,2010.

读性与科学性。

　　着手编写第一版至今,匆匆二十年了。伏案修订新版时常常想起二十年来为本书增彩的学长和学友。多位学长已经驾鹤仙逝,新版问世是对他们最好的纪念。

　　恳切希望学长和学友继续提出批评和建议,如有再版机遇,可以改进。

胡兆量

2017 年 2 月

于北京大学

第三版说明

第三版修编的重点是加强建筑文化地理和园林文化地理两章。这两章涉及的内容是当前中国文化地理学科的生长点。当前,我国建筑总量占全世界一半左右,如何提升建筑的文化水准是十分紧迫的课题。北京大学城市与环境学院设立工科性质的城市与区域规划系,北京大学景观设计研究院扩大研究生招生规模,繁重的教学任务催促建筑与园林文化地理的成长。探索建筑和园林的地域差异有两个切入点。第一个切入点是中国建筑园林和西方建筑园林的比较,通过国际比较,显现中国建筑园林的特点。第二个切入点是我国南方建筑园林和北方建筑园林的比较,南北差异是我国自然和社会的主要地域差异,建筑园林也不例外。

建筑园林具有形象性,讲解时离不开素描图件。其他各章,图件也可以增加直观效果。修编增加40幅图件。图件分别选自下列作者的作品:谭晓春、李殿忠、张德宝、韦启美、刘扬、曹开翔、王仁湘、天呈、李延龄、冯钟平、黄天驹、赵航、段渊古、白云翔、周若祁、汤国华、梁思成、李任远、王晓东、沙利文、吴尚荣、王蔚、陆元鼎、墨菲、张颖、惠焕章、昆武等(按出现顺序排列)。这些图件在讲坛上采用十余年了,提升了讲授的形象性和直观性,成为中国文化地理课程的特色。随着时光流逝,听者对讲课内容逐渐淡忘;然而,对精彩图件的印象仍可清晰回忆。向创作优美图件的诸位作者致真诚的敬意。

人是文化的载体,文化地理的核心是人的地域差异,这是社会上的热点话题之一。2008年网络流传多幅地图,在大片地域中标上"骗子的老家""小偷的老家""强盗的老家""造假窝点"等字眼。[1] 网络地图反映社会上流传的地域歧见,不利于中华大家庭的和谐团结。中国文化地理的宗旨是阐述华夏文化的兼容性与和谐性,诠释地域文化的特色和生命力。修编进一步加强各民族、各地区互相尊重融洽和睦的大爱观,削减流传的地域隔阂和地域歧见。分析汉姓可以从一个侧面说明中华文化的传承力、凝聚力和融合力。对照汉姓史实,没准你的先辈来自多民族的融合,来自歧视性字眼标注的地区。汉姓一节在修编时增添些笔墨。

---

[1] 《香港商报》2008年12月26日以"地域歧视加当代标签——网络热捧的中国地图"为题刊出"上海人眼中的中国地图"和"北京人眼中的中国地图"。

本书前两版刊印后得到海内外学长和学友的指点。本版付印前夕,收到两份重要文献。一是孙小礼赠《莱布尼茨与中国文化》一书。书中对莱布尼茨发明二进制算术和易经八卦的关系有详尽的考证。[①] 根据书中资料修正前两版有关叙述。二是冯健改写的《画风的区域差异》手稿,拓展了原稿的内容。此外,溧阳九十一高龄巫咏扬伏案勘校,吉林大学法律系魏新宁引经据典,提出应该修正的条文18处。

改版过程中,多年来良师益友相导相助的情景历历在目,挥之不去。借新版刊印的机会,再一次向指导者、合作者和关爱者致以衷心的谢意。

不幸的是2008年5月本书第一版和第二版责任编辑郑昌德驾鹤西去。第三版是她预订的计划。第三版能够按期问世是对她的一个告慰。

胡兆量

2009年9月于北京大学

---

① 孙小礼.莱布尼茨与中国文化[M].北京:首都师范大学出版社,2006.

第二版说明

2001年问世的《中国文化地理概述》(以下简称第一版)具有初创性质,许多内容有待完善。这次修订的重点有两个。

第一个重点是全覆盖。区域地理的基本要求是对整个地域全部覆盖。第一版只写三个区、三个市和三个文化人群,不是完整的区域地理。修订版初步实现全覆盖。虽然对各区的概括不一定确切,区域划分也可以进一步商议,总算有了区域地理的模样。对此,要感谢新参加的合作者。延边大学地理系沈惠淑教授(朝鲜族)长期研究东北朝鲜族地理,执笔延边一节。中国科学院华南分院地理学家黄发程,来自潮汕,撰写岭南一节。

第二个重点是加强应用。应用是学科成长的基础。修订版增添应用方面的案例。区域文化形象、地名文化资源、汉姓发源地资源、主题公园文化、公墓园林化等都是文化地理在当前建设中的应用热点。案例说明中国文化地理既有扎实严肃的基础知识,又有生动活泼的应用前景,说明中国文化地理是认识祖国的学科,也是建设祖国的武器。最近,美国出现这样的忠告:"假如你现在18岁,而且很聪明,正试图找一个值得自己毕生投入的研究领域,探索能在未来几十年里改变历史的力量,那就进入这样一个领域吧——文化地理学。"[①]这一忠告是在分析文化区域差异对世界政治经济格局的重大影响后形成的。

修订版增加风水一节。风水是我国古代的应用地理学,是我国传统文化之一。风水在我国百姓中有深厚的基础。授课时,风水是最受欢迎的内容之一。

第一版刊印后,得到师长和同仁的关爱和指点。书中误将清朝状元陆润庠写成陆润痒。上海位育中学业师朱家泽和中国人民大学同仁陆大壮相继点出谬误。陆大壮是陆润庠同族晚辈,对此分外关切。

第一版刊印后的5年期间,我曾编写两本有关作品。第一本是为韩国人文出版社编著的《中国文化地理》,由首尔湖西大学金泰成教授精心翻译。这本书被韩国多所高等学校中文系选作教材。第二本是为人民教育出版社编写的《中国文化地理纲要》,该书的主要读者对象是中学地理教师。这两本书是修订此书的良好基础。在此,向韩国人文出版社和人民教育出版社的同仁致以衷心的

---

① 戴维·布鲁克斯.并非所有文化皆平等[N].美国《纽约时报》,2005-08-11.

感谢。本书还作为基础教材介绍给全球学习中国语言和中国文化的朋友们。国内外的需要是催促本书修订的重要动力。

修订版在初版基础上增加四章,共十六章。大体分三部分。上篇一至三章是中国文化地理总论,阐述基本原理和基本概念,是全书的理论基础。中篇四至九章是中国部门文化地理,阐述语言、文字、艺术、戏曲、饮食、建筑、园林和人才的分布规律与动向。下篇十至十六章是中国区域文化地理,阐述华北、东北和内蒙古、华东、华中、华南、西北和西南七个区域。每一个区域又分若干亚区。

参与本书的主要执笔人如下:

第九章　第一节、第二节　韩茂莉

第十章　第三节　韩茂莉

第十一章　第二节　沈惠淑

第十二章　第一节　韩茂莉

第十二章　第二节　章琦

第十二章　第四节　黄定华

第十三章　第三节　胡忠

第十四章　第一节　黄发程

第十五章　第四节　阿尔斯朗·买木提

第十六章　第四节　琼达

博涛协助绘图。

中国文化地理博大精深。本书若有疏漏和谬误的地方,希望能继续改进。切盼协作友好共同努力。切盼志士同仁继续指点。

胡兆量

2006 年 1 月 1 日于北京大学

前　　言

　　1952年执教以来,我主要担负经济地理方面的教学和研究工作,涉足中国文化地理是20世纪80年代以后的事。1972—1982年我在冶金工业部工作10年,接触一些重大建设项目,发现不少经济布局问题的症结在文化上。1980年随中国冶金工业代表团考察日本钢铁工业,对日本在第二次世界大战以后的经济高速增长印象深刻。推敲再三,发现文化是重要的推动力量。在实践中,渐渐领悟到文化在区域发展中的重要性,渐渐领悟到文化就是产业,文化就是经济。文艺美术、新闻出版、广播电视、体育娱乐等等,都是蓬蓬勃勃的朝阳产业。环顾世界,凡是文化落后、政局动荡的地方,社会和经济举步维艰。回顾中国经济建设的基本经验教训,有一条是政策和方针必须符合国情和区情。国情和区情包括自然环境和经济基础,还包括文化。对于自然环境和经济基础方面的国情和区情,学术界有比较深入的分析研究。对于文化方面的国情和区情的研究还是个薄弱环节。认识的转化促使我在1987年写成《我国经济地带与东亚经济地带的文化地理背景》小文。[①] 这是涉足中国文化地理的起始。

　　前辈的鼓励和鞭策是促成本书的重要动力。钱学森院士四次亲赐墨宝(1994年11月6日、1995年12月、1996年9月8日、1999年4月29日),谆谆教导加强地球表层巨系统研究,加强既涉及自然过程又涉及社会过程的综合规律研究。[②] 10年前在上海召开的中国地理学会年会上,吴传钧院士建议写一本中国文化地理方面的著作。吴良镛院士长期呼吁加强跨学科的研究,1999年4月在云南丽江返京的航班上再次告诫,处在北京大学的地位,加强文化方面的研究是责无旁贷的。殷殷期望,铭记在心。

　　研究文化地理离不开考察和比较。近些年有幸考察一些国家和地区,亲见亲闻,体验深切。为此,要衷心感谢给予协助的各位学友:德国不来梅大学陶普曼教授(Wolfgang H. Taubmann)、加拿大蒙特利尔大学福琴教授(Peter Foggin)、维多利亚卡姆森学院余乐荣博士、中国香港中文大学杨汝万教授、中国香港大学薛凤旋教授和林初昇博士、中国台湾大学姜兰虹教授、中国台湾师范大学张瑞津教授、新加坡大学钟临杰教授等。最后,应该提到的是美国阿克隆大学马

---

① 胡兆量.我国经济地带与东亚经济地带的文化地理背景[J].经济地理,1987,4:248—252.
② 钱学森.论地理科学[M].杭州:浙江人民出版社,1994.

润潮教授穿针引线,安排出访。在酝酿纲目时,马教授特备专函,指点要津。

全书分十二章。前两章总论是理论基础。为了适应干部培训的需要,在第二章中增添了一些中国自然、人种、历史、军事、经济方面的地理知识。第三章到第七章分论,分别阐述语言、文艺、人才、饮食和建筑五个领域的地理问题。第八章到第十二章是区域和城市文化地理,选择几个典型区域和典型城市展开阐述。有些文化地理在应用方面的案例,可供实际工作参考。从总论到分论到区域和城市,构成全书的基本框架。

探索中国文化地理有两个深切的感受。一是学习上的攀登感。文化地理领域广阔,在探索过程中,要不断补充新知识,不断跨越新障碍。伏在案桌上,想起奕林在"凌霄花的自白"中的诗句:"也许,生命的存在,只是在于攀登。……永无止境地攀登,开一朵鲜红的花,留一个滴血的足迹。"在时钟滴答声中,留下行行字迹,确实有与凌霄花相通的攀登感。二是思想上的纯化感。中华文化,犹如"天空中的氧气,自然界的春雨,不可或缺却视之无形,飘飘洒洒,润物无声"。[①] 探索中国文化地理,得到精神上的享受,思想上的纯化。如果能通过字里行间,把精神上和思想上的感受,传递给读者一二,将是更大的收获。

胡兆量

2000 年 12 月 31 日

---

① 严家炎.重视人文科学的无用之用.北京大学校刊,2000-03-31.

目　录

上篇　中国文化地理总论

第一章　绪论 (3)
　一、文化地理的对象 (3)
　二、文化结构 (3)
　三、文化价值观 (5)
　　(一) 文化是软实力 (5)
　　(二) 文化价值潜在性 (5)
　　(三) 文化价值滞后性 (6)
　　(四) 文化价值整体性 (8)
　四、农耕经济特征 (8)
　　(一) 铁犁牛耕，男耕女织 (8)
　　(二) 自给自足，脆弱分散 (9)
　　(三) 安土重迁，祈求太平 (10)

第二章　中华文化的自然背景 (11)
　一、地理环境的影响 (11)
　　(一) 有此不必然 (11)
　　(二) 无此必不然 (12)
　　(三) 地理环境影响的特征 (13)
　二、季风气候 (15)
　　(一) 雨热同季，夏热冬寒 (16)
　　(二) 寒潮·梅雨·台风 (17)
　　(三) 彩云之南 (17)
　　(四) 干旱和半干旱区 (18)
　三、高山大川 (19)
　　(一) 山高路险，景观多样 (19)
　　(二) 大江东流，南水北调 (20)

（三）青藏高原 ………………………………………………………… (20)
　　　（四）黄土高原 ………………………………………………………… (21)
　　　（五）四川盆地 ………………………………………………………… (22)
　四、自然灾害多发 ……………………………………………………………… (22)

第三章　中华意识文化述要 …………………………………………………… (24)
　一、天下观 ……………………………………………………………………… (24)
　　　（一）涵盖自然和社会 …………………………………………………… (24)
　　　（二）培育爱国主义和国际主义 ………………………………………… (25)
　二、和谐观 ……………………………………………………………………… (26)
　　　（一）综合思维 …………………………………………………………… (26)
　　　（二）和为贵与中庸之道 ………………………………………………… (27)
　　　（三）爱好和平 …………………………………………………………… (29)
　三、仁爱观 ……………………………………………………………………… (29)
　　　（一）人与人的关系 ……………………………………………………… (30)
　　　（二）从亲亲到大爱 ……………………………………………………… (30)
　　　（三）从修身到平天下 …………………………………………………… (32)
　四、勤奋观 ……………………………………………………………………… (33)
　　　（一）忧患意识 …………………………………………………………… (33)
　　　（二）笃信好学 …………………………………………………………… (34)
　五、民族观 ……………………………………………………………………… (34)
　　　（一）第一国情 …………………………………………………………… (34)
　　　（二）文化凝聚 …………………………………………………………… (35)
　　　（三）维护民族团结的汉语 ……………………………………………… (37)

第四章　文化的区域差异 ………………………………………………………… (38)
　一、南北差异 …………………………………………………………………… (38)
　二、社会历史背景 ……………………………………………………………… (39)
　　　（一）北方多战事 ………………………………………………………… (39)
　　　（二）首都主要在北方 …………………………………………………… (40)
　　　（三）南方经济比较发达 ………………………………………………… (40)
　三、中国人体质的区域差异 …………………………………………………… (41)
　　　（一）南矮北高,南瘦北胖 ……………………………………………… (41)
　　　（二）容貌差异 …………………………………………………………… (42)
　　　（三）Gm血型差异 ……………………………………………………… (42)
　四、汉民族性格的区域性 ……………………………………………………… (44)
　五、汉姓的分布特征 …………………………………………………………… (45)

　　　　（一）华夏文化的载体 ……………………………………… (45)
　　　　（二）分布概述 …………………………………………… (46)
　　　　（三）历史背景 …………………………………………… (47)
　　　　（四）南陈北王中部李,福建林陈半天下 ………………… (49)

第五章　语言和地名 ……………………………………………… (51)
　一、汉语特征 ………………………………………………………… (51)
　　　　（一）简约的汉语 ………………………………………… (51)
　　　　（二）南繁北齐 …………………………………………… (53)
　　　　（三）北京语音——汉语普通话的标准音 ……………… (55)
　　　　（四）口彩与口忌 ………………………………………… (56)
　二、少数民族语言 …………………………………………………… (56)
　三、地名 ……………………………………………………………… (58)
　　　　（一）地名命名原则 ……………………………………… (58)
　　　　（二）地名争议 …………………………………………… (59)
　四、民族语言与地名 ………………………………………………… (61)
　　　　（一）藏语与地名 ………………………………………… (61)
　　　　（二）珠穆朗玛正名 ……………………………………… (62)
　　　　（三）满语、蒙语与东北地名 …………………………… (62)

第六章　文学和绘画的区域差异 ………………………………… (64)
　一、象形的汉字 ……………………………………………………… (64)
　二、文风的区域差异 ………………………………………………… (65)
　三、色彩观 …………………………………………………………… (66)
　　　　（一）尚黄 ………………………………………………… (67)
　　　　（二）尚红 ………………………………………………… (67)
　　　　（三）少数民族色彩观 …………………………………… (68)
　四、中国绘画特征 …………………………………………………… (69)
　五、画风区域差异 …………………………………………………… (71)

第七章　戏曲的地域性 …………………………………………… (73)
　一、戏曲文化特征 …………………………………………………… (73)
　　　　（一）综合性 ……………………………………………… (73)
　　　　（二）虚拟性 ……………………………………………… (74)
　　　　（三）地域性 ……………………………………………… (75)
　二、纷繁的剧种 ……………………………………………………… (76)
　三、地域性戏剧 ……………………………………………………… (78)
　　　　（一）委婉缠绵的越剧 …………………………………… (79)

（二）幽默灵巧的川剧 ……………………………………… (79)
　　　（三）秦腔大声吼起来 ……………………………………… (80)
　　　（四）乡土气息的二人转 …………………………………… (81)

第八章　饮食的地域性 ……………………………………………… (83)
　一、南米北面·南细北粗 …………………………………………… (83)
　二、四大菜系 ………………………………………………………… (85)
　三、中西饮食文化比较 ……………………………………………… (86)
　　　（一）美味适口 ……………………………………………… (87)
　　　（二）营养生态 ……………………………………………… (87)
　　　（三）会餐分食 ……………………………………………… (88)
　　　（四）热闹劝酒 ……………………………………………… (90)
　　　（五）经营管理 ……………………………………………… (91)

第九章　建筑园林的地域性 ………………………………………… (92)
　一、建筑文化的南北差异 …………………………………………… (92)
　　　（一）南敞北实 ……………………………………………… (92)
　　　（二）南多遮拦 ……………………………………………… (94)
　　　（三）南轻北厚 ……………………………………………… (95)
　　　（四）南方街巷曲折，北方街巷规正 ……………………… (95)
　二、园林的南北差异 ………………………………………………… (96)
　三、步行街文化 ……………………………………………………… (97)
　　　（一）慢慢走，欣赏啊！ …………………………………… (97)
　　　（二）南锣鼓巷的启示 ……………………………………… (98)
　四、风水与选址 ……………………………………………………… (99)
　　　（一）与自然环境协调 ……………………………………… (99)
　　　（二）遵循伦理心理原则 …………………………………… (100)
　　　（三）风水中的迷信观念 …………………………………… (100)

第十章　人才地理特征 ……………………………………………… (103)
　一、状元的分布及其意义 …………………………………………… (103)
　　　（一）状元的文化地理意义 ………………………………… (103)
　　　（二）状元的地域分布特征 ………………………………… (104)
　二、状元地域分布的背景 …………………………………………… (106)
　　　（一）区域经济背景 ………………………………………… (106)
　　　（二）文化教育背景 ………………………………………… (106)
　　　（三）政治因素的影响 ……………………………………… (107)
　　　（四）考试制度的影响 ……………………………………… (108)

三、教授的分布和迁移 ·· (109)
   （一）教授地域分布特征 ·································· (109)
   （二）北京教授籍贯地分析 ································ (111)
四、武将地域分布特征 ·· (113)
   （一）武将分布对区域发展的影响 ·························· (113)
   （二）清代武状元的地域分布 ······························ (114)
   （三）近代将领的地域分布 ································ (115)

中篇　中国区域文化地理

第十一章　文化区 ·· (121)
一、文化区的基本观点 ·· (121)
   （一）文化区域观 ······································ (121)
   （二）区域文化平等观 ···································· (122)
   （三）区域文化发展观 ···································· (123)
   （四）文化交流双赢观 ···································· (123)
二、区域形象 ·· (124)
三、文化区划 ·· (126)

第十二章　华北文化区 ·· (128)
一、首都文化 ·· (128)
   （一）首善之区与城市功能综合化 ·························· (128)
   （二）东富西贵与双中心 ·································· (130)
   （三）古都建筑风貌 ······································ (131)
二、天津文化 ·· (133)
   （一）天子渡口 ·· (133)
   （二）开埠要邑 ·· (133)
   （三）京津互补 ·· (134)
三、燕赵文化 ·· (135)
   （一）任勇好侠 ·· (135)
   （二）慷慨悲歌 ·· (135)
   （三）近畿文化 ·· (136)
四、三晋文化 ·· (137)
   （一）古建之乡 ·· (137)
   （二）晋商崛起的背景 ···································· (139)

　　　　(三) 晋商的贡献 …………………………………………………… (141)
　　五、齐鲁文化 ………………………………………………………… (142)
　　　　(一) 儒学故乡 …………………………………………………… (142)
　　　　(二) 泰山岩岩 …………………………………………………… (143)
　　　　(三) 豪放热情 …………………………………………………… (144)

第十三章　东北文化区 ………………………………………………… (146)
　　一、关东文化 ………………………………………………………… (146)
　　　　(一) 关东文化的背景 …………………………………………… (146)
　　　　(二) 虎、实、乐的东北人 ……………………………………… (147)
　　　　(三) 东北十大怪 ………………………………………………… (148)
　　二、延边朝鲜族文化 ………………………………………………… (149)
　　三、内蒙古草原文化 ………………………………………………… (151)
　　　　(一) 草原背景 …………………………………………………… (151)
　　　　(二) 草原文化特征 ……………………………………………… (152)

第十四章　华东文化区 ………………………………………………… (154)
　　一、吴越文化 ………………………………………………………… (154)
　　　　(一) 文物之邦 …………………………………………………… (154)
　　　　(二) 苏州状元 …………………………………………………… (155)
　　　　(三) 绍兴师爷 …………………………………………………… (156)
　　　　(四) 温州文化与温州模式 ……………………………………… (157)
　　二、上海海派文化 …………………………………………………… (159)
　　　　(一) 东西方文化交融的移民城市 ……………………………… (159)
　　　　(二) 精明——上海人的性格特征 ……………………………… (161)
　　　　(三) 多元和开新——海派文化的精华 ………………………… (162)
　　三、八闽文化 ………………………………………………………… (165)
　　　　(一) 区域差异 …………………………………………………… (165)
　　　　(二) 外向的闽南文化 …………………………………………… (167)

第十五章　华中文化区 ………………………………………………… (170)
　　一、中原文化 ………………………………………………………… (170)
　　　　(一) 华夏文化的重要发源地 …………………………………… (170)
　　　　(二) 中州区位与经济文化衰退 ………………………………… (172)
　　　　(三) 中州区位再现辉煌 ………………………………………… (172)
　　二、安徽文化·徽商纵横 …………………………………………… (173)
　　三、江西文化·兴衰轨迹 …………………………………………… (176)
　　四、两湖文化 ………………………………………………………… (178)

  （一）缤纷芳菲 …………………………………………………… (178)
  （二）九头鸟辩 …………………………………………………… (179)
  （三）武多楚腔 …………………………………………………… (180)

第十六章　华南文化区 …………………………………………… (182)
 一、岭南文化 ……………………………………………………… (182)
  （一）南风北渐 …………………………………………………… (182)
  （二）广府文化 …………………………………………………… (183)
  （三）潮汕文化 …………………………………………………… (184)
  （四）客家文化 …………………………………………………… (187)
 二、八桂文化 ……………………………………………………… (190)

第十七章　西北文化区 …………………………………………… (193)
 一、三秦文化 ……………………………………………………… (193)
  （一）陕西十大怪 ………………………………………………… (193)
  （二）皇上两行埋 ………………………………………………… (196)
 二、甘陇文化 ……………………………………………………… (197)
 三、宁夏回族文化 ………………………………………………… (199)
 四、新疆文化 ……………………………………………………… (200)
  （一）四大文化体系的汇流地 …………………………………… (200)
  （二）南疆维吾尔族绿洲文化 …………………………………… (202)
  （三）北疆哈萨克族草原文化 …………………………………… (206)

第十八章　西南文化区 …………………………………………… (208)
 一、巴蜀文化 ……………………………………………………… (208)
  （一）天府之国，多斑彩文章 …………………………………… (208)
  （二）尚滋味，好辛香 …………………………………………… (209)
  （三）悍勇和勤奋 ………………………………………………… (210)
 二、黔贵文化 ……………………………………………………… (211)
  （一）大山文化的特征 …………………………………………… (211)
  （二）文化交融 …………………………………………………… (212)
  （三）区域特征再认识 …………………………………………… (214)
 三、滇云文化 ……………………………………………………… (216)
  （一）云南十八怪 ………………………………………………… (217)
  （二）人类文化博物馆 …………………………………………… (220)
 四、藏文化 ………………………………………………………… (221)
  （一）高原环境和藏传佛教 ……………………………………… (222)
  （二）奇特的文化景观 …………………………………………… (223)

（三）文化的地域差异 ··· (227)

第十九章　港澳文化区 ·· (229)
　一、香港文化 ··· (229)
　　（一）文化的辐射力 ·· (229)
　　（二）国际性・商业性・法治性 ································· (229)
　二、澳门文化 ··· (231)

第二十章　台湾文化区 ·· (235)
　一、居民的内部差异 ·· (235)
　二、中华文化是台湾文化的根基 ··································· (236)
　三、传统与现代相结合的台湾文化 ································· (238)

下篇　全球视野下的中国文化

第二十一章　文明古国比较 ·· (243)
　一、埃及和巴比伦 ·· (243)
　　（一）小而富，廊道无险 ·· (243)
　　（二）埃及文化转型 ·· (244)
　　（三）巴比伦文化更替 ·· (245)
　　（四）失落的文字 ·· (245)
　二、碎片化的印度 ·· (246)
　　（一）历史上印度是地域概念 ···································· (247)
　　（二）断续的历史 ·· (248)
　　（三）民族结构与种姓制度 ······································ (249)
　　（四）殖民统治的影响 ·· (250)
　三、我国文明延续的保障 ·· (252)
　　（一）文明延续的规律性 ·· (252)
　　（二）衣冠南渡 ·· (253)
　　（三）易主不断文脉 ·· (253)

第二十二章　中欧比较 ·· (255)
　一、地理环境 ··· (255)
　　（一）欧洲海岸线曲折 ·· (255)
　　（二）中国农耕环境比较优越 ···································· (257)
　　（三）欧洲社会环境复杂性 ······································ (258)
　二、宗教文化 ··· (259)

（一）敬神与敬天 …………………………………………………（260）
　　（二）欧洲神的唯一性 ……………………………………………（261）
　　（三）中国神的群体性 ……………………………………………（262）
　三、思想解放运动 ……………………………………………………（264）
　　（一）欧洲三次思想解放运动 ……………………………………（264）
　　（二）对我国思想解放运动的启示 ………………………………（266）
　　（三）欧洲碎片化回顾 ……………………………………………（266）

第二十三章　中美比较 …………………………………………………（268）
　一、对文明的贡献 ……………………………………………………（268）
　二、意识文化比较 ……………………………………………………（270）
　　（一）个人至上与群体至上 ………………………………………（270）
　　（二）平等与等级 …………………………………………………（271）
　　（三）标新猎奇与中和、空灵、自然 ……………………………（272）
　　（四）商务文化比较 ………………………………………………（272）
　三、残缺的自由平等大旗 ……………………………………………（273）
　　（一）种族矛盾 ……………………………………………………（273）
　　（二）枪支文化 ……………………………………………………（275）
　　（三）不断加星的国旗 ……………………………………………（276）
　　（四）美洲警察和世界宪兵 ………………………………………（276）

第二十四章　中日比较 …………………………………………………（278）
　一、岛国环境 …………………………………………………………（278）
　二、学习与守俗 ………………………………………………………（279）
　　（一）学习境外先进文化 …………………………………………（279）
　　（二）岛国根性 ……………………………………………………（280）
　三、集团与敬业 ………………………………………………………（281）
　　（一）集团观念 ……………………………………………………（281）
　　（二）敬业礼貌 ……………………………………………………（282）
　四、尚武精神 …………………………………………………………（283）
　五、饮食文化比较 ……………………………………………………（284）
　　（一）生冷海鲜 ……………………………………………………（284）
　　（二）色彩美观 ……………………………………………………（285）
　　（三）筷子文化 ……………………………………………………（285）

第二十五章　中华审美观 ………………………………………………（286）
　一、"天地有大美" ……………………………………………………（286）
　　（一）审美三要点 …………………………………………………（286）

（二）园林法师天地 …………………………………………（287）
二、"锦绣中华"的命运 ……………………………………………（288）
三、公墓园林化 ……………………………………………………（289）
　　（一）继承传统丧葬文化积极因素 …………………………（290）
　　（二）扬弃传统丧葬文化消极成分 …………………………（290）
　　（三）吸纳西方丧葬文化合理内核 …………………………（291）
四、中央电视台新楼的争议 ………………………………………（291）
　　（一）温柔敦厚与标新猎奇 …………………………………（292）
　　（二）距离产生美 ……………………………………………（293）

参考文献 ……………………………………………………………（296）

上　篇 ｜ 中国文化地理总论

第一章 绪论

文化有地域差异。人们听到拖着嗓子的长调民歌,联想起辽阔宁静的内蒙古大草原;听到幽雅的丝竹箫声,联想起小桥流水的江南人家。"南人不梦驼,北人不梦象。"[①]南方没有骆驼,骆驼的形象不会进入梦境。北方没有大象,想象不出大象的模样。

一、文化地理的对象

文化地理研究地理环境与文化的边缘问题。中国文化地理研究中国地理环境与中国文化的边缘问题。边缘问题有三个层次。第一层次,地理环境对文化的影响。第二层次,在地理环境影响下,在历史发展过程中形成的文化区域差异。第三层次,文化区域差异引发的文化交流和文化融合。影响、差异和交流是文化地理三个层次的核心概念。

全书按三个层次展开。上篇分析地理环境对文化的影响。中篇描述在地理环境影响下的文化区。下篇从国际视野剖析中国文化。

二、文化结构

文化是人类创造的精神成果和物质成果的总和,是一个庞大的体系。通常将文化分成意识文化、制度文化和物质文化三个层次。

意识文化又称精神文化、观念文化。纯意识文化有心理、心态、观念、思想、价值观、认知方式等。理论化和对象化的意识文化有哲学、伦理、道德、宗教、美学、音乐、诗歌、文学、绘画等。意识文化是文化的核心。对于文化的狭义理解,只包含意识文化。哲学是意识文化的聚焦点。不管人们是否意识到,文化活动都受哲学观念支配。

---

① 九山书会.永乐大典戏文三种校注[M].北京:中华书局,1979.

制度文化包括反映社会形态的基本制度,如封建制度、资本主义制度;具体制度,如政治、法律、经济方面的制度,家庭、婚姻等方面的制度;一般规章制度,如生产管理条例、奖惩条例。

物质文化是在物质产品中融有意识文化要素。建筑、园林、服饰、饮食等物质产品都有文化内涵,是意识文化的载体。

幽亭古桥思千年,包含三个层次文化的互相渗透。亭和桥是物质文化,布局和形式有地理环境的印记。一座幽亭,一架古桥,传递着意识文化和物质文化。到了绍兴兰亭,会想起晋人王羲之"天下第一行书"《兰亭序》。漫步杭州断桥,脑海中会浮现民间传说《白蛇传》。

文化可以从雅和俗的视角分类。雅文化在上层统治集团和知识分子中流行,称上层文化和精英文化。雅文化有较强的理性色彩,有一定的系统性和理论性,反映民族文化的核心,反映民族和统治集团的根本利益。雅文化主要由政府推广,依靠文字、书籍和正规的教育传播扩散。俗文化在百姓中流行,称下层文化和大众文化。俗文化有较强的感性色彩,接近生活。俗文化大都由民间创作,主要靠口头和行为传播。神话、传奇、故事、谜语、歌谣、谚语、曲艺、民间小戏、民风、民俗是俗文化的主要内容。[1]

现实生活中,言谈举止、应答进退、文学艺术、居室装修、园林布置,都有雅俗文化。张岱年认为中国雅俗文化的主要区别有四点。① 雅文化中唯物论和无神论根深蒂固;俗文化中宗教迷信的影响强大。② 雅文化中,重义轻利和崇德贱力的价值观占统治地位;俗文化中,突出富贵利达价值观,崇敬财神、寿星和各行各业的行业神,而不是仁智合一的圣贤。③ 雅文化中,仁是最高的道德规范;俗文化中,由墨家思想演变而来的侠义是最高道德规范,"路见不平,拔刀相助"是民间结社的纽带。④ 吟诗作画,舞剑操琴,纹枰对弈是风流名士的爱好,是雅文化的标志。传奇、小戏是市井百姓的娱乐,是俗文化的标志。[2]

雅文化和俗文化互相渗透。《三国演义》《水浒传》《西游记》等名著都经历俗与雅的循环,经历说唱艺人加工、文人润饰、艺人再加工、文人集大成之过程。从本质上讲,俗文化是雅文化的源泉,雅文化是俗文化的升华。季羡林说:"雅与俗都只是手段,而不是目的。其目的只能是:能在美的享受中,在潜移默化中提高人们的精神境界,净化人们的心灵,健全人们的心理素质。"[3]

---

[1] 仲富兰.中国民俗文化学导论[M].杭州:浙江人民出版社,1998.
[2] 张岱年,程宜山.中国文化与文化论争[M].北京:中国人民大学出版社,1990.
[3] 季羡林.雅俗文化体系·总系[M].北京:中国经济出版社,1995.

三、文化价值观

文化是社会发展的推动力量。文化是国家的软实力。文化价值具有潜在性、滞后性和整体性。

（一）文化是软实力

中华文化是国家统一的支柱,是文明延续的保障,是民族复兴的依托。中华文化是国家的软实力。

约瑟夫·奈把国家实力分成硬实力和软实力。他认为硬实力是看得见摸得着的物质力量,如国内生产总值、城市基础设施、自然资源、国防力量、科技水平等。软实力是非物质要素,包括文化、价值观、社会制度等。在国际交往中,硬实力通过威逼利诱、军事入侵等方式达到目的,软实力通过亲和、感召、说服等方式达到目的。

文化是民族的灵魂,是维系国家统一和民族团结的纽带,是软实力的核心。登上长城的华夏儿女,增添作为中国人的自豪感。登上长城的国际友人,油然而升对中华民族的敬佩感。长城绵延万里,气势磅礴,是华夏文明的载体,是海内外华人的凝聚剂。

（二）文化价值潜在性

如何评价和保护文化资源,常常出现意见分歧。意见分歧的原因有利益驱动,有对文化价值认识的差异。利益驱动背后也有认识的根源。统一对文化资源认识有一定难度,因为文化价值具有潜在性。

文化价值的潜在性与文化的存在形式有关(见图 1-1)。计算价值的前提是对象化、具体化。物质产品,一支笔,一斤粮食,一匹布,可以对象化,计算价值比较容易。在文化体系中,只有一部分可以对象化。意识文化中的绘画、音乐、诗歌、小说,可以对象化。纯意识文化、理论意识文化、制度文化很难对象化。无法对象化的文化资源度量价值有很大难度,然而它的巨大影响是客观存在的。优秀的文化有强烈的冲击力、震撼力和感召力,能够升华思想,激扬感情,醇化道德,陶冶灵魂。优秀的文化,"犹如天空中的氧气,自然界的春雨,不可或缺却视之无形,飘飘洒洒,润物无声。"[1]

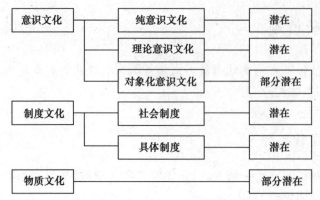

图1-1 文化结构与文化价值潜在性

有些残破的宫殿、古迹可以引发无限感慨。1860年10月英法联军洗劫圆明园,火烧三日。遗址残缺的西洋楼(见图1-2),交织着民族的荣辱与兴衰,催人猛醒。张爱萍游圆明园时作《如梦令》:"秋日偷闲郊游,圆明遗址人流。怒目看废墟,不忘联军寇仇。整修,整修,还我河山锦绣。"

图1-2 圆明园遗址(杨晓东)

(三) 文化价值滞后性

大多数文化产品的功能在审美过程中释放,是持久的。优秀的文化产品可以满足人们世世代代的需求,历经千年的唐诗仍在焕发灿烂的光辉。文化价值

---

[1] 严家炎.重视人文科学的无用之用.北京大学校刊,2000-03-31."润物无声"出自杜甫诗《春夜喜雨》:"随风潜入夜,润物细无声".

的滞后性可以从供需规律、认知过程和消费层次三方面分析。

物以稀为贵,大部分文化产品,如绘画、雕塑、古建等,是不可再生的,称古董。复制品叫假古董。有些文化产品可遇不可求。一件明朝的瓷瓶,拍卖价可达百万元。一件仿明瓷瓶,几十元也没有人要。当前部分地区出现拆除真古建,修缮假古建现象。他们不知道假古建的价值远远抵不上真古建。修假拆真,以假乱真,是倒行逆施的行为。

白鹭立雪,愚者看鹭,聪者观雪,智者见白。① 不同文化素养的人对同一个文化产品有不同的感受。人们对文化资源的价值有逐步认识过程。不少文学家、艺术家,如曹雪芹、梵高等,生前穷困潦倒,死后作品价值连城。梵高生前只卖出一幅画。1890 年 6 月梵高创作《加歇医生像》时写道:"人们也许会长久地凝视它们,甚至在 100 年后带着渴念追忆它们。"梵高的预见是正确的。1990 年 5 月《加歇医生像》在纽约克里斯蒂拍卖行售价 7500 万美元,创下绘画的天价。②

心理学家马斯洛(A. Maslow)提出"需求层次"概念,将人的需求分成七个层次,低层次是物质需求,高层次是精神需求。随着社会发展,人们对高层次消费需求增加,文化资源的价值逐渐释放出来。马斯洛的七个需求层次与中华文化有对应关系(见图 1-3)。

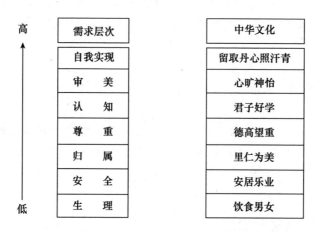

图 1-3 马斯洛需求层次和中华文化对应关系

---

① 林清玄禅诗.
② (美)卡罗琳·克莱纳.神秘失踪的梵高名画[N].新闻与世界报道,2000-07.

（四）文化价值整体性

历史文化资源有整体性,它的价值要通过整体反映。保护文化遗迹主体的意见比较容易统一。保护文化遗迹周边环境,保护文化遗迹整体性,较难取得共识,原因是对文化资源价值整体性认识不足。历史文化资源整体性有三方面含义：① 建筑风貌整体性,城市的街坊和居住区,都有整体性,不是单体建筑可以表达的。② 自然背景整体性,历史文化遗迹有特定的自然背景,有河、湖、山、丘的衬托,有古木花草的掩映。③ 社会活动整体性,传统的民俗、宗教活动,文艺歌舞演出,能够使文化资源熠熠生辉。

美学有两条原则。一是调和原则,将相近的东西排列在一起,相近的色彩组合在一起,使人在协调中感受美。二是统一原则,将多种要素组合在一起,既不杂乱,又不单调,既活泼,又有序,形成和谐的整体。[①]《淮南子》讲酒窝"在颊则好,在颡则丑"。[②][③] 同样一个酒窝长在脸颊上是美的,长在脑门上是丑的。

文化价值的整体性决定保护文化资源要有整体观。像民俗文化这样的资源,由建筑、服饰、习俗、歌舞、饮食等综合要素构成,破坏任何一个要素,都有损民俗文化的形象。20世纪90年代初,北京为了继承古都风貌,要求在高楼上加盖亭子。"十里五里,长亭短亭。"驿道上隔十里设长亭,隔五里设短亭,供行人旅途休息。谁能到高楼顶上去休息呢？孤立的亭子并不能代表古都的整体风貌。

四、农耕经济特征

中华意识文化为农耕经济服务。农耕经济的主体是小规模的农业经济,以家庭为主要生产单位,以生产资料个体所有制为基础,完全或者主要依靠自己体力劳动,满足自身消费。

（一）铁犁牛耕,男耕女织

小农生产力的标志是铁犁牛耕。我国在春秋时出现牛耕。《淮南子》记

[①] 杨辛,甘霖.美学原理[M].北京:北京大学出版社,2001.
[②] (西汉)刘安.淮南子·内篇·卷十七,说林训.
[③] 刘安(前179—前122),汉淮南王,主持修著《淮南子》.

载楚庄王①时期发生的一则故事。有人"牵牛蹊人之田,田主杀其人而夺之牛。罪则有之,罚亦重矣"。有人牵着牛践踏了别人的田,田的主人把这人杀了,还抢了他的牛,牵牛的人固然有罪,但惩罚未免重了些!铁犁在我国维持三千余年。

家庭是小农生产单位。男耕女织是劳动分工模式。精耕细作、安居乐业、怡然自得是对小农的赞词。牛郎织女是四大民间爱情传奇之一。②讲的是天帝孙女厌烦寂寞生活,下凡嫁给牛郎。天帝大怒,将织女逮回,只允许她在农历七月七日到天河与牛郎相会。那天喜鹊在天河上搭起鹊桥,帮助牛郎织女会面。七月七日又称七夕,是我国民间情人节。1955年由此故事改编的黄梅戏《天仙配》搬上荧幕,受到广泛欢迎。

家庭血缘关系是农耕经济的主要社会关系。家是心灵的归宿。西方文艺作品大量歌颂爱情。我国唐诗中,最丰富的是恋家思乡主题。"举头望明月,低头思故乡。""慈母手中线,游子身上衣;临行密密缝,意恐迟迟归"。这些经典名句,至今仍在唤醒华人柔软的内心世界。

(二)自给自足,脆弱分散

小农是自然经济,生产的主要目的是满足自身消费,产品的商品率低。小农有分散性和封闭性。"鸡犬之声相闻,民至老死不相往来"。小农的目标是旱涝有收,吃喝有余,小富即安。

小农经济是脆弱的,在正常状态下,节衣缩食才能维持生计。春秋初期李悝有个核算:"一家五口,耕田百亩,一年得粟150石,除租税15石,余135石。一人每月食一石半(相当今日三斗),五人每年食90石。余45石,每石卖钱30,得钱1350。除祭祀赛会用钱300,余1050。每人衣服用钱300,五人共1500,不足450。疾病死伤天灾赋敛等意外费用,都还不算在内。"③

"离离原上草,一岁一枯荣。野火烧不尽,春风吹又生。"④小农像原上小草,顽强求生。瓜菜半年粮,吃不饱一斤菜、穿不暖一根带是小农生活的常态。捆一根腰带可以保暖。

---

① 楚庄王(前613—前591年在位),春秋五霸之一.
② 四大爱情传奇是牛郎织女、梁山伯与祝英台、孟姜女、白蛇传.
③ 范文澜.中国通史简编[M].北京:商务印书馆,2010.
④ (唐)白居易.赋得古原草送别.

(三) 安土重迁,祈求太平

"日出而作,日入而息。凿井而饮,耕田而食。"①土地是主要生产资料。庄稼扎根在土地上,庄稼人凝固在土地上。土地的不可移动性决定农民的安土重迁性。"安土重迁,黎民之性;骨肉相附,人情所愿也。"②安土重迁,是百姓的本性。

里是先秦基层单位。里字从田从土,像庄稼一样扎根在土地上。五户为邻,五邻为里,一里二十五户。齐国人稠,百户为里。③今天城市中的里弄,起源是古代基层单位。故土难离,背井离乡是痛苦的选择。游子盼望落叶归根。人们到北京创业,俚称北漂,有凄凉漂泊感。

农耕社会祈盼太平盛世,世代繁衍,不求攻城掠地,空间扩张。"甘其食,美其服,安其居,乐其俗",是华夏儿女梦幻的美境。陶渊明的描述:"土地平旷,屋舍俨然。有良田、美池、桑竹之属""阡陌交通,鸡犬相闻"。④ 最后落脚,桃花源美境消失在迷雾中,"遂无人问津"。令人唏嘘。

我国传统社会称耕读社会。耕是经济基础,收五谷,立性命。读是上层建筑,知诗书,达礼仪。耕读中有处世修身的哲理,有安身立命的本性。张履祥在《训子语》中说:"读而废耕,饥寒交至;耕而废读,礼仪遂亡。"讲解读耕相济的理念。王冕在《耕读轩》中说:"犁锄负在肩,牛角书一束。"赞美既耕又读的乐趣。

---

① 乐府诗乐,杂曲诗词.击壤歌.
② 汉书·卷九·元帝纪.
③ 管子·度地.
④ (东晋)陶渊明.桃花源记.

第二章　中华文化的自然背景

中华大地南北跨度约 5500 千米,东西延伸约 5200 千米,分三大自然单元。东部季风区约占国土面积 46.2%。西北干旱半干旱区和青藏高寒区分别约占国土面积的 28.2% 和 25.6%。[①]

一、地理环境的影响

地理环境是社会存在的基础。地理环境不能决定社会发展,但可以影响社会发展。肯定地理环境的影响是唯物论。确认社会按社会发展规律运行,地理环境不能决定社会发展是历史唯物论。

(一) 有此不必然

世界上不少地理环境优越、自然资源丰富的地区,社会经济相对滞后。有些自然资源贫瘠的国家,经济发展水平很高。地理环境和社会按照不同的规律运动。荀子说:"天行有常,不为尧存,不为桀亡。"[②] 荀子指出规律是客观存在,任何人改变不了规律。

决定地理环境发展的是自然规律,包括物理规律、化学规律、生物规律等。地理环境的运动周期一般较长。地质周期的计算单位是万年,甚至是亿年。

社会的运动速度比自然运动速度快些。社会发展取决于生产力、生产关系、上层建筑。科学发现、技术创新、新思维涌现、国家统一、民族融合,可以在短时期推动社会进步。在地理环境变化不大的情况下,社会经济可以发生翻天覆地的变化。

北美洲加勒比海伊斯帕尼奥拉岛上有两个国家。2019 年,东半部多米尼加共和国和西半部海地共和国人均 GDP 相差约 9 倍。多米尼加是中上等发展水

[①] 中央气象局.中国农业气候区划[M]//刘明光.中国自然地图集.3 版.北京:中国地图出版社,2016.

[②] 荀子·第十七章,天论.

平国家,海地是最不发达国家。民族结构是差异的主要原因。多米尼加约73%人口是黑白混血、印欧混血,16%是白人,11%是黑人,讲西班牙语,教育水平较高。海地95%是黑人,官方语言是法语,约90%居民讲非洲语言与法语混合的克里奥方言。

(二) 无此必不然

没有天,哪有地,没有地,哪有人。生产力由劳动者、劳动资料和劳动对象三要素组成。矿产、森林、土地等自然因素是劳动对象。棉花、粮食、钢材等原材料直接或者间接来自大自然,也是劳动对象。阳光、土地、流水保农耕业,煤田、油田、金属矿保加工工业,青山、绿水、蓝天保旅游业。

同样是油井,单产高低相差近千倍。中东高产井每天单产过千吨,低产井每天单产只有一二吨。深山、石山、高寒、荒漠为地方病多发地区,一方水土养不活一方人,脱贫攻坚采用易地搬迁模式,是为摆脱地理环境的不利影响。

没有足够积温,作物无法成熟。没有油气储藏,采不出石油和天然气。精神生活依靠纸张、笔墨、印刷机、通信器材等物质手段记录、传播。这些物质手段最终离不开自然资源。20世纪50年代,我国出现忽视地理环境现象。陈云忠告说:"大家知道,在发展农业的时候,要根据不同的土壤、气候和其他条件,来种植不同的作物。如果违反这种因地种植的原则,农作物的增产就要受到限制,甚至遭受到不应有的损失。工业的发展,更应当考虑到当地的资源条件,在确实没有铜矿的地方,就不可能创造出一个铜矿来"。[①]

茅台酒酱香幽雅细腻,留香悠长弥久,是世界名酒,我国地理标志产品。20世纪70年代试图在100千米外择地生产。选用同样原料和工艺,由原班技工操作,生产不出同样品质的美酒。原因是茅台的地理环境无法复制。茅台位于四川盆地与云贵高原交接地带赤水河谷。四周高山海拔1000余米,河谷海拔400余米,属冬暖夏热中亚热带气候,年平均气温17.4℃,年降水800～900毫米。茅台镇冬季基本无霜,夏长半年,笼罩在闷热的云雾中,风速不大,适宜微生物繁殖。赤水河水质优良,多微量元素。酿酒选用当地糯性高粱。独一无二的茅台镇环境生产举世无双的茅台国酒。

---

① 陈云.当前基本建设工作中的几个重大问题[J].红旗,1959,(5):1—9.

（三）地理环境影响的特征

地理环境对社会发展的影响有四个主要特征：① 地理环境对社会发展影响有直接影响和间接影响两类；② 地理环境对社会发展的影响有历史性、阶段性变化；③ 万事俱备，只欠东风，在特定条件下，地理环境的影响有决定性作用；④ 人类利用自然必须遵循自然规律。

第一，直接影响和间接影响。

地理环境的直接影响称地理环境的第一影响，地理环境的间接影响称地理环境的第二影响。

地理环境的直接影响有立竿见影式的，迅捷的；有细水长流式的，长期累积的。下雨打伞、下雪穿袄是立竿见影的直接影响。地理环境直接影响主要有三个方面：① 对人类生存条件的影响；② 对生产结构和劳动生产率的影响；③ 对物质文化的影响。

关于地理环境对生产的影响，马克思说："如果把不同的人的天然特性和他们的生产技能上的区别撇开不谈，那么劳动生产率主要应当取决于：（1）劳动的自然条件，如土地的肥沃程度、矿山的丰富程度等等；（2）劳动的社会力量的日益改进。"[①]"劳动的不同的自然条件使同一劳动量在不同的国家可以满足不同的需要量，因而在其他条件相似的情况下，使得必要劳动时间各不相同。"[②]

地理环境的间接影响是通过介质对社会产生的影响。地理环境的间接影响不容易直观觉察，然而，影响的深度和广度不亚于直接影响。地理环境对制度文化和意识文化的影响大都是间接的。以希腊文化为例，与海洋有密切关系。希腊是个半岛，爱琴海上有1500多座岛屿，港湾众多，海岸线曲折，陆域多山。希腊气候属地中海气候，夏旱冬雨，降水与高温不在同一个季节，制约农耕发展。破碎的地域单元，发达的航海业和商业对希腊的政治和文化有深刻的影响。在政治上，古希腊出现数以百计城邦。城邦管理的面积不大，最高统治集团是"公民团体"，定期举行公民大会，选举公职人员。在色泽观上，希腊人爱蓝、爱白。海是蓝的，天空是蓝的。为了反射阳光，建筑物是白的。爱琴海中央圣托里尼岛建筑一片纯白，教堂圆顶纯兰，与碧空海洋融合成蓝白世界。"游走在纯白与海蓝间"是希腊推介旅游的经典主题。希腊的国旗由蓝白两色组成。希腊的国徽也由蓝白两色组成。

---

① 中共中央著作编译局译.马克思恩格斯全集（第16卷）[M].北京：人民出版社，1956.
② 同上.

第二，地理环境影响的历史性和阶段性。

狩猎经济时期，生产力水平低下，依赖大自然野生动植物资源。热带雨林地区动植物资源丰富，这大概是人类起源于热带的原因。

进入农业经济时期，出现四大文明古国。四大文明古国集中在旧大陆北半球北纬30°上下一线。四大文明古国齐备农耕三要素：土地、光照、流水。往北，热量下降，农作物生长期短，甚至不能成熟。往南，热带雨林，光照时间短。同时，这一带人类文明发展水平较低。有些历史学家将文明古国称作大河文明。并不是地理上所有大河都可以早早跨进农耕文明。当时，南美洲和北美洲大河都不具备进入农耕文明的必要条件。

到了工业社会，生产工具创新，商品经济和贸易兴起，要求资源多样化，交通便利化。马克思说："资本的祖国不是草木繁茂的热带，而是温带。不是土壤的绝对肥力，而是它的差异性和自然产品的多样性，形成社会分工的自然基础。"马克思认为："外界自然条件在经济上可以分两大类：生活资源的自然富源，例如土壤的肥力，渔产丰富的水，等等；劳动资料的自然富源，如奔腾的瀑布，可以航行的河流，森林、金属、煤炭，等等。在文化初期，第一类自然富源具有决定性意义；在较高的发展阶段，第二类自然富源具有决定性意义。"[①]

第三，万事俱备，只欠东风。

评价自然条件时，常常引入内因和外因概念。对于社会发展，内因是根据，是第一位；自然条件是外因，是第二位。犹如鸡蛋孵小鸡，鸡蛋是第一位，是内因，温度是外因，是第二位。从必要性讲，内因和外因都是必要的。孵小鸡，鸡蛋结构和温度都是不可缺少的。"生物离不开自然环境，一定的生物与一定的环境相联系。""人类的出现，是生物演化到一个新阶段的标志。从这个意义上说，自然环境适宜与否，是人类祖先得以生存的决定性因素。"[②]

公元208年赤壁之战是历史上以少胜多的著名战役之一，奠定了三国鼎立局面。《三国演义》第四十九回讲战前周瑜有疾。孔明笑曰："亮有一方，便教都督气顺。"孔明索纸笔，屏退左右，密书十六个字："欲破曹公，宜用火攻，万事俱备，只欠东风。"[③]长江在赤壁南北走向，曹军在江西。有了东风，火借风势，可以焚毁曹军战船。

在实践中，自然条件一票否决是常态。干旱区选择城址、厂址，水源往往是决定性条件。山区选择城址、厂址，相对平坦的地域往往是决定性条件。在河

---

① 中共中央著作编译局译.马克思恩格斯全集(第16卷)[M].北京：人民出版社,1956.
② 雍万里等.自然地理学基础[M].北京：商务印书馆,1980.
③ 罗贯中(约1330—1400),《三国演义》作者,山西太原人,元末明初小说家.诸葛亮(181—234)字孔明.周瑜(175—210),官职都督.

漫滩上规划新城,一米高差可以决定土地利用的性质。

1842年中英签订《南京条约》,开放广州、厦门、福州、宁波和上海五座城市,史称五口通商。五座城市排序自南向北,上海居末位。通商后,上海一枝独秀。决定性条件是自然地理位置,上海位于长江口,南北洋航线的中心。

1980年建立深圳、珠海、汕头、厦门四个经济特区。深圳脱颖而出,决定性条件是深圳紧邻香港。改革开放初期,香港是我国通向世界的主要窗口。

第四,遵循自然规律,利用开发自然资源。

自然规律不可替代,不可改造。人类利用自然不是改变自然规律。人类在遵循自然规律前提下利用开发自然资源。社会越发展,人类利用自然的范围越广,利用自然的程度越深,人与自然的关系越密切。

人类利用自然主要有三类模式:① 利用自然资源发展生产,如开辟耕田、水力发电、引水灌溉、开采矿石;② 控制、改变自然规律作用的趋势,如改良土壤、培育良种、围海造地;③ 预测自然变化,防止和减少自然灾害,如天气预报、水文预报、墒情预报。以台风预报为例,目前对台风路径预报的精度误差达到70千米。预报精度提高1千米,可以减少损失近亿元。

人类在利用自然时,如果违背了自然规律,会受到自然的惩罚。衰草枯杨,曾是歌舞场。七百年前,成吉思汗看到内蒙古乌兰布和一带水草丰美,风光诱人,选定老终安葬的地方。但由于过度垦牧,陵园附近出现半荒漠化景象。随着三北防护林建设,植树造林,恢复植被,又逐渐呈现绿色景观。

二、季风气候

我国东部季风润泽,沃野千里,城市密布,是经济和文化活跃的地区。

海陆物理性质差别形成特殊大气环流。海洋是热量调节库。水的比热大于干旱土壤和岩石,可以储蓄热量。海水增温后,通过垂直运动,将能量储存在较深的水体中。太阳照射时,大陆增温快,海洋增温慢。太阳停止照射时,大陆降温快,海洋降温慢。海陆交接地带形成大气环流。以一年为周期的大气环流称季风。夏季大陆升温快,成低压带,风由海洋吹向大陆。我国夏季风来自东南海洋,给大地带来雨水。冬季西北风,干旱寒冷。以一天为周期的大气环流称海陆风。白天海洋冷空气吹向大陆,可以调节温度。海陆风是滨海适宜避暑的气候依据。

(一) 雨热同季,夏热冬寒

地球上北纬20°～30°大都是干旱和半干旱区,多沙漠,称回归沙漠,回归线穿过的沙漠。托季风的福,我国在同一纬度线上,有郁郁葱葱的森林竹海,有碧波荡漾的江河湖泊。

雨热同季是我国气候第一特点,是我国最重要的自然资源。热量和水分互相配合,是农耕经济的福音。

夏季风带来雨水。夏季风北上速度缓慢,在向北推进过程中出现相对静止。6月中下旬在长江中下游一带静止时间最长,出现梅雨。7月中旬到达华北。"七下八上",7月下旬8月上旬是北京一带的雨季。

夏季风南撤较快。8月下旬夏季风迅速南撤。9月和10月来自西北的冷空气控制大地,人称"金九银十"。华北的秋季是美好的。天高云淡,风和日丽,五谷丰登。秋风清,秋月明。华北的秋季是短暂的。一场秋雨一场寒,三场白露两场霜。秋意浓浓,冬日将至。

夏热冬寒是我国气候的第二个特点。夏季我国自南到北普遍高温,比世界同纬度地区热。根据气象资料统计,7月内蒙古呼伦贝尔市额尔古纳多年平均气温18.4℃,海南三亚市多年平均气温28.5℃,南北相差10℃以上。

夏季高温,作物的分布线可以向北推进。黑龙江北部进入寒温带,气温10℃以上的生长期超过105天,加上日照长,一季夺高产。黑龙江号称我国最大的粮仓。长城一线以南是暖温带,气温10℃以上生长期180天,农作物两年三熟,适宜种苹果、梨等温带水果。秦岭—淮河以南进入亚热带,生长期超过220天,无死冬,稻麦两熟,可以栽桑植竹。南岭以南进入南亚热带,生长期超过285天,一年三熟,可以栽龙眼、荔枝。

冬季季风与西风带信风重叠,威力比夏季风强。我国冬季南北温差大,温度比同纬度地区低。根据气象资料统计,额尔古纳历年1月平均气温－27.9℃,三亚历年1月平均气温20.9℃,两地相差48.8℃,接近7月差幅5倍。世界北纬25°地区1月平均气温18.3℃,没有冬季。我国北纬25°的桂林1月平均气温7.9℃,会出现－4℃以下的雪灾,在常绿阔叶树上挂满白雪。

中国文化对冬寒夏热各有评价。天寒地冻,朔风凛冽,寒字有贬逊和谦虚内涵。寒士、寒门、寒舍表示自谦。十年寒窗形容在艰苦环境下勤奋苦学。寒碜、寒酸形容丑陋、简陋。一曝十寒表示缺乏恒心。夏日酷暑,万物生长旺盛,热的评价以正面为主。热忱、热烈、热爱、热恋有褒义。热火朝天、热气腾腾、热血沸腾充满正能量。热闹是中华民族的常用词,在英语中很难找到与热闹匹配的词汇。

(二) 寒潮·梅雨·台风

寒潮是冷空气侵袭,24 小时内降温超过 10℃,地面温度 5℃ 以下。[①] 寒潮主要发生在秋末到早春,波及东部季风区和西部干旱区。据史料统计,新疆北部、内蒙古和东北平均每年发生寒潮 6 次以上。华北大部分地区每年发生 3 次。牧区遭遇寒潮,大雪覆盖草场,牲畜冻饿死亡,称白灾。寒潮对华南热带和亚热带作物是一大威胁。瑞雪兆丰年,寒潮的正面效应是带来雨雪,缓解干旱,冻死害虫病菌。

每年 6 月中旬到 7 月上旬,大陆气团与热带海洋气团在长江中下游形成静止锋面,连续 20 天左右,天天有雨。时值梅子成熟季节,称梅雨。梅雨期间,空气湿度接近饱和,食物容易霉变。黄梅无雨半年荒,梅雨可以为江河湖泊补充水分,供应水稻生长需要。梅雨期过短,称缺梅,会出现旱情。梅雨期过长,容易出现洪涝灾害。[②]

"斜风细雨不须归",描写渔翁迎着斜风细雨悠然自得地垂钓,没有回家避雨的意向。[③] 江南连日阴雨是常态。加一件蓑衣,打一把雨伞,生产生活一切正常进行。

西北太平洋和我国南海是台风活跃区。洋面温度超过 26℃,空气膨胀,气压下降,外围空气流入,形成热带气旋。风力超过 12 级的热带气旋称台风。根据历史记录,西北太平洋一带平均每年形成热带气旋 25.7 个,占全球总量 30.7%。每年有 7.4 个台风在我国浙江到海南沿海登陆。

台风的直径大都 600~1000 千米,日降水量高达 200 毫米。台风带来狂风暴雨,破坏交通港口设施,危及生命财产安全。夏秋两季,东南沿海和长江中下游在副热带高压控制下,晴热少雨,酷暑难熬。台风缓解旱情,消退暑热。人们惧怕台风,盼望台风,心情复杂。[④]

(三) 彩云之南

我国西南受印度洋季风影响,夏半年是雨季,冬半年是旱季。冬半年大陆气团与来自北方的冷气团相遇,形成昆明静止锋线。锋线在滇黔边界昭通—威

[①] 丁一汇等.中国气候[M].北京:科学出版社,2016.
[②] 林之光.关注气候[M].北京:中国国际广播出版社,2013.
[③] 张志和.渔歌子.唐大历九年(774 年),访湖州刺史颜真卿时所作.渔歌子是曲牌名,子是曲子.
[④] 伍光和等.自然地理学.4 版[M].北京:高等教育出版社,2008.

宁—兴义一带。锋线以东,冬季阴雨连绵,多马尾松和黄壤。贵州"天无三日晴"是锋线以东的写照。锋线以西,冬季温暖晴朗,多云南松和红壤。从贵州驱车进入云南,可以感受景观的变化。

贵阳和昆明两座城市的名称有强烈的气候色彩。贵阳阳光稀缺珍贵。昆明天空光鲜明媚。两千多年前汉武帝发现这一气候资源,在祥云和弥渡一带设云南县。昆明秋季连着春季,没有气象意义上的冬季。贵阳四季多雨,冬季阴凉。根据相关气象资料,昆明年日照时数接近贵阳2倍,1月日照时数超过贵阳3倍。云南十八怪中"姑娘四季把花戴""常年都有好瓜菜""四季服装同穿戴"与四季如春的气候有关。

(四) 干旱和半干旱区

干旱是我国西北的自然特征。年降水量200毫米线由干旱草原向荒漠草原过渡。年降水量50毫米以下出现沙漠和戈壁。截至目前,我国有沙漠约70万平方千米,戈壁50余万平方千米,合计约占国土面积13%。新疆塔克拉玛干沙漠约33万平方千米,是世界最大的温带沙漠。高山迎风坡降水稍多。山顶冰雪融化是干旱区径流主要来源。可以灌溉的绿洲是干旱区的乐园。

唐朝诗人王之涣《凉州词》:"黄河远上白云间,一片孤城万仞山。羌笛何须怨杨柳,春风不度玉门关。"[1]诗中杨柳有双重内涵。年降水量250毫米以下,没有地下水补给,杨柳无法生长。玉门关年降水量只有约60毫米。《折杨柳》是唐朝曲牌名。当时友人离别有赠杨柳枝习俗。听到羌笛吹奏《折杨柳》曲牌,触发愁离思乡的情愫。

干旱区创造我国高温纪录。新疆吐鲁番盆地最低处海拔−154米,曾录得49.6℃高温,平均每年有34天酷热,气温在40℃以上。吐鲁番盆地北缘火焰山是知名度很高的景区。吴承恩的《西游记》有三回描述过火焰山的情景,形容火焰山"八百里火焰,寸草不生"。八百里略显夸张。山体东西约160千米,高300~500米。寸草不生是实情。山体由侏罗纪、白垩纪、第三纪红色砂岩、砾岩、泥岩组成,没有植被。盛夏烈日高照,热气上升,烟雾跳跃,像火舌翻滚。有山泉滋润的洪积扇清泉淙淙,绿树成荫,是著名的葡萄沟。

早穿皮袄午穿纱,抱着火炉吃西瓜。干旱区白天增温快,晚上降温也快,一天内最大温差可达26℃。白天光照充足,光合作用强。夜间降温作物可以积蓄养分。小麦含蛋白质高。葡萄、囊、瓜果含糖率高。哈密、吐鲁番、伽师生产的

---

[1] 王之涣(688—742),山西绛州人.代表作有《登鹳雀楼》《凉州词》等.

哈密瓜维生素和钙、磷、铁丰富,可以增强人体的造血功能。新疆是我国棉花主产区。吐鲁番盆地和塔里木盆地生产的优质长绒棉纤维长2.5~6.5厘米,是制造高档棉织品的原料。秋收季节,红色的西红柿,白色的棉花,绿色的瓜果,把新疆大地点缀得绚丽多彩。[①]

三、高山大川

中国地形西高东低,分三级阶梯。青藏高原是第一级阶梯,平均海拔4000米以上。中部内蒙古高原、黄土高原、云贵高原,海拔1000~2000米,是第二级阶梯。东部主要分布着广阔的平原,间有丘陵和低山,海拔一般在500米以下,是第三级阶梯。

(一) 山高路险,景观多样

我国山地、高原、丘陵约占陆地总面积的67%。人们习惯把这三类地貌统称山区。

一山有四季,十里不同天;山高一丈,大不一样。大气温度随高度上升下降,每上升160米大约下降1℃,称垂直递减率。在水平状态下,南北纬度相差1度,气温变化约1℃。1纬度大约110千米。温度垂直变化比水平变化快得多。

山区坡陡路险。"明修栈道,暗度陈仓""诸葛亮六出祁山"等典故发生在蜀道上。栈道是在悬崖绝壁上凿孔,支上木架,铺上木板,建成窄路。"蜀道之难,难于上青天!""黄鹤之飞尚不得过,猿猱欲度愁攀援。"这是李白25岁时"仗剑去国,辞亲远游",经历蜀道的感受。西南修建高速铁路,桥涵比常常达到90%。

一山南北,大不一样。空气越过山脊,顺坡而下,气温升高。山脊是自然区划的分界线。燕山是中温带和暖温带分界线。秦岭是暖温带和亚热带分界线。南岭是中亚热带和南亚热带分界线。山前桃花山后雪。南岭南曲江1月多年平均气温10.7℃,南岭北坪石1月多年平均气温7.5℃,相差3.2℃。

山脉阻挡可以形成局部小气候。南亚热带在闽江三角洲北缘。浙江南端苍南县有座鹤顶山。山南出现南亚热带气候,可栽荔枝、橄榄。山东可以种茶,是我国茶叶分布的北界。

---

① 阿尔斯朗·买木提等.中国自然资源通典·新疆卷[M].呼和浩特:内蒙古教育出版社,2018.

高度 1000 米左右的山地适宜疗养。主要优势：① 林木茂盛,空气清新,负氧离子浓度较高,紫外线较强,有消毒功能;② 温度气压适中,少酷暑严寒,心血管病患病率低;③ 出门爬坡,可强身健体。

(二) 大江东流,南水北调

人往高处走,水往低处流。一江春水向东流是我国水文常态。东汉古诗:"百川东到海,何时复西归? 少壮不努力,老大徒伤悲。"苏东坡力作《赤壁怀古》:"大江东去,浪淘尽,千古风流人物。"河从东向西流,成为另类,常常起名倒淌河。

中国有句谚语:"力争上游"。但从经济和文化视角分析,下游比较发达。上游土壤和养分沉积在下游,创造优异的农耕环境。下游江宽水深,航运便利。

自然地理上的长江三角洲包括太湖流域和杭嘉湖,面积约 5 万平方千米,海拔 10 米以下,湖泊众多,水网密集。太湖面积 2427.8 平方千米,是我国五大淡水湖之一。

珠江三角洲面积约 5.6 万平方千米。农民在肥沃的土地修建桑基鱼塘,筑塘养鱼,堆土植桑,桑叶喂蚕,蚕粪肥鱼,塘泥肥地,形成良性的生态农业。改革开放后桑基鱼塘逐步向高附加值农业转型。

我国水资源南多北少。北方人均水资源 750 立方米,相当于南方 1/5。其中,黄淮海地区人均水资源不足 500 立方米,极度缺水。

南水北调是缓解水资源分布不均的伟大工程。南水北调东线和中线 2014 年全线贯通。东线从扬州引水,沿大运河北上,一路供天津,一路供胶东烟台、威海。中线从丹江口水库引水,穿越淮河、黄河,顺太行山山前平原,供北京和天津。北京城市用水大部分来自南水北调。南水北调西线从长江上游通天河、雅砻江引水,穿山打洞,筑坝建库,调入黄河。西线工程艰巨。

我国水能源丰富,可开发装机容量占世界第一。四川、西藏、云南是我国水资源最丰富的地方,约占全国可开发装机容量 61%。按江河排列,长江和雅鲁藏布江分别居全国第一和第二位。

(三) 青藏高原

青藏高原东西长约 2800 千米,南北宽 300～1500 千米,南起喜马拉雅山,北到昆仑山,西是帕米尔高原,东接秦岭和黄土高原,平均海拔 4000 米以上,高原总面积约 250 万平方千米,绝大部分在我国境内。青藏高原是世界第三极、亚洲水塔，对东亚、南亚和东南亚的水文、地形、气候有重大影响，为世界文明做出巨大贡献。

流经南亚的印度河、恒河、布拉马普特拉河（上游雅鲁藏布江）从青藏高原发源，滋润着印度、巴基斯坦和孟加拉广阔平原。青藏高原挡住南下的寒流、北上的季风，给南亚带来充沛的降水，形成酷热的旱季。

发源于青藏高原的黄河、长江，造就华夏文明的舞台。西伯利亚寒流顺高原东缘南下，直抵华南，加剧了我国季风的强度和冬季严寒的特征。印度洋季风顺高原南缘东进，是我国西南一带降水的重要来源。

从青藏高原向南流淌的澜沧江（湄公河）、怒江是东南亚的重要国际河流，滋养老挝、缅甸、泰国、越南、柬埔寨，孕育东南亚的文明。发源于帕米尔高原的阿姆河、锡尔河是中亚地区的母亲河。

我国塔里木河依赖帕米尔高原和昆仑山冰川积雪的补给，是南疆人民的母亲河。

青藏高原大气层薄，水气和云量少，日照时间长，紫外线、红外线强，日温差大，利于作物积蓄养分，生产的小麦、萝卜、土豆等农作物品质好、个体大。拉萨是著名日光城。午夜雨声沥沥，黎明云散雨停，晴空万里。在阳光照射下，皮肤又黑又红。山高天蓝，湖水清澈，阳光充裕，青藏高原是旅游者的乐园。

（四）黄土高原

黄土是第四纪风力搬运的土状物质。黄土高原面积约 64 万平方千米，是世界上范围最大、沉积最厚的黄土分布区。黄土的平均厚度 100~200 米，由黄色粉沙细粒组成，孔隙度大，质地均一疏松，没有明显层理结构，垂直节理发育，容易溶蚀。黄土高原夏季多暴雨，植被破坏后，暴雨引发严重水土流失，将高原切割成许多沟壑。大片长条状黄土高地叫墚。孤立的黄土小丘叫峁。

黄河是世界上含沙量最多的河流之一。黄河泥沙约 90% 来自黄土高原，年输沙量曾经达到 16 亿吨。大量泥沙淤塞河道，频频决堤改道。从公元前 602 年到 1938 年黄河决口约 1590 次，改道 26 次。三年两决口，百年大改道，成为一大灾难。1938 年黄河改道淹没豫东、皖北、苏北大片土地，约 1250 万人受灾，89 万人死亡。黄河郑州段以下 300 千米河床比两岸地面高，成地上河、悬河。开封附近，河道低水位时水面比城内铁塔地面高 13 米。这一段黄河河床成为分水岭，黄河南北的径流分别汇入淮河与海河。每年黄河流失的氮、磷、钾元素高达 3000 万吨。黄河清是华夏儿女千百年来的夙愿。

在黄土高原中渭河两岸关中地区，晋南汾河谷地，豫西伊洛河谷地，土壤肥沃，宜耕宜灌，是中华文化的重要发祥地。黄淮海平原的主体是黄河泥沙堆积成的冲积扇。

中华人民共和国成立以来,黄河治理翻开崭新的一页,水土保持成绩喜人。实测2000年到2015年黄河平均年输沙2.64亿吨,比历史水平降低八成以上。黄土高原经济发展,生态改善,黄河水清,指日可待。

(五) 四川盆地

四川盆地面积约26万平方千米。盆地周边有2000～3000米高的丘陵山地。长江贯穿盆地。

四川盆地又称红色盆地。基岩是紫红色砂岩和页岩。性质松脆,容易风化,内含磷0.15%、钾2%。将岩块摊在田地上,三个月可以细碎成肥沃的土层。岩石中有恐龙化石,称龙骨石。每年初春,挖石堆地,叫抓龙骨石,是传统的施肥方法。

岭两座,隔三秋。秦岭和大巴山阻挡南下寒流。四川盆地冬季暖和,不是江南,胜似江南。陕西西安与川北达州直线距离350千米,1月平均气温分别是-0.9℃与6℃,相差6.9℃。与长江中下游同纬度地区比较,四川盆地1月平均气温高3～4℃。盆地中部内江附近可以种甘蔗。盆地南部泸州1月气温与广东阳江相似,可以种荔枝、龙眼。唐朝杜牧有诗:"一骑红尘妃子笑,无人知是荔枝来。"从川南通过驿道快马为杨贵妃运荔枝,百姓并不知情,还以为是递送机要公文。

每年9、10月印度洋季风与南下冷空气相遇,在四川一带形成绵绵阴雨,称华西秋雨。两个月有雨天35～40天,峨眉山高达50天。秋雨影响农作物栽种收晒。田间蓄储秋雨,供次年春天播种。农谚说:"你有万担粮,我有秋里墒。"连绵不绝的冬水田是农村景观特色。

成都平原是岷江冲积扇,由灌县向东南倾斜,海拔从约750米降到约520米。公元前250年建都江堰水利工程,成都平原成水旱无忧的天府之国。中华人民共和国成立以来,灌区向北、东、南拓展,灌溉面积成倍递增。[①]

四、自然灾害多发

季风的年变率较大。大洋洋面温度和大陆高压异常时,季风强度发生变化,引发旱涝灾害。夏季季风强时,向北挺进快,北方降水偏多,南方降水偏少,

---

① 任美锷.中国自然地理纲要[M].北京:商务印书馆,1979.

北涝南旱。夏季季风弱时,向北挺进慢,北方降水偏少,南方降水偏多,北旱南涝。

我国大江大河走向与雨带分布一致,都是西东走向。雨季来临,出现上、中、下游同时猛涨。雨季一过,又同时消退。史书记载灾年"赤地千里""饿殍遍野""易子相食"。农耕社会祈求风调雨顺,祈求及时雨。

旱灾是我国最严重的气象灾害,发生频率高,波及地域广,持续时间长。旱灾损失占我国气象灾害损失总量一半以上。旱灾频率由东南向华北递增。华北年降水变率30%,其中,夏季变率40%～50%。河北省中部衡水一带是年降水变率最高的地区,有"十年九旱"一说。

山坡在重力作用下整体滑落称滑坡。我国西部山区是滑坡多发区。一次暴雨可以引发成千滑坡。滑坡阻塞河道,破坏道路,埋压村庄,引发灾害。

地震是地壳断裂、错动释放能量引起的地表震动。我国地震多发。地球上两大地震带在我国交汇。环太平洋地震带占世界上地震释放能量80%。地中海—喜马拉雅山是第二条地震带。《竹书记年》记录3800年前夏朝一次地震,是世界上最早的地震记录。1556年陕西华县发生8级地震,死亡80万人。1976年7月28日河北唐山7.8级地震,死亡24万人,整座城市成了废墟。

第三章 中华意识文化述要

《管子》说："四维不张，国乃灭亡。""何谓四维？一曰礼，二曰义，三曰廉，四曰耻。"①《管子》是两千多年前的杰作。经历两千多年的淬炼，可以用天下观、和谐观、仁爱观、勤奋观概括"四维"。天、和、仁、勤像四根擎天大柱，支撑文明传承、国家统一、民族复兴。以人为本治国方略，人类命运共同体理念，"一带一路"倡议，与天、和、仁、勤"四维"一脉相承。

一、天下观

在中华意识文化中，天下观起着领衔作用。

（一）涵盖自然和社会

天下是中华文化特有概念，是自然和人类社会的总和。古往今来，上下四方都是天下。天下包含时间和空间无限宽度。

天下观中有自然规律，也有社会规律。老子说："人法地，地法天。"人们应该按照老天爷指引的规律办事。庄子说："道兼于天。"庄子把自然规律和社会规律统一起来。张岱年对天道和人道的关系有个梳理："天道指天的运动规律。中国古代哲学家大都认为天道和人道一致，以天道为本，天道具有某种道德属性，是人类道德的范本。"②

在中华文化中，天的地位至高无上。天中有社会纲纪，天中有入世精神，天是美的源泉。

我国素称礼仪之邦。礼仪的纲是："天地君亲师"。"天地君亲师"是中堂高挂的条幅。《荀子·天论》说："天地者，生之本也；先祖者，类之本也；君师者，治之本也。""上事天，下事地，尊先祖，而隆君师。是礼之三本也。"

---

① 管仲（约前747—前645），齐国政治家、思想家。"四维不张"出于《管子·牧民》。
② 张岱年.中国哲学史[M].北京：大百科全书出版社，2014.

"天地玄黄"是传统蒙学读物《千字文》第一句,天是第一个字。① 天兵是英勇善战所向无敌的军队。天才有超出常人的智慧。天趣是犹如自然生成的雅趣。宋徽宗赵佶《艮岳记》:"真天造地设,神谋化力,非人力所能为者",是园林的最高境界。

北京有四坛。四坛的面积大小反映天的崇高地位。天坛位南,面积273万平方米,超过其余三坛面积总和的4倍。地坛、日坛、月坛的面积分别是37.4万平方米,20.6万平方米和8.1万平方米。北京故宫面积72万平方米,不到天坛三分之一。

(二) 培育爱国主义和国际主义

天下观的灵魂是爱国主义和国际主义。

登天望地,视野宽广。中华民族有敬高文化。高人是有真才实学的雅士。高见是高瞻远瞩的明见。高山仰止是德如高山,仰望不能穷其极。"先天下之忧而忧,后天下之乐而乐"是敬高的文学凝练,出自范仲淹《岳阳楼记》。② 根据考证,范仲淹没有亲临岳阳。对这句名言,后人有两点评述:① 述圣贤志,"以圣贤忧国忧民心地,发而文章"③;② 抒发胸怀,反映我国士大夫普遍具有的品德。

天下首先代表国家。《史记·五帝本纪》:"天下有不顺者,黄帝从而征之。"《东周列国志》:"时六国兼并于秦,天下一家。"④文献中天下代表国家。

《诗经·小雅·北山》:"普天之下,莫非王土;率土之滨,莫非王臣。"百家争鸣,争的是国家如何统一。任继愈说:"只要细看诸子百家共同关心的问题,不难发现,他们争论的都是如何建立大一统的国家,建成后如何管理。孔、孟、荀、墨、韩非都提出了他们统一的方案。貌似超脱的老子、庄子也设计了他们治理天下的蓝图,并不是不要统一。""老子讲小国寡民,是指基层乡村组织要小。至于管理天下,还得要无为而治的圣人、圣王。"⑤《禹贡》成书时列国纷争。《禹贡》将全国划分成九州,反映国家一统的愿望。九州组成中国,一个州也不能少。至今,九州仍是中国一统的代名词。

---

① 《千字文》作者周兴嗣(469—537),南朝史学家.
② 范仲淹(989—1052),宋吴县人.
③ 吴楚材,吴调侯选.古文观止[M].北京:中华书局,1959.
④ 东周列国志,第一百零八回.
⑤ 任继愈.汉学的生命力[M]//吴志良.东西方文化交流.澳门基金会,1994.

我们的朋友遍天下。天涯若比邻。天下和天涯是世界。天下观中有真挚的国际主义。北京天安门城楼高挂"世界人民大团结万岁"标语,北京奥运会口号"同一个世界,同一个梦想",是现代版的天下观。

天下一家,天下大同是天下观的美好图景。《晋书·刘弘传》:"天下一家,彼此无异。""无异"两字表达国家间的平等和睦关系。孔子说:"大道之行也,天下为公,选贤与能,讲信修睦。故人不独亲其亲,不独子其子,使老有所终,壮有所用,幼有所长,矜、寡、孤、独、废疾者皆有所养""是为大同"。我们的先贤在两千多年前描绘人类社会美好的蓝图,鼓励炎黄子孙为实现天下一家、天下大同努力奋斗。中华民族是一个有远大理想的民族。

二、和谐观

天有阳光明媚、风和日丽,有雷电轰鸣、风雨交加。事物有协调的渐变状态,有对抗的突变状态。和谐是事物在一定条件下处在渐变状态。

(一) 综合思维

和谐观是爱惜、保护相对协调的渐变状态,突变时化险为夷,转危为安,把矛盾激化的损失压缩到最低限度。天下观描绘美好的蓝图。和谐观探索实现美好蓝图的捷径。

西方文化强调对立面的斗争,黑白分明,黑白排斥,黑就是黑,白就是白。中华文化强调对立面的调和,黑白渗透、黑白互补,你中有我、我中有你,黑中有白、白中有黑。中国水墨画用白纸黑墨,反映不同层次的色彩,描绘千变万化的世界。

和谐观的思维特征是重视整体,综合思维。季羡林认为东西方思维的主要区别是:"东方综合,西方分析。所谓分析,比较科学一点的说法是把事物的整体分解为许多部分,越分越细。这有其优点:比较深入地观察了事物的本质;但也有缺点:往往只见树木,不见森林。所谓综合,就是把事物的各个部分联成一气,使之变为一个统一的整体,强调事物的普遍联系,既见树木,又见森林。""西医常常是头痛医头,脚痛医脚;而中医则往往是头痛医脚,比如针灸的穴位就是如此。"[①]中医治病主张治本,强调人体各部分的不可分割性,生理功能上的互相协调性,病理变化的相互关联性。

---

① 季羡林.神州文化集成丛书[M].北京:新华出版社,1991.

整体思维对中国文化的影响根深蒂固。中国人写日期,年在前,月和日在后;西方人相反,日和月在前,年在后。中国人写地址,国家和城市在前,街道门牌号在后;西方人相反。中国人写姓名,姓在前,名在后;西方人相反。

重整体轻分析不利于科学发展。我国古代观察世界停留在气、势、阴阳、风水等概念上,没有精确的定义。古代四大发明知其然不知其所以然,没有"打破砂锅问到底",穷追猛打,找到规律,形成学科。我国古人常把探寻自然奥秘的学问称作"雕虫小技""末学"。

（二）和为贵与中庸之道

和为贵与中庸之道是和谐观的精华。

《论语》:"礼之用,和为贵。先王之道,斯为美。"①孔子认为在先王治国方略中,最重要的是和为贵。礼教可以达到和为贵的境界。2008 年北京召开奥运会,"和"字是开幕式上向全世界推介的汉字。

和为贵要面对客观事物一分为二的状态,把握对立面的转换、互补关系。《周易》《老子》通篇讲阴阳协调,对立面互补。《淮南子》塞翁失马用故事讲解祸福转换的道理。边塞有位老翁爱养马,有一次养的马跑到胡人马群去了。几个月后,那匹马带胡人良马回来。老翁儿子爱骑马,从胡马上摔下来大腿骨折。一年后胡人入侵,壮丁参战,十有九死。老翁儿子因跛脚不能参战,得以终老。短短故事,发生四次祸福转换情景。

和谐观是多层次的,有自然与自然和谐,人与自然和谐,人体内生理和心理和谐,社会系统内和谐。

中华文化崇尚人与自然和谐,称天人合一。白居易诗:"劝君莫打枝头鸟,子在巢中望母归。"季羡林说:"这种对鸟兽表示出来的怜悯与同情,十分感人。西方诗中是难以找到的。"②孟子讲过一个故事:"宋人有悯其苗之不长而揠之者。""其子趋而视之,苗则槁矣。"③故事凝聚成揠苗助长成语,规劝人们要尊重客观规律,与自然和谐相处。

"中也者,天下之大本也。"④"中"字本身体现和谐观。"中"字对称,公允中立,不偏不倚,不执一端(见图 3-1)。

---

① 论语·学而.
② 季羡林.季羡林谈东西方文化[M].杭州:浙江人民出版社,2016.
③ 孟子·公孙丑,章句上.
④ 中庸与大学、论语、孟子共称四书.

图 3-1 阴阳平衡称中①

中庸思想讲适度,讲过犹不及。鞋不大分,裤不长寸。人的形体讲胖瘦适度,五官端正。过胖过瘦不符合中庸,不符合和谐美(见图3-2)。

图 3-2 适中和谐美②

---

① 谭晓春,李殿忠.画说周易[M].北京:中国工人出版社,1991.
② 同上.

中庸认为:"万物并育而不相害,道平行而不相悖""辟如四时之错行,如日月之代明"。① 万物同时生长互不伤害,百家一起争鸣互不冲突,犹如四季更替,犹如日月升落,是客观规律。不同的理论、学说、教派,可以共同为社会服务。

(三) 爱好和平

在天下观、和谐观指引下,中华民族是热爱和平的民族。

长城是世界上修建时间最长、规模最大的古代防御工程。从春秋到清修了近3000年。2012年6月5日国家文物局公布长城长21 196.18千米,其中,明长城8851.8千米。长城平均高7.8米,有的地段高14米,底宽6米,顶墙宽4～5米。在军事上长城只有防御功能,是热爱和平的实证。

和亲是我国历史上重要外交活动。通过和亲,建立和平友好关系,促进政治、经济、文化交流。汉、唐两朝分别有和亲9宗、16宗。王昭君、文成公主是有重大贡献的和亲代表。昭君出塞典故在我国妇孺皆知。王昭君是我国四大美女之一,汉朝(公元前54年)下嫁匈奴呼韩邪单于。② 沉鱼落雁成语中的"落雁"出自昭君。昭君在出塞路上,弹《琵琶怨》曲,南飞大雁忘了摆翅,纷纷跌落在平沙上。"落雁"成了昭君的雅称。民间有描写昭君的戏曲、小说40余种。有500多位文人写过昭君的事迹。昭君墓是4A级景区。文成公主(625—680)在唐贞观十五年(641年)下嫁吐蕃松赞干布,对唐蕃友好和藏地发展贡献巨大。在藏传佛教中,尊称文成公主是绿度母。绿度母全称圣救度佛母,是观音菩萨化身。

按照和谐观理念,我国反对侵略战争,倡导国际合作,坚持多边主义,践行共赢目标。我国是联合国的优等生。1945年联合国通过的宪章有三大宗旨:① 维护世界和平;② 发展国家间友好合作;③ 在尊重彼此权利和自由基础上帮助成员国共同发展。和平、合作、发展三大宗旨与我国和谐观理念相通。1956年联合国成立维和部队,阻止局部冲突扩大化,帮助战火中的百姓。我国是联合国常任理事国中派出维和官兵最多的国家。

三、仁爱观

道德是人们共同遵守的行为准则和规范。中华文化重道德,德才兼备,德在才前。仁是道德的核心概念。

---

① 论语·子路.
② 我国古代四大美女是越国西施,汉王昭君,三国貂蝉,唐杨玉环(贵妃).

(一) 人与人的关系

仁是人与人的关系，人的社会属性。我国古代思想家全力探索人与人的关系，倡导仁爱观，有入世性。以仁爱为核心的道德说是我国对人类文明的重大贡献。纵观世界，大多数地区古代思想家专心探索神与人的关系，探索神对人的制约，人对神的奉献，把希望寄托在虚幻世界，具有出世性。希腊思想家面对汹涌的海洋，多样的环境，着力探索人与自然的关系，引发自然科学的传统。

一部《论语》，"仁"字出现109次。"樊迟问仁。子曰：爱人。"①孔子给仁的定义是爱人。孟子说："恻隐之心，仁也。"②孟子认为人生来就有的恻隐之心就是仁。庄子说："爱人利物谓之仁。"③庄子扩大仁的范畴，认为珍惜自然环境，保护草木禽兽也是仁。

许慎说："仁，亲也。从人，从二。"④短短七个字有三层内涵。第一，仁是亲，是爱，是友善。第二，仁是人的本质，人的社会属性。第三，仁是两个人的相互关爱。二是复数，泛指各类人的相互关爱，是大爱。二字上短下长，互相平行，说明不同层次的人间关爱。

在我国传统文化中，仁是道德的总纲。孝、悌、忠、信、礼、义、廉、耻等道德概念都发端于仁。仁爱渗透到社会生活各个方面。仁人君子是行为高尚的绅士。仁义之师是文明正义的武装力量。仁医是医德和医术兼备的白衣战士。仁兄、仁弟、仁伯是有礼貌的敬称。古时候老师称自己的爱徒为仁弟。

(二) 从亲亲到大爱

孟子说："亲亲而仁民，仁民而爱物。"家庭血缘亲亲是仁爱的基础。仁爱在亲亲基础上扩大到人民，扩大到万物。

中华文化重视血缘上的细微差别。英文"anut"，中文有姑母、伯母、姨母、舅母、婶母、阿姨等称呼。《红楼梦》中林黛玉是贾宝玉的姑表妹，林黛玉的母亲是贾宝玉父亲的妹妹。薛宝钗是姨表妹，薛宝钗的母亲是贾宝玉母亲的妹妹。同样是表妹，分量有区别。林黛玉进贾府是《红楼梦》的重头戏。

---

① 论语·颜渊.
② 孟子·告子上.
③ 庄子·天地.
④ 许慎(约58—约147)，汝南召陵(今河南漯河)人，东汉永元十二年(100年)至建光元年(121年)编《说文解字》，它是第一部系统的汉语字典，中国文字学奠基之作.

1911年开始编写教科书。小学第一课的内容是"人"字(图3-3)。人是家庭的一员,社会的一员,强调人的社会属性。学习英语时,首先学男人(man),女人(woman),强调人的性别,人们的生理差异,强调人的自然属性。英语中与汉语"人"字相当的是 human being。Human being 这个词在英语教科书中很晚才出现。对待人的差异折射出中西意识形态的区别:中国重群体,西方重个人;中国重人的社会性,西方重人的自然性。

图3-3　1911年国文第一册第一课:"人"

仁爱观贵在大爱,贵在个人利益服从集体利益。中华文化有强烈的集体主义精神,为集体约束个人行为,为集体奉献自己身心。在家庭内部,个人服从全家,光宗耀祖,做有益于家庭的事。在乡里间,小家服从族群社区,服务乡梓,奉献公益。在家国间,忠在孝前,尽忠报国。

佛学传入,丰富中华文化大爱观。佛学讲众生平等,大慈大悲。《华严经》说:"一切众生,皆具如来智慧德相,但因妄想执著,而不征得。"[①]佛学认为每个

---

① 《华严经》全名《大方广佛华严经》,是佛学经典,唐朝在我国广泛流传.

人身上都有如来佛那般的智慧和品德。通过修炼,去除妄想和执著,可以觉悟超脱,达到佛性。简单说,人人心中有佛。人人可以修炼成佛。佛讲大慈大悲,宽容待人,超脱众生,不能杀生,佛学发源在尼泊尔、印度,与中华文化的仁爱观有兼容性,在中华大地上发扬光大。

(三) 从修身到平天下

修身、齐家、治国、平天下是实践仁爱观的广阔领域。"博学于文,约之以礼。"[1]孔子认为修身要学习经典,遵守礼仪,净化心灵,提高品德。有一次,子贡问:"有一言而可以终身行之者乎?"孔子答:"其恕乎!己所不欲,勿施于人。"孔子认为自己不喜欢的事不要强加他人,自己做不到的事不能要求他人做到,宽宏大量,是终身遵守的道德规范。

在待人接物方面,仁爱的体现是谦虚谨慎,见贤思齐。"尺有所短,寸有所长。物有所不足,智有所不明。"[2]智者千虑,必有一失。美好的事物会有短缺,高深的智者会有不知。孔子提倡"三人行,必有我师焉。择其善者而从之"。[3]孔子周游列国遇到一个七岁孩子。孩子问孔子:"鹅的叫声为什么很大?"孔子答:"鹅的脖子长,所以叫声大。"孩子又问:"青蛙脖子短,为什么叫声也很大?"孔子无言,对学生说:"我不如他,我可以拜他为师。"这个典故阐述孔子虚心向左右学习的态度。

修身的最高规范是献身仁爱。"志士仁人,无求生以害仁,有杀身以成仁。"视死如归,舍生取义。品德高尚的志士仁人可以不顾生命成全仁爱,不会贪生怕死损害仁爱。几千年来,无数先驱,前仆后继,为了仁爱,牺牲一切,以至生命,中华文明才得以绵延千年。

在治国平天下方面,体现仁爱观的是仁政和王道。

仁政是仁爱理国,"省刑罚,薄税敛"。减轻人民负担,保障人民丰衣足食。《礼记·檀弓下》讲一个故事。有一次孔子过泰山侧,见一妇人因舅、夫和子三人相继死于虎,在墓前哭泣。孔子问妇人:"何为不去也?"为什么不搬到别处去。妇人答:"无苛政。"孔子听后对周围学生说:"小子识之,苛政猛于虎也。"你们记住,苛政比虎还凶猛啊!苛政猛于虎成为典故,劝导执政者实施仁政。

王道是按照仁爱观,遵循道德规范和法律制度采取的政府行为。霸道与王道对立,是依仗硬实力,蛮不讲理,颐指气使,巧取豪夺,破坏世界的安宁秩序。

---

[1] 论语·雍也.
[2] 屈原·古居.
[3] 论语·述而.

时间跨越两千余年,世界进入全球化时代,国与国在政治、经济、环境、文化等领域互相依存,形成一个整体。全球化时代,信息和资源共享,产业互补,气候变化、疾病防治不分国界,谁也离不开谁。全球化时代,倡导平等、宽容、互助、共赢的天下观和仁爱观大放异彩。我国遵循天下观和仁爱观,从1972年起,反复宣告永不称霸,反对恃强凌弱,尊重各国人民自主选择发展道路。2012年11月党的十八大明确提出要倡导"人类命运共同体"意识。

四、勤奋观

勤是踏实工作,不怕吃苦。奋是奋发有为,自强不息。择一业,忠一生。勤奋是世界各族人民的共识。"努力不一定成功,不努力肯定不能成功"是成功学的法则。勤奋在中华意识文化中的表现尤为突出。几千年来,广大农民披星戴月,面朝黄土背向天,耕耘收获,是勤奋的象征。

(一) 忧患意识

忧患意识是勤奋观的基础。自然环境风云多变,历史更替,兵灾常起,需培植人们的忧患意识。《左传》:"居安思危,有备无患。"[1]忧患意识中有勤奋,有节俭,有储蓄。

天道酬勤,上天酬答勤奋的人。孔子是勤奋的榜样。"发愤忘食,乐以忘忧,不知老之将至云尔。"[2]孔子勤奋治学,忘了饥饿,忘了忧愁,也忘了年岁渐老,从中获得无穷乐趣。老子说:"慎终如始,则无败事。"[3]自始至终,慎重办事,没有不成功的。孟子认为勤奋是人与动物区别的美德。孟子批判懒散的人:"饱食、暖衣、逸居而无教,则近于禽兽。"

朱伯庐在《治家格言》中生动地描述勤奋、节俭与储备。"黎明即起,洒扫庭除,要内外整洁;既昏便息,关锁门户,必亲自检点"讲兢兢业业,勤奋治家。"一粥一饭,当思来处不易;半丝半缕,恒念物力维艰"讲节俭理家。"宜未雨而绸缪,毋临渴而掘井"[4]讲居安思危。华人反对寅吃卯粮,挪用没有到手的收入。人们为终老储蓄,为后人储蓄。高储蓄率为经济建设准备资金。高储蓄率可以

---

[1] 左丘明(约前502—约前422),鲁国人,著《左氏春秋》,简称《左传》,记录公元前722—公元前468年二百余年历史.
[2] 论语·卫灵公.
[3] 道德经,第六十四章.
[4] (清)朱伯庐(1627—1698),江苏昆山人,著《朱子家训》,又称《治家格言》.

增强对经济危机和金融危机的抗压力。

(二) 笃信好学

书山有路勤为径,勤奋的重要内容是勤于学习。"笃信好学",忠实于信仰,勤奋学习是华人的生活守则。华人认为在教育上的投资是最佳投资。华人家庭千方百计让子女接受最好的教育。

孔子是伟大的思想家,也是伟大的教育家。《论语》开篇第一句"学而时习之,不亦说乎"。孜孜学习是平生第一快事。孔子提出有教无类,因材施教理念,是教育学的基本守则。宋真宗著《劝学诗》:"书中自有黄金屋,书中自有颜如玉",鼓励学子勤奋求学。[1] 这两句话有点功利主义,士大夫认为格调不高,却流传较广。因为它道出了教育改变命运的真谛。《三字经》:"玉不琢,不成器;人不学,不知义"[2],讲学习的教化功能。

根据《知心姐姐》调查,中国父母对孩子最常说三句话:听话;好好学习;没出息。三句话的中心思想是学习两字。听话的内容是学习,不学习的结果是没出息。

学习是中华复兴的重要法宝。20世纪初我国开始推广现代教育,派遣留学生,聘请外国专家。1925年清华大学建立算学系和物理系。到1938年西南联合大学主要理科系赶上世界水准,培养出能获得诺贝尔奖的优秀人才。改革开放后,我国全方位学习世界先进科学技术,迅速追赶,有所创新。

五、民族观

在天下观、和谐观、仁爱观熏陶下,我国具有独特的民族观。

(一) 第一国情

中华民族是我国第一国情。

第一,主体民族规模和比重超大。2021年第七次人口普查,汉族占全国人口91.11%。2018年,印度和俄罗斯主体民族分别占全国40%和77%。2018年美国欧裔、拉丁系、非洲裔分别占62.1%、17.4%与13.2%。印度、俄罗斯和

---

[1] 宋真宗赵恒(968—1022),宋朝第三位皇帝,好文学,善书法,著《劝学诗》.
[2] (宋)王应麟(1223—1296),浙江鄞县(宁波)人,所著《三字经》是蒙学读物之首,风行七百年.

美国主体民族在人口结构中的比重低于我国。

第二,我国有高层次的中华民族概念。民族是外来语。中华民族概念的形成有三个重要的阶段。

汉族称谓是民族融合的硕果。中华民族的初始称谓是华夏。《尚书·周武·武成》:"华夏蛮貊,罔不率俾。"中原部落和周边部落都顺从周武王。汉武帝国开始出现汉族、汉人。汉人、汉族包涵汉朝领域内的各族人民。

1905年梁启超在《历史上中国民族之观察》文中第一次提出中华民族概念,说明:"中华民族自始本非一族,实由多民族混合而成。"

1935年田汉作词、聂耳作曲的《义勇军进行曲》有名句:"中华民族到了最危险的时候"。歌曲唱遍大江南北,成为全民抗日的号角。1949年《义勇军进行曲》定为代国歌,1982年正式定为国歌,2004年作为国歌写入宪法。民族归属感深深植入每一个中国人的心田。

1988年费孝通提出中华民族"多元一体"理念,剖析中华民族的历史渊源、丰富内涵,为中国民族学奠定了理论基础。①

第三,我国文明绵延,追根溯源,依靠中华民族传承。国家统一,离不开中华民族坚守。文明绵延,国家统一,民族凝聚,三大国情是一个整体。三大国情间存在表里关系。文明绵延和国家统一是"表",民族凝聚是"里"。文明绵延是民族凝聚在空间上的表现,有了民族凝聚,才有文明绵延。国家统一是民族凝聚在时间上的表现,有了民族凝聚,才有国土坚守。

(二) 文化凝聚

民族的定义很多。约定俗成的定义:民族是具有共同语言、共同地域、共同经济生活以及表现于共同文化上的共同心理素质的人的共同体。在识别民族时,我国和西方的标尺是有区别的。

西方识别民族强调语言、宗教、种族。西方把民族差异凝固化,民族间的融合过程比较缓慢,常常出现民族分裂事件。

我国强调文化,认同华夏文化都是同族。不管讲什么话,信什么教,来自什么地方,属于哪一个种族,只要认同华夏文化都是一家人。韩愈说:"孔子之作《春秋》也,诸侯用夷礼则夷之,夷而进于中国则中国之。"②周边部落,习用中华

---

① 费孝通.中华民族的多元一体格局[M].北京:中央民族大学出版社,1999.费孝通(1910—2005)是中国社会学和人类学的奠基人之一.

② (唐)韩愈(768—824),原道.

礼制,融入中华文化,就是中国的一部分。

在我国,民族文化认同的过程是自发的、和平的、渐进的。华夏文化像一块强有力的磁铁,把周边部落吸引过来。以文化为核心的汉民族,像滚雪球那样融合周边部落,越滚越大。目前,我国有十几个民族跨国境线居住。境外大都是独立国家的主体民族。居住在我国境内的少数民族,在认同本民族的同时,认同是中华民族一份子,是中国人。中华民族把我国各族人民紧紧团结成一个人。中国五千年文明史,是民族不断融合的历史。

司马迁说:"昔唐人都河东,殷人都河内,周人都河南。夫三河在天下之中,若鼎足,王者所更居也。"①三河相当山西西南部、河南西北部、陕西关中。当时,三河周边是少数民族分布区,称东夷、西戎、南蛮、北狄。孟子说:"舜生于诸冯,迁于负夏,卒于鸣条,东夷之人也。"诸冯在冀州,负夏在卫国,分别相当于河北省南部、河南省北部,鸣条山在山西安邑。"文王生于岐周,卒于毕郢,西夷之人也。"岐周是陕西岐山,毕郢在西安附近的丰镐。"先圣后圣,其揆一也。"②舜和文王都是少数民族,认同华夏文化,成了华夏的先圣先哲。"四夷入诸夏,因译而通""五帝三王,不能去译独晓四夷。"③语言不通,兄弟民族与夏族交往要经过翻译。

春秋战国八百余年,五霸争雄,诸侯割据,政治上破碎化,文化上融合化。诸侯由周王朝分封,向四方传播华夏文化。晋国是周成王弟叔虞封地。燕国是周武王弟姬奭封地。齐国是周文王军师姜太公封地。鲁国是周武王弟公旦封地。《史记·鲁周公世家》:"鲁有天子礼乐者,以褒周公之德也。"鲁国涌现孔子、孟子、墨子、左丘明等大师,是华夏文化的重要中心。

隋唐是多民族文化融合的高潮。唐朝实行各族人民"为一家"的民族平等政策。长安是唐朝各民族文化交流的中心。音乐舞蹈是文化交流的典型领域。"炀帝乃定清乐、西凉、龟兹、天竺、康国、疏勒、安国、高丽、礼毕以为九部乐。"清乐和礼毕两部是汉族音乐,其余是周边民族音乐。④唐朝乐器有雅部和胡部。雅部是中原传统乐器。胡部是西域传入的乐器,包括羌笛、胡琴、琵琶、腰鼓、碰铃、横吹、五弦钹等。从康国传入的胡旋舞在长安盛行。白居易赞赏胡旋舞:"胡旋女,胡旋女,心应弦,手应鼓。弦鼓一声双袖举,回雪飘飖转蓬舞。"⑤杨贵妃是胡旋舞好手。⑥ 元稹在《法曲》中描写:"自从胡骑起烟尘,毛毳腥膻满咸

---

① 史记·货殖列传.
② 孟子·离娄下.
③ 王充(27—97),论衡·变虚篇.
④ 隋书·卷十五·志第十·音乐下.
⑤ (唐)白居易.胡旋女.
⑥ 张铁山.中国少数民族艺术[M].北京:中央民族大学出版社,1992.

洛。女为胡妇学胡妆,伎进胡音务胡乐。"短短绝句用五个"胡"字。元稹本人是鲜卑族拓跋氏后。

(三) 维护民族团结的汉语

汉语对民族团结、国家统一有两大贡献。① 汉字消除方言的隔阂。汉字象形,同一个字各地读音有差别,表达的内容相同。汉字可以沟通思想,联络感情,形成共同的价值观。② 汉语有一批加强民族团结、升化爱国情操的词汇。国家、祖国、同胞、老乡,都有强烈的家国情怀。

国家把宏观的国和微观的家捆绑在一起,反映中华文化家国同构理念和综合思维。国是大家,家是国的细胞。爱家必爱国,爱国是爱家。陆游自白:"平生铁石心,忘家思报国。"家国同构是华夏子孙的基本道德。国与家无法兼顾时,尽忠报国,忠在孝前,舍小家顾大家。保家卫国是动员人民最响亮的呼唤,是国家软实力的重要支柱。

祖国是地理概念、法理概念,也是文化概念。"祖"字由祭台和先人牌位两部分组成,代表久远的历史,民族的根基。祖国把过往和当前串联起来,有时间的深度。人们常把祖国比作母亲,祖国蕴含对大好河山的眷恋,对灿烂文明的怀念,对骨肉亲友的情谊。

同胞一词有三个不同层次的内涵,用英文表述,有三个不同的词汇。第一层次,有血缘关系的兄弟姐妹,汉语称手足同胞,译成英语用"sibling"。第二层次,相当同伴、同事,译成英语用"compatriot"。第三个层次,相当国民。告全国同胞书中的同胞,译成英语用"countrymen"。汉语同胞译成英语后,一家亲的氛围淡化了。

老乡是汉语口语常用词。"老乡见老乡,两眼泪汪汪",反映中国人特有的一种情感。在外语中很难找到相应的名词。有一本汉英词典对老乡的表述: a person from same village, town or country。用村、镇、国可以描述老乡的空间范畴,难以描述老乡的感情厚度。

第四章 文化的区域差异

《晏子春秋》说："古者百里而异习,千里而殊俗。"[1]《西游记》说："正是离家三里远,别是一乡风。"[2]我国文化地域差异明显。南北差异是我国文化区域差异的主轴。

一、南北差异

我国气候南北差异明显。秦岭—淮河是南北分界线。同一个春节,哈尔滨千里冰封,万里雪飘。冰灯游园会上,人们冒着零下20多摄氏度严寒,观赏晶莹剔透、色彩缤纷的冰孔雀、冰天鹅。南国广州,春节举办花市,数条街区,奇花异卉,争妍斗艳,竞放芳香。清朝《羊城竹枝词》说："羊城世界本花花,更买鲜花度岁华。"

自然环境的南北差异,引起诗人的关注。白居易是陕西渭南人,生于新郑,唐宪宗元和十年(815年)贬任江州司马。白居易见庐山深秋树华竹修,十分惊奇,赋诗："浔阳十月天,天气仍温燠。有霜不杀草,有风不落木。""吾闻汾晋间,竹少重如玉。"[3]

哲学思想领域,从春秋起有"南老北孔"说。王国维认为："我国春秋以前,道德政治上之思想,可分之为二派:一帝王派;一非帝王派。""前者大成于孔子、墨子,而后者大成于老子。""故前者北方派,后者南方派也。"孔子是鲁国人,重伦理纲要和政治施行。老子是楚国苦县人,尚虚无,好玄想,主张无为而治。魏、晋、南北朝出现经学。"大抵南人约简,得其英华;北学深芜,穷其枝叶。"[4]

在南北差异方面,语言南繁北齐,戏曲音乐南柔北刚,武术南拳北腿,犯罪类型南骗北抢,饮食南米北面、南甜北咸、南细北粗,建筑南敞北实等(见表4-1)。

---

① 晏子春秋·内篇·问上.《晏子春秋》记载春秋齐国晏婴(约前578—前500)言行.
② 吴承恩(1506—1580).明代文学家,江苏淮安人,著《西游记》.
③ 白居易诗集(第一册).刘明查点校.珠海:珠海出版社,1996.
④ 隋书·列传第四十儒林传.

关于武术的南拳北腿，一般解释是北方空间宽阔，可以充分施展腿功。河北戳脚拳是北腿的主要代表，有腿法 81 种。由于南北文化反差明显，常用"南有，北有"句型。京剧界称"南有周信芳，北有梅兰芳"；武术界称"南有武当，北有少林"。

表 4-1　中国文化南北差异要目

要　目	要　点
1. 南繁北齐	南方语言繁杂，北方语言比较划一
2. 南细北爽	南方人说话比较婉约，北方人比较直率
3. 南老北孔	南方是老庄学说发源地，北方是孔孟学说发源地
4. 南顿北渐	南方佛学禅宗有顿悟说，北方佛学禅宗讲渐修说
5. 南骚北风	南方文学以浪漫色彩的《离骚》为首篇，北方文学以现实主义的《诗经》为首篇
6. 南柔北刚	杏花春雨江南，南曲如抽丝；古道西风塞北，北曲如抡枪
7. 南拳北腿	南方武术以拳见长，北方武术以腿见长
8. 南骗北抢	南方多"智力型"经济案件，北方多"暴力型"抢劫案件
9. 南文北武	南方多文才，北方多武将
10. 南米北面	南方爱米食，北方爱面食
11. 南甜北咸	南方口味偏甜，北方口味偏咸
12. 南敞北实	建筑南方多敞口，北方多封闭严实
13. 南经北政	南方经济文化发达，北方政治军事活跃
14. 南上北下	南方意识形态多次挺进中原，北方政治军事八次统一大陆

二、社会历史背景

对我国文化区域差异影响较大的历史背景是北方多战事，首都主要建在北方，南方经济比较发达。

（一）北方多战事

中国是大陆国家。历史上各个政治势力集团互相接壤，犬牙交错，战争的频率很高。战争期间，生灵涂炭，房屋财产受到巨大破坏。同时，战争加速人口流动，推进文化扩散。

战事分布的总趋势是北方较多,南方较少。在北方,河南、河北、陕西战事较多,加上山西、北京,占全国战事一半。其中,河南位居榜首,占全国战事 1/6。

中国战事主要有两大类:一类是保卫和拓展边疆战争,另一类是统一和割据战争。这两类战事的战场都以北方为主。

国家处在统一状态时,保卫和拓展边疆是主要军事任务。长城一线是古代农耕和游牧分界线,民族交往和民族融合接触带,也是民族冲突的主要场所。在冷兵器时代,战斗力与军队运动速度成正比。汉民族运动速度相对缓慢。以骑兵为主的游牧民族来无影去无踪,战斗力略胜一筹。农耕民族要修筑长城保卫疆土。

国家处在分裂状态时,各路诸侯,一要割据,二要兼并,三要一统中华,频频发动战事。决定兼并和统一战争的区位要素有两个。一是在诸侯领地的接触带和交通干线。中原既是东西南北各路诸侯的接触带,又是自北到南、自东到西交通干线的交叉点。逐鹿中原成为兼并和统一战争的代名词。二是争夺首都。中国历史上建都主要在北方。受到这两个要素制约,历史上兼并战争和统一战争主要发生在北方。[1]

(二)首都主要在北方

秦始皇统一六国以来,中国首都主要建在北方。唐朝以前,首都主要在西安。五代以后,首都主要在北京。西安和北京是北方地区的城市。西安和北京的区位与我国空间上的中心、人口分布的中心、经济活动的中心,都有偏差。

南京和杭州在中国六大古都中位于南方。南京和杭州建都的历史背景是南北分裂,南方偏安。南方地形复杂,雨量丰沛,物产丰富,是建立偏安小朝廷的基础。一旦北方大规模军事力量南下,偏安的南方小朝廷无力抗衡。中国历史上几位著名的亡国之君,南朝梁武帝萧衍、陈后主陈叔宝,五代南唐李后主李煜,都出在南京。唐朝诗人杜牧夜泊南京秦淮河时不禁感慨:"商女不知亡国恨,隔江犹唱后庭花。"李后主词造诣很高,在文学史上有重要地位,在政治上则是个弱者。

(三)南方经济比较发达

中国东南沿海经济比较发达。改革开放以来,经济发展最快的福建、浙江、江苏和广东四省,都在东南沿海。

---

[1] 李燕茹.中国历史战场地域分布及其对区域发展的影响[J].人文地理,2001,6:61—63.

东南一带经济发展有深刻的历史背景。近两千年来,中国人口分布重心和经济重心逐渐由北方移向东南。北方旱作农业在生产力较低时比较容易开发。南方地势低洼,需要兴修水利,开辟稻田,才能耕作。待到南方稻田大批开发后,就有较高的劳动生产率,较强的抗御自然灾害能力。

南方商品意识较强是经济比较发达的重要原因。1993年《经济参考》记者周游南北,根据观察体验发表文章,标题是:南方路边多广告,北方街头多口号。南北城市景观差异是商品意识的最佳注释。

三、中国人体质的区域差异

中国是多民族国家,各民族的体质有差异。汉族内部的体质也有地域差异。

(一) 南矮北高,南瘦北胖

南矮北高是中国人身高的地域变化态势。1980年中国科学院古脊椎动物和古人类研究所在16个省(自治区、直辖市)实测10 997例,说明汉族和少数民族都有南矮北高趋势。形成南矮北高的主要原因有三个。

(1) 食物结构。北方以面食为主,肉和奶制品消费量较大。面食蛋白质含量较高,比较富有营养。南方以米食为主,大米的蛋白质含量较低。

(2) 气候差异。北方日照时数长,低温干燥,有利于吸收钙和磷,促进骨骼成长。南方多阴雨,日照时数短,不利于营养吸收,不利于骨骼和肌肉发育。[①]

(3) 遗传因素。根据考古资料,早在新石器时期,北人已经高于南人,黄河中下游男性平均身高165厘米以上,粤、闽、浙男性平均身高162厘米以下。

适应温度变化是南瘦北胖的原因之一。生物学上有个贝格曼定律,讲的是寒冷地区动物的个体接近圆形,可以保持身体的温度。

体形差异对体育运动和职业分工有影响。辽宁和山东为代表的北方人借助身高体壮,在田赛上下功夫,涌现大批"三铁"选手。两广采取"短、小、水、巧"方针,发展竞技体育,在短距离赛、小级别项目、水上运动和技巧类项目上下功夫。改革开放以来,中国出现一个新的职业——模特行业。按照国际标准,女

---

① 曾昭璇.人类地理学概论[M].北京:科学出版社,1999.

模特身高在175厘米以上。北方人在这个行业中占有优势。广州"选美",从北方来广州的外来妹往往占主角。

(二) 容貌差异

汉民族在容貌和体形上的共性是中等身高,浅黄肤色,黑色直型头发,宽阔额头,眼睛与眉骨齐,没有凹陷,多深褐色,鼻子中等宽,鼻梁中等高,面部扁平,颧骨凸出,嘴唇不厚不薄,体毛稀少。汉民族有三个典型标志。① 铲形门牙,两颗门齿两侧的边缘翻卷呈棱形,中间低凹,形如铲子;② 青斑,新生婴儿屁股骶部有青灰色斑块;③ 内眦褶眼,又称蒙古眼,眼的内角处上眼睑微向下伸,像小小的皮褶,遮掩泪阜。

在汉民族中,北方人肤色较浅,头型较宽,下颌较宽,多丹凤眼,眼裂开度较窄,鼻梁较直,嘴唇较薄,比较接近蒙古人种。南方人容貌"三大",眼大、鼻大、唇大,比较接近马来人种。南方没有风沙,眼睛可以睁得大大的,眼裂开度较大,多浓眉大眼;鼻子较宽,鼻梁软骨上翘较多,鼻宽孔大,可以多吸入冷空气调节体温;嘴唇较厚,利于体热扩散。黑龙江人基本上没有波状头发,广东人5.4%有波状头发。[①]

根据身高、头长等11个指标,对中国不同民族41个男性组体质作聚类分析的树状图说明中国人的体质特征:① 汉族内部体质上的区域差异大于汉族与邻近少数民族体质上的差异;② 北方汉族体质与北方朝鲜族、蒙古族等民族比较接近;③ 南方汉族的体质与南方布依族、壮族、彝族等民族比较接近。

(三) Gm 血型差异

经典人类学研究主要依据容貌、历史、风俗、语言、文化等要素。这些要素资料不完整,在外界环境影响下变异较快。Gm 血型是人类学研究新依据。Gm 血型全称人类免疫球蛋白同种异型遗传标记(human immunoglobulin allo-type genetic maker),它位于血清丙种球蛋白中,又称血清型。Gm 血型的化学结构稳定,受第14号染色体上的 DNA 控制,大约需要几百万年才可能在突变中产生新的基因。Gm 血型的种族特性明显。目前识别的 Gm 因子有18个。不带 a 因子的只在高加索人种(白人)中存在。蒙古人种有 afb 和 ast 因子。黑人有 C_3 因子。

---

① 张振标.我国人的容貌特征[J].化石,1981,4: 3—5.

1984 年日本松本秀雄根据 Gmst 因子分布论证日本人起源地在贝加尔湖畔，受到人类学界重视。中国从 20 世纪 80 年代开始检测 Gm 血型。赵桐茂收集 11 个民族 40 个人群 5641 个 Gm 血型样本。常见的 Gm 血型因子组有 4 个：① Gmaxg；② Gmafb；③ Gmag；④ Gma。在维吾尔族、哈萨克族和回族中有 Gmfb 因子组。

根据 40 个人群 Gm 血型数据（见图 4-1），可以得出四点结论：

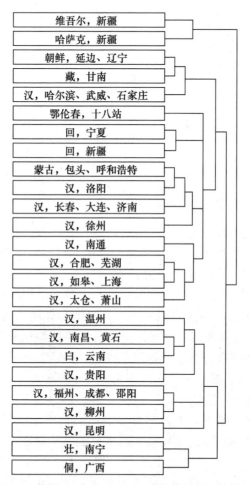

图 4-1　中国 40 个人群 Gm 血型聚类树状分析简图

（1）包括汉族在内的中华民族由多种族融合形成。各地区融合的种族不同，Gm 血型有较大差异。

（2）各民族的人种底子是蒙古人。维吾尔族、哈萨克族和回族有 Gmfb 因子组，有高加索人种成分。但是，Gmafb 和 Gma 因子组的频率相当高，"他们的人种底子还是蒙古人种,只是混杂了有限的高加索人种血缘"。①

(3) 南方汉族和壮族、侗族、白族血缘接近。北方汉族和朝鲜族、蒙古族、鄂伦春族血缘接近。汉族 Gm 血型的南北分界线大体在北纬 30°附近。

(4) 藏族与北方少数民族、北方汉族血缘接近,说明藏族是以北方人群为主形成的。

Gm 血型分布说明中华民族由不同种族融合形成。文化是民族凝聚的主要力量。

四、汉民族性格的区域性

《汉书·地理志》说:"凡民函五常之性,而其刚柔缓急,音声不同,系水土之风气。"中国南方人的性格比较婉约,北方人的性格比较爽直。南细北爽是汉民族性格的主要差异。

两千多年前,子路问强,子曰:"宽柔以教,不报无道,南方之强也,君子居之。衽金革,死而不厌,北方之强也,而强者居之。"②那时人们的南北地域分界与今天不同,孔子活动的黄河流域归入南方。有一点可以肯定,南北居民的性格差异已经引起先哲的关注。到了近代,分析南北性格差别的论述多了起来。林语堂说:"北方的中国人,习惯于简单质朴的思维和艰苦的生活,身材高大健壮,性格热情幽默,吃大葱,爱开玩笑。"③

美国青年马来明会说一口流利的普通话。他对上海人和北京人的性格差别体会很深。上海人夸奖他:"哎呀呀!马来明!你的中国话讲得这么好呀。你是哪儿学的?学了几年啦?了不起呀!"一连串的惊叹号和问号,感情细腻,层次分明,赞扬中略带夸张。北京人说起来很简单:"嘿!哥们儿,够地道的。"④直接痛快地表示赞扬。说话的音量也有区别。北方人喜欢扯着嗓门,没遮没拦。南方人喜欢小声细气。

黑龙江一带人们性格豪爽与开发背景有关。早年这里环境苦寒,举步维艰,形成相互照应的民风。"在林区发现木屋就等于发现了食物。因为这种木屋不管有没有人住,屋子里肯定有食物。你进去就可以做着吃。""吃过了,有钱,你就扔下一点儿,也可以扔下你所打的猎物。如果没有钱,没有猎物,你就

---

① 赵桐茂.免疫球蛋白同种异型 Gm 因子在 40 个中国人群中的分布[J].人类学报,1987,6: 1—9.
② 中庸·第十章.
③ 林语堂.中国人[M].杭州:浙江人民出版社,2007.
④ 杨东平.上海人和北京人[N].解放日报,1991 年增刊.

走你的。只是走的时候,你把顶门杠朝你走的方向在地上一放就行了。"①东北籍作家萧军有一段回忆:"在我们家乡——辽宁锦州、义州一带,当兵和当匪不但没有什么严格的区分以致耻辱的意味,相反的,这当兵竟成了那一带某些青年人们的一种正当出路,一种职业,而且是一种近乎光荣的职业。这因为当时统治东三省的大大小小军阀,几乎全是当兵或者当匪出身的。""张作霖、佟麟阁、张作相、汤玉麟、孙烈臣,以至后来成为抗日起义将领赫赫有名的马占山将军,就全是'绿林大学'出身。这是时代的产物,时代的风气。"②东北严酷的自然环境,相对少文的社会背景,频繁动乱的政治秩序以及张作霖模式的榜样是滋生东北胡子(土匪)的土壤。

陕西人性格直率,自称"冷娃",意思是内热外冷、直来直去、冷不丁的性格,认死理冒天下大不韪的"愣头青"③。西安兵马俑士兵没有戴头盔的,一个个都是舍生忘死的勇士。④

北人豪爽的表现之一是爱饮酒。全国人均啤酒消费量大城市哈尔滨、沈阳、大连、青岛,都在北方。在哈尔滨,"两个小伙子,在三伏天,在一家小酒馆里,喝一箱 24 瓶的啤酒,是一桩很平常的事"。⑤

五、汉姓的分布特征

汉姓是中国传统文化的组成部分。探寻汉姓发源地对于传承中国民族精神,开发旅游资源有重要意义。

(一)华夏文化的载体

汉姓是华夏文化的重要载体。汉姓中有五千年文明的传承,有多民族的团结和融合。

姓氏代表男性染色体的遗传基因,传递父系进化信息。大禹姓姒,在绍兴传 4100 余年 144 代。这样的记录在世界上是空前的。

两千多年前西汉时中国有姓 1800 个。公安部于 2018 年发布全国姓名报告,全国在用姓氏 6150 个,有 23 个姓氏超过 1000 万人。王、李两姓超过 1

---

① 阿成.哈尔滨人[M].杭州:浙江人民出版社,1995.
② 萧军.萧军近作[M].成都:四川人民出版社,1981.
③ 愣头青是传说中的百叶虫,见到什么就发起攻击,形容人做事不动脑子,盲目行动.
④ 田光山.一个古老民族的嫡传子孙——陕西人,闲说中国人[M].北京:中国文联出版社,2001.
⑤ 阿成.哈尔滨人[M].杭州:浙江人民出版社,1995.

亿人。

汉姓凝聚对家乡和祖先的怀念及以孝为核心的伦理道德。林姓始祖比干谏商纣荒淫,被纣挖心而死,夫人逃到牧野林中生子,赐姓林名坚。河南卫辉市有比干庙。世界林氏宗亲研讨会常在这里召开。

汉姓中有民族融合。历史上,华夏民族与周边民族不断融合丰富了汉姓内容。规模较大的民族融合有汉、两晋南北朝、唐宋、元、清五次。融合的方式大体有两个。

第一个方式,直接吸收少数民族姓氏。百家姓中安、米、哈、拓跋、慕容、宇文、呼延、赫连等是少数民族姓。安是东汉安息(古波斯)人到中原定居的姓。米是唐昭武九国中米国(中亚阿姆河流域)人来中原定居姓。拓跋、慕容、宇文是鲜卑族三大部落。呼延是匈奴四部之一。赫连是大夏望族。宋朝将周边民族姓原封不动地收入百家姓,说明汉文化的包容性。

第二个方式,改用汉姓,北魏政府自上而下改用汉姓。当时选用的汉姓近100个。目前汉姓100个大姓中17个姓有鲜卑等民族融入。清朝满汉八旗纷纷改用汉姓。西南少数民族在改土归流政策驱动下,采用汉姓。

(二) 分布概述

汉姓发源地的分布状况,可以从全国、省域和县域三个层次进行分析(见表4-2)。

从全国分析,发源地主要在黄河中下游的河南、山西、山东、陕西、安徽、河北一带。从省域分析,河南是中国汉姓最重要的发源地。100个大姓中有52个姓发源地与河南有关。42个姓发源地在河南,10个姓发源地兼跨河南和兄弟省。李、王、张是全国三大姓。李和张姓的发源地在河南。100个大姓以外,发源地在河南的也不在少数。

按县域范围分析,重要的汉姓发源地有6处:

(1) 河南濮阳,张、孙、孟姓发源地,占全国人口7.96%;
(2) 河南鹿邑,李姓发源地,占全国人口7.94%;
(3) 山西太原,王和郝姓发源地,占全国人口7.77%;
(4) 河南淮阳,陈、胡、田、龙、邱、夏姓发源地,占全国人口6.8%;
(5) 山西洪洞,杨和赵姓发源地,占全国人口5.37%;
(6) 陕西西安,周、程、白、秦、钱、尹姓发源地,占全国人口3.15%。

表 4-2 中国 100 个大姓发源地

省份	占全国人口/(%) 合计	本省发源地	两省发源	姓氏
河南	45.51	41.09	4.42	李张刘陈,黄孙胡高,林郭宋郑,谢<u>韩</u>冯于,<u>程袁邓许</u>,傅吕苏蒋,蔡叶潘戴,夏田范方,石廖<u>陆康</u>,<u>毛邱秦江</u>,<u>顾邵孟龙</u>,段雷汤尹,武赖龚文
山西	15.96	15.66	0.30	王杨赵唐,<u>董</u>贾魏阎,郝侯万黎
山东	6.95	5.98	0.97	朱董曹曾,卢丁薛任,姜范姚谭,邹<u>金陆</u>孔,崔<u>邱孟武</u>,<u>常</u>
陕西	6.07	4.71	1.36	周梁韩<u>程</u>,余杜<u>金</u>白,毛<u>秦</u>史钱,<u>尹</u>乔
安徽	4.31	4.31		徐何萧沈,钟
河北	3.93	1.24	2.69	刘马尹
江苏	2.81	2.72	0.09	吴彭滕贺,<u>常</u>
湖北	1.18	1.18		罗熊
浙江	0.51	0.39	0.12	汪顾
总计	87.23	77.28	9.95	

资料来源：袁义达.中国姓氏[M].上海：华东师范大学出版社,2002.

说明：下面 ___ 表示发源地跨两个省域。

（三）历史背景

汉姓发源地分布与汉姓形成时期的社会经济状况有关。汉姓形成的历史可以分三个时期。

1. 萌芽期

三皇五帝和夏、商两朝,是汉姓的萌芽期。当时姓是部落的标志,数量有限。现在能考证的在 30 个左右。中国最早的姓是伏羲后代风姓。黄帝姓公孙,炎帝姓姜。黄帝子孙中有姬、滕、任、董、嬴、子、妫（音归）等姓。尧姓祁,舜姓姚。古姓多数含有女旁,主要原因是受母系社会影响。古姓的发源地大都在晋南和陇陕一带。

2. 兴盛期

中国绝大部分姓在西周和春秋时期出现。汉姓发源地一半集中在河南。当时河南开发程度最高,人口和农业密集,周边各省开发程度相对较低。在兴盛期汉姓的确定方式主要有三类。

第一类,国名和地名,数量最多。西周采用分封制,姬姓的诸侯国有鲁、卫、晋、滕、虞等,异姓的诸侯国有齐、宋、陈、杞、焦等。诸侯再把自己的土地分封给大夫,有些逐渐壮大建国,如韩、魏、赵。数以百计的国名成为姓的主要来源。西周春秋时期河南境内大部分地区已开发,可以分封的土地广阔。根据《春秋大事表》记载,春秋有文字可考列国212个(见表4-3)。其中,199国有确切方位,135国在华北5省,河南占62国。100大姓以外,比较常见的温、申、柏、项、管、雍、应、房、焦、戈10个姓的封国在河南境内。比较罕见的杞、凡、滑、原、密、檀等姓氏的封国也在河南境内。

表4-3 春秋列国分布

省 份	列国数/个	省 份	列国数/个
河南	62	甘肃	2
山东	46	浙江	2
山西	19	四川	1
陕西	18	湖南	1
湖北	18	云南	1
安徽	14	辽宁	1
河北	8	不详	13
江苏	6	合计	212

没有封赏土地的人士,取姓时,往往选居住地的特征。住在池边姓池。住在柳树旁姓柳。西门、东门、南宫、东方等姓都和居住地有关。

第二类,官职和职业。司马、司空、司徒、司寇、史、理、钱、宗、帅等姓源自官职。2002年春,海内外22个张姓华人团体聚会河南濮阳市,认同张姓根在濮阳。张姓出自黄帝孙名挥。挥发明弓箭,任命为弓正官,也叫弓长。两个字合在一起就是"张"了。张挥仙逝葬在濮阳帝丘。濮阳城有挥公墓、挥公碑、挥公像和张挥公园。李姓祖上是尧帝的理官(相当现在法官),姓理。到了理征时因直谏惹怒纣王被杀,理征儿子理利贞逃到河南,靠树上果实充饥,指树为姓,改李姓,定居苦县,现名鹿邑。没有官职的平民,用职业为姓。屠、陶、卜、巫等姓来自职业。

第三类,父辈的名、字、爵号、谥号。宋武公的后人姓武,宋穆公的后人姓穆,宋桓公的后人姓桓。牛、关、柯、丰、乐、仇、廖等姓来自名和字。王和侯来自爵号。文、宣、闵、简等姓来自谥号。

3. 稳定期

秦统一中国后,用郡县制替代分封制,公侯伯子男等爵位失去现实意义,姓氏合一,世代相传。帝皇常将自己的姓赐给功臣,著名皇朝的皇姓,如李、刘、赵、朱,成了大姓。避讳是出现新姓的一个原因。刘明帝叫刘庄,为了避讳,庄姓改成严姓。汉安帝叫刘庆,庆姓改成贺姓。唐玄宗李隆基继位后,将姬姓改成周姓。姬是古代大姓,唐朝后成了人丁稀少的小姓。五代王审知在闽称王耍威风,将沈姓的三点水去掉,加上一点,改成尤姓。今天尤姓的主要集聚地仍在福建。

(四) 南陈北王中部李,福建林陈半天下

汉姓的分布有明显的地域差异(见表4-4)。梁姓在全国排21位,占全国人口0.34%。在两广,梁姓是第四大姓,占人口4.67%。全国梁姓61%集中在两广。全国罗姓50%集中在广东,林姓39%集中在福建。湖南的谭姓、江西的廖姓、安徽的汪姓,都有很高的集中率,分别占全国同姓人口的28%、25%和18%。

"南陈北王中部李"。用第一大姓作指标,中国姓氏分布的地域特征是南方陈占先,北方王居首,中部地带数李姓。南方,包括广东、广西、福建和台湾,陈姓是第一大姓,黄、林两姓进入四大姓行列。其中,福建省林成第一大姓,林陈半天下,林、陈两姓占福建总人口28.81%。

不少姓氏分布集中在发源地附近。顾姓71%集中在江苏、浙江和上海。江苏顾姓占全国41%。顾姓有两个源头。"南"顾是勾践后裔,封顾余侯,居会稽;"北"顾源北顾国(河南范县),顾国灭后,族人南下,居无锡东的顾山。

有些汉姓的主要分布区与发源地相距较远,主要原因是人口迁移。陈、林、黄三姓的发源地分别在河南省的淮阳、淇县和潢川。淮阳是春秋陈国故地,有宛丘平粮台古城遗址。潢川是黄子国所在。现在陈、林、黄主要分布在闽、台、粤。陈姓入闽有两次重要的移民。一次是唐初总章二年(669年),光州固始陈政率将士113员,府兵3600名进漳。后陈母及兄弟又率58姓军校支援。陈氏子弟及其部下定居漳州。陈政和他的儿子陈元光奉为"开漳圣王"。这一支陈姓称"开漳圣王"陈氏。二是河南颍川(禹县)陈邕,受唐宰相李林甫排挤,迁到福建同安。这一支陈姓称"太傅"陈氏。

西南杨姓比例较大与兄弟民族选用汉姓有关。唐僖宗时杨端进贵州任播州宣慰使,家族世袭到明万历年间,传29世724年,影响较大。苗、瑶、布依、毛南、壮等民族纷纷采用杨姓。

表 4-4　中国分区域大姓分布[①]

排序	全国 姓	全国 占比/(%)	北方地区 姓	北方地区 占比/(%)	长江流域 姓	长江流域 占比/(%)	其中:云南 姓	其中:云南 占比/(%)	南方地区 姓	南方地区 占比/(%)	其中:福建 姓	其中:福建 占比/(%)
1	李	7.94	王	9.87	李	7.02	杨	14.61	陈	10.57	林	14.80
2	王	7.41	李	9.28	王	6.10	刘	8.78	李	6.50	陈	14.01
3	张	7.07	张	9.13	张	5.73	张	6.31	黄	6.42	张	6.61
4	刘	5.38	刘	6.68	陈	4.86	陈	5.36	林	6.38	王	5.07
5	陈	4.53	赵	3.56	刘	4.59	李	3.05	张	4.63	吴	4.99
6	杨	3.08	杨	3.04	杨	3.44	吴	2.96	刘	3.64	黄	3.89

---

① 袁义达,张诚.中国姓氏:群体遗传和人口分布[M].上海:华东师范大学出版社,2007.

第五章 语言和地名

语言是文化的载体。小孩咿呀学话时,开始学习和传承文化观念。

一、汉语特征

汉语是汉藏语系的一支。回、满、畲等民族全部或者大部分讲汉语。讲汉语人口占全国总人口95%以上。

(一) 简约的汉语

汉语是单音节语言。施特劳斯和勃拉姆斯是两位著名的音乐家。按照德语,只有一个音节,Strauss 和 Brahms,写成汉语是四个音节。单音节汉语推动格律诗词繁荣,便于计算机声控。英国《新科技》主编麦克·普鲁斯说:"汉语将成为声控计算机的第一语言。"中国儿童4岁可以从1数到40,美国儿童5岁才能从1数到40,因为汉语数字简洁,每个数1/4秒可以读出来,英语数字1/3秒才能读出来。[①]

汉语词法和语法简明,语序灵活。同一个字可以做主语、谓语和宾语,不必变格、变性、变形。西方语言的语序是固定的。俄语有六个格,一个字在不同的地位字尾有变化。学汉语要从整个句子和上下文中理解。20世纪70年代中美开展乒乓外交。第一天报道比赛的标题是"中国大胜美国",意思是中国队胜。第二天报道标题"中国大败美国",意思也是中国队胜。外国人对这样的表述一头雾水。汉语大量采用简约的成语、谚语和习惯用语,大量使用主谓宾不完整的句型,冠词、介词、连接词等虚词都可以省略。

元朝马致远小令《天净沙·秋思》:

---

① 〔英〕马尔科夫·格拉德韦尔.为什么亚洲儿童更擅长数字[N].观察家报,2008-11-16.

枯藤老树昏鸦,
小桥流水人家,
古道西风瘦马。
夕阳西下,
断肠人在天涯。

全曲 28 个字有 12 个名词,前三句清一色名词重叠,符合汉语语法,流芳百世。

汉语简约的最高境界是"无中生有",无胜于有。贾岛诗《寻隐者不遇》(见图 5-1)四行二十个字①:

松下问童子,②
言师采药去。
只在此山中,
云深不知处。

图 5-1 《寻隐者不遇》图(冯健)

这首诗有两个层次的内容省略了。

诗中有三个人物:第一个人是寻者;第二个人是隐者;第三个人是童子。诗文是关于三个人的问答。三个人在诗文中提到六次,文字中只出现两次,四次

---

① 贾岛(779—843),唐朝范阳(今天北京)人,做过和尚,还俗后多次应试没有考取,后任地方小官。他的诗着笔清淡,用字推敲。汉语用"推敲"比喻斟酌,出自贾岛。

② 童子,男性少年佣人或少年家人。

省略了。省略的依据是诗的标题"寻隐者不遇"。有了标题,读者可以明白故事发生在寻者和隐者间。

这首诗有问有答,寓问于答。松下问童子,应该有问的内容:"隐者在不在?"童子根据寻者的问,才有"言师采药去"。寻者听到童子回答后,再问:"在什么地方采药?"童子回答:"只在此山中。"寻者继续发问:"在山的什么方位?"童子回答:"云深不知处。"

如果将主词、宾词和三个问句补上成六行,像散文了。寻者松下问童子:"隐者在不在家里?"童子答:"师采药去。"寻者问:"隐者在什么地方采药?"童子答:"师在此山中。"寻者问:"隐者在山的什么方位?"童子答:"云深不知师在何处。"

寻人不遇是生活细节。诗人认真刻画,反映对隐士的称颂。隐士安贫乐道,清净孤傲,高风亮节,是儒生崇尚的目标。采药养生是隐士生活的内容。诗的美在不遇,趣在不遇。诗中没有点明寻者。纵观诗文,这首诗应该是贾岛的述怀。

李白《静夜思》有"举头望明月,低头思故乡"名句。译成英语是:

Lifting myself to look, I found it was moon light.

Sinking back again, I thought suddenly of home.

对比原诗,英译稿文字加长了,意境收窄了。原诗主词空缺,可以是李白本人,也可以是读者和第三人,译稿局限在本人。原诗可以是现在式、过去式和将来式,译稿局限在过去式。[1]

(二) 南繁北齐

《礼记·王制》说:"五方之民,言语不通。"自古以来,汉语就存在复杂的方言。

汉语有7个方言区(见表5-1):① 北方方言区;② 吴方言区;③ 闽方言区;④ 粤方言区;⑤ 客家方言区;⑥ 湘方言区;⑦ 赣方言区。汉语方言分布特征是北方比较统一,南方比较繁杂。

整个东北、华北、西北三北地区,大西南,以及华东和华中长江以北,属北方方言区。讲北方方言的人口约占全国总人口68.9%,占讲汉语人口72.2%。北方方言区分9个亚方言区:① 东北亚区;② 北京亚区;③ 冀鲁亚区;④ 胶辽

---

[1] 季羡林.谈东西方文化[M].杭州:浙江人民出版社,2016.

亚区;⑤ 山西亚区;⑥ 中原亚区;⑦ 兰银亚区;⑧ 西南亚区;⑨ 江淮亚区。①

7个汉语方言区有6个分布在东南一隅。这6个方言区互相难以通话,不少亚方言区也达到互相听不懂的程度。例如,吴方言区大体分两部分,旌德、桐乡、新昌一线以北,受北方官话影响较大,语音差异较小;一线以南古越语色彩浓,形成徽语亚方言、瓯语亚方言等,互相听不懂。

笔者在浙江省苍南县考察时,发现那里有5种语言。西部以灵溪镇为中心流行闽方言中的闽南话。北部以龙港镇为中心流行吴方言中的瓯语,又称温州话。东部以钱库镇为中心约有10万人口地区流行蛮话,可能是闽东话中的一个亚方言。金乡镇有3万人口的地区讲金乡话,是明朝海防驻军留下的一种语言。山区畲族保留畲客话,是畲家使用的客家话。②

表5-1　汉方言区人口简表(2019年)*

方言区	人口规模/百万人	占比/(%)
全国	1408	100.0
汉语区小计	1342	95.5
1. 北方方言区	968	68.9
2. 吴方言区	100	7.1
3. 闽方言区	76	5.4
4. 粤方言区	65	4.6
5. 客家方言区	48	3.4
6. 湘方言区	43	3.1
7. 赣方言区	42	3.0
少数民族方言区	63	4.5

* 根据《中国语言地图集》①,参照2019年全国人口调整,包括香港、澳门和台湾。《中国语言地图集》中的晋方言区和徽方言区分别列入北方方言区和吴方言区。

汉方言南繁北齐的态势,有深远的历史和社会背景。北方方言区内自然灾害和战乱较多,历史上人口流动的频率较高、规模较大。人口流动增加语言的同一性。北方是政治中心所在地,也加速了语言的统一。从政要学官话,与官员打交道要学官话,北方方言史称官话。东南一带战事和自然灾害较少,加上丘陵起伏,地形破碎,人们在鱼米之乡的三角洲、盆地、河谷平原长期沉淀下来,容易产生语言分歧。

---

① 中国社会科学院、澳大利亚人文科学院.中国语言地图集[M].香港:香港朗文(远东)出版公司,1989.

② 李荣.温州方言词典[M].北京:商务印书馆,1998.

到了近代,人们南北交流频繁,出现较普遍的"南腔北调"现象。美子在介绍鲁迅时说:"鲁迅很喜欢演说,只是有些口吃,并有点'南腔北调',然而这是促成他深刻而又滑稽的条件之一。"① 鲁迅看到这一评论时说:"真的,我不会说绵软的苏白,不会打响亮的京腔,不入调,不入流,实在是南腔北调。"② 鲁迅将自己的一本杂文集取名《南腔北调集》。

(三) 北京语音——汉语普通话的标准音

共同的语言是国家和民族的凝聚剂,是现代民族的标志。普通话是汉民族的共同语,是现代汉语的标准语。普通话在中国台湾称国语,在新加坡和马来西亚称华语。北京语音作为普通话的标准音是中国语言发展的必然结果。

北京是经历多次大规模移民的城市。辽、金、元、明、清在北京建都。每一次朝代更替,都经历原居民四方逃离,新居民大批涌入。北京语音吸收满、蒙、回等民族语言要素。北京话中的您、胡同等词来自蒙古语。胡同又称"浩特"。浩特在蒙古族分布区是常用的地名,意指水井、聚落。帅、耷拉、关饷、打发、大夫、萨其玛等词来自满语。③《红楼梦》的语言特征是幽燕语和满语的交融。第十六回赵嬷嬷说:"我们这爷,只是嘴说的好,到了跟前就忘了我们。""跟前"是满语,指地点和时间。④ 周汝昌说:"没有满汉两大民族的融合,是没有产生《红楼梦》作者与作品的可能的。"⑤ 老舍说:"满族应该分享京腔创造者的一份荣誉。""前辈们不但把一些满文词儿收纳在汉语之中,而且创造了一种清脆快当的腔调。"⑥

北京话语音清脆,词汇鲜活,有极强的表达力和感染力。比如,"瞧您这闺女模样出落得多水灵啊!"这水灵,让人联想到带着露珠的鲜嫩瓜菜。这出落,带有成长的勃勃生机。把水灵和出落联在一起,有端庄的静态美,也有娇嫩的动态美,鲜活的形象美。⑦

为了巩固国家统一,提高行政效率,明、清两朝努力推广北京话,各省设立"正音书院"。在全国发行《官音汇解》和《正音撮要》等学习北京话的教材。元

---

① 美子.作家素描(八)——鲁迅.出版消息(上海),1933,四期.
② 鲁迅.南腔北调集·题记[M].北京:中国文史出版社,2002.
③ 周有光.中国语言的时代演进[M].北京:清华大学出版社,1997.
④ 田维周.少数民族与中华文化[M].上海:上海人民出版社,1996.
⑤ 红楼梦学刊创刊词,第一辑[M].天津:百花文艺出版社,1979.
⑥ 老舍.老舍选集(第二卷),正红旗下[M].北京:人民文学出版社,1981.
⑦ 董维涛.一方水土一方人[M].北京:中国工人出版社,2003.

朝的戏曲杂剧,明、清的《水浒传》《儒林外史》和《红楼梦》等小说,都用北方方言创作,有深远影响。

普通话一词在 1906 年出现。① 五四运动中掀起国语运动和白话文运动。20 世纪 50 年代规范普通话的概念是:"以北京语音为标准音,以北方话为基础方言,以典范的现代白话文著作为语法规范的汉民族共同语。"

改革开放以来,大规模人口流动加速了普通话的推广进程。为了适应经济繁荣和文化交流,为了适应电子技术发展,推广普通话已经成为全国人民的共识。同时,地方方言的精粹不断融入普通话中。例如,粤方言中的"水货",湘方言中的"里手"成为普通话中的常用词。

(四)口彩与口忌

与吉利相同的音,人们喜欢用,喜欢听。用了、听了,大家高兴,叫口彩。在结婚仪式等喜庆场合,主持人会说一连串口彩。与凶煞相同的音,不喜欢用,不喜欢听。用了、听了,大家扫兴,叫口忌。

口彩和口忌在数字领域比较突出。8 和 9 是受欢迎的数字。8 与"发"音近。9 与"久"同音,是个位数中最大的,是奇数。中国传统观念认为奇数是阳。建筑、文艺都喜欢用 9。天有 9 重,地有 9 州,官分 9 品。电话号码、汽车牌照、房屋门牌,与 8、9 有关的都很抢手。广州话 3 与"生"同音,生财是吉意。338 "生生发",168 "一路发",都很红火。4 与"死"同音,是凶忌。从 2004 年起,广东省汽车牌号库中把尾字 4 的都取消了。

口彩和口忌涉及生活各个方面。"钟"与"终"同音,礼不送钟。广州话"舌"与"蚀"同音,"空"与"凶"同音,"丝"与"输"同音。广州话流行区猪舌改叫猪利,空屋改叫吉屋,丝瓜改叫胜瓜。北京口语忌"蛋"字,混蛋、坏蛋、滚蛋,是贬语,鸡蛋叫鸡子,炒蛋叫炒黄花,蛋汤叫木须汤,皮蛋叫松花。

口彩和口忌有地域差异。基督文化区讨厌"13"。因为第 13 个弟子犹大是出卖耶稣的叛徒。许多门牌、房号,遇到 13 常常空过。

二、少数民族语言

中国少数民族的语言十分复杂,共有 5 个语系(见表 5-2)。讲汉藏语系的人数占少数民族语言总人数七成以上,包括壮侗语族、藏缅语族和苗瑶语族。

---

① 朱文熊于 1906 年编江苏新字母,提出普通话概念,将普通话定义为"各省通用之话"。

讲阿尔泰语系的人数居第二位，包括突厥语族、蒙古语族、满-通古斯语族和朝鲜语族。此外，中国还有讲南亚语系的孟-高棉语族，讲南岛语系的印度尼西亚语族，讲印欧语系的塔吉克语族和俄罗斯语族①。

由于地理分布阻隔，有些少数民族使用两种或者三种语言。目前确认的少数民族语种在 30 种以上。使用 3 个语种的有瑶族、怒族、布依族和珞巴族等。使用两个语种的有裕固族和门巴族。有些使用同一个语种的少数民族，存在不少方言。贵州省苗族有东部、中部和西部 3 个方言。云贵高原彝族有东部、东南部、南部、西部、北部和中部 6 个方言。方言间的差异可以达到难以通话的程度。②

表 5-2　中国少数民族语系和语族（1998 年）*

语系语族	人数/万人	占比/(%)	语种
1. 汉藏语系	4114	72.2	
壮侗语族	1977	34.7	壮语、布依语、侗语、傣语、黎语、水语等
藏缅语族	1516	26.6	彝语、藏语、哈尼语、白语、拉祜语、纳西语、土家话、羌语等
苗瑶语族	621	10.9	苗语、勉语、布努语
2. 阿尔泰语系	1499	26.3	
突厥语族	866	15.2	维吾尔语、哈萨克语、柯尔克孜语、撒拉语等
蒙古语族	416	7.3	蒙古语、东乡语、达斡尔语、土族语等
朝鲜语族	211	3.7	朝鲜语
满-通古斯语族	6	0.1	锡伯语、鄂温克语等
3. 南亚语系	47	0.8	
孟-高棉语族	47	0.8	佤语、德昂语、布朗语
4. 南岛语系	34	0.6	
印度尼西亚语族	34	0.6	高山语
5. 印欧语系	6	0.1	
塔吉克语族	6	0.1	塔吉克语
俄罗斯语族			俄罗斯语
合计	5700	100.0	

*《中国语言地图集》，人口按增长率折算。

---

① 罗常培等.国内少数民族语言文字的概况[J].中国语文，1954，3：21—26.
② 严天华.贵州少数民族人口发展与问题研究[M].北京：中国人口出版社，1996.

由于来源地和迁入时代的差别,回族散布在全国大多数省区,定居地形成大分散小集中局面。回族说当地汉语。

三、地名

中国人初次见面常问:"府上在哪里?"老乡见老乡,两眼泪汪汪。如果是同乡,彼此的距离就拉近了。

(一) 地名命名原则

新陈代谢是地名的常态。地名新陈代谢有三方面的原因。

第一,自然环境。以长江三角洲为例,两千年前(汉朝初期)海岸线在太仓附近,300年前(清朝初期)海岸线在南汇城附近。今天海岸线由南汇城向东移了十余千米。在这片富饶的土地上,涌现数以万计的新地名。

第二,社会环境。政治疆界的调整、朝代的更替、行政区体系的调整,都会引起地名的大规模消长。

第三,由俗到雅。多数地名草根百姓随缘而定,称俗地名,原生态地名。由俗到雅是地名转变的规律。俗定官改,政府和文人雅士推动地名雅化。北京朝阳门内北小街东有条鸡爪胡同,形状不规则,如鸡爪状。后来取谐音称鸡罩胡同。1924年中华民国临时政府总理段祺瑞宅在这条胡同。堂堂总理住在鸡罩胡同,不祥不雅,改名吉兆胡同。[1][2]

起地名主要有三原则。

第一,特色原则,接地气,是地理原则。地名是信息库。地名中有方位、区域、环境,有历史、文化。我国34个省级行政区中,22个地名含自然要素,15个地名含方位要素。河北、河南、湖北、湖南、山东、山西兼含自然要素和方位要素。我国县级以上地名中,南字打头有49个,东字打头的有42个。

第二,团结原则,讲和谐,是政治原则。地名关系国家主权,友邻和睦,民族团结。1876年辽宁与朝鲜边境有安东县,1965年改名丹东市。明朝在广西越南边境有镇南关,1953年改名睦南关,1965年改名友谊关。新地名体现睦邻友好的外交方针。

---

[1] (清)朱一新.京师坊巷志稿.
[2] 户力平.老北京曾有哪些"狗"地名[N].北京晚报,2018-1-15.

第三,简明原则,求大美,是美学原则。简明是我国传统的审美观。简明的优点是好听、好写、好记、好找,便于传播,节约流通成本。好听是多用喜庆吉利悦耳的字,不用诘屈聱牙晦气的字。好写是地名字数不长,笔画不多,方便书写。去除"文相类,声相近"地名,防止误传。不久以前,山西大同市旁有大同县,江苏无锡市有无锡县,容易误寄、误传。

特色原则、团结原则、简明原则互相关联。不同的历史阶段对三原则的认识有变化。落实三原则有三点需要关注。

第一,更改地名慎之又慎。地名是对家乡的记忆。一位漂泊在外的华人,身体不好,不能回家,让孩子回家寻根,找他生活过的地方。孩子回来,拿着地名,怎么也找不到。原来地名已经消失。最后,到民政部门,翻阅档案,才找到家乡。这位华人说:"你们经济发展得很好,建设也很好。但是,地名不要改。地名是我们回家的路。"①

第二,具有历史文化价值的地名尽可能保留下来。三国鼎立时,襄阳和荆州是争夺的焦点。三顾茅庐,刘玄德决意赖荆州,关云长大意失荆州等故事在这里上演。1950年襄阳和樊城合并,取名襄樊。1994年荆州和沙市合并,改名荆沙。襄阳和荆州两个古地名相继消失。受到历史的感召,最终双双重拾旧名。

第三,不用人名作地名。用人名作地名,稳定率比较低。人们常说盖棺论定,有时盖棺也不能论定。因人立名,可以因人废名。2015年5月乌克兰议会通过法律,清理用人名的地名。2016年12月,乌克兰国家记忆研究所公布清理名单,涉及520位历史人物,有987座城镇和51 400条街道要改用新地名。不用人名作地名还有一个正面效应:防止个人崇拜。为了继承我国地名的优秀传统,有关条例规定:"一般不以人名作地名。禁止用国家领导人的名字命名地名。"这是一条泽被千秋的规定。

(二) 地名争议

在市场经济环境下,围绕地名的争议时有发生。处理地名争议有两条原则:① 求是原则,尊重事实;② 双赢原则,在实事求是前提下照顾双方利益,尽可能达到双赢。

唐朝杜牧有一首《清明》诗入选中学教科书:

---

① 王瑞锋,高佳.全国地名大清查[N].南方周末,2016-4-21.

> 清明时节雨纷纷,路上行人欲断魂。
> 借问酒家何处有,牧童遥指杏花村。[1]

有关《清明》争议由来已久。争议的焦点是杏花村在什么地方,哪里可以享用杏花村的品牌。争夺最激烈的是山西汾阳杏花村和安徽贵池杏花村。争议要区分两个概念。一个是泛指的杏花村,有杏花的地方,取个杏花村的地名。泛指的杏花村可以用植物地理的规律析疑。另一个是唐诗《清明》中所指的杏花村,可以用景观地理和历史考证析疑。泛指的杏花村可以有多个,专指的杏花村只能有一个。

杏树是原产我国的落叶乔木,有 3000 年以上的栽培史。杏树抗旱耐寒,分布范围广,西北干旱、半干旱区,东北高寒区,长江流域高温湿润区,都有杏树分布。《清明》诗虽然只有 28 个字,景观描述是很到位的。"清明时节雨纷纷"是典型的气候景观。山西属夏雨区,春雨贵如油,清明时节不可能出现雨纷纷天气,青草生长迟缓,清明时节难得有牧童牵牛景观。安徽贵池在春冬阴雨区,清明时节常见春雨纷纷,青草萌生,牧童牵牛。[2] 按照景观特征,唐诗《清明》中的杏花村在贵池比较靠谱(见图 5-2)。

图 5-2　牧童遥指杏花村(杨晓东)

---

[1] (唐)杜牧(803—852),字牧之,京兆万年(今西安)人.
[2] 李磊田等.1961 年到 2016 年天气大数据分析[N].北京晚报,2017-04-03.

《清明》争议的核心是对作者杜牧说的质疑。质疑的依据是杜牧外甥裴延翰编的杜牧文集《樊川文集》没有收录《清明》。《清明》诗最早出现在南宋孝宗时期的《锦绣万花谷》中，并没有署杜牧名。杜牧成为《清明》作者，是在《分门纂类唐宋时贤千家诗选》中。这是一本盗用文化名人的盗版书。

诗中的杏花村可能是文学的抽象，虚构的意境。然而，它描绘的景观是生动的、形象的。这类景观出现在长江中下游春雨区。

1957 年山西汾阳杏花村汾酒集团注册"杏花村"商标。2000 年安徽贵池杏花村文化旅游发展有限公司申请注册"杏花村"旅游服务类商标。对于贵池的申请，山西有异议。国家商标局 2009 年裁定核准安徽申请。山西不服，上诉到北京市中级人民法院和高级人民法院。2010 年北京市中级人民法院和高级人民法院相继裁定维持国家商标局判决："酒在山西，游在安徽"。法院裁定后，山西汾阳派出代表团赴安徽贵池，共商两地友好协作大计。

四、民族语言与地名

少数民族分布在我国一半以上的领土上。少数民族语言是研究地名的基础。

（一）藏语与地名

藏语曲是河，玛是黄色，玛曲是黄河。那是黑色，藏北那曲是黑色的河。松是三，松曲是三条河。

藏语中拉是神仙、菩萨，萨是土地。拉萨是菩萨住地。拉萨布达拉宫是梵语普陀洛迦的藏语译音，原意是观音菩萨圣地。汉族地区观音菩萨圣地在浙江省普陀山。

西藏多湖，藏族群众认为大些湖泊是海，称错。纳木是天，纳木错是天湖。阿里普兰有著名的神山圣湖。神山是冈仁波齐峰。仁波齐是大宝贝。峰高 6714 米，是冈底斯山主峰。圣湖是玛旁雍错。湖面海拔 4588 米，面积 412 平方千米。湖水清澈，透明度达 14 米。印度、巴基斯坦、尼泊尔、不丹等境外信徒和青海、甘肃等藏区信徒常常千里迢迢前来转山、转湖。

围绕西藏这一名称，有翻译引起的歧音。藏族群众自称 Bod，Bodliong，有高地的含义。在唐代，将它译成吐蕃。突厥人和蒙古人译成土伯特。土伯特一名经阿拉伯人介绍，流传到欧洲，出现英文 Tibet。

由于翻译上的误差,同一个藏语,在不同的时期,不同的地点,采用不同的译法。孜和则本是同一个藏字,表示顶尖、绝佳。日喀则的本意是肥美的庄园。拉孜和江孜是日喀则地区的两个县。拉孜的本意是菩萨住的绝佳圣地。江孜的本意是胜利的顶峰,法王的顶峰。

(二) 珠穆朗玛正名

1855年印度测绘局将珠穆朗玛峰定名埃菲尔士峰。同时将冈底斯山定名外喜马拉雅山,理由是冈底斯山位于喜马拉雅山北方。埃菲尔士是英籍印度测绘局局长(Geogre Everest)之名。

根据林超考证,1715年清皇朝就派员测绘制图。[①] 由钦天监主事胜住率喇嘛楚尔心藏布和兰本占巴进藏实测。[②] 1717年完成《皇舆全览图》标明朱母郎阿林。阿林是满语山。1721年,《皇舆全览图》制成汉文木版,1733年又制成法文木版。胜住、楚尔心藏布和兰本占巴是第一批给珠峰定名的人士。1822年出版的《皇朝地理图》标名珠穆朗玛。藏语中珠穆(job-mo)是女神。珠穆朗玛的内涵是神女峰。[③]

1952年我国政府宣布埃菲尔士峰的名称是珠穆朗玛峰。同时宣布外喜马拉雅山的名称是冈底斯山。藏语冈底斯是世界之轴,众山之主。

(三) 满语、蒙语与东北地名[④]

长春和牡丹江是东北两座名城。读懂这两座城名离不开满语。

春光明媚、春华秋实是汉语中使用频率较高的溢美词汇。长春春长,是人们殷切的企盼。实际上长春春不长,长春四季中最长的是寒冬。长春地名源自满语茶啊冲,本意是祭天祈福,与天气无关,意译是神赐福地。长春地名在清嘉庆五年(1800年)出现,设长春厅,隶属吉林将军。

牡丹国色天香,是花中之王,是富贵昌盛的象征。牡丹花原产在秦岭大巴山区,在气温17~20℃盛开,不耐零下30℃寒冬。牡丹江市名称来自江名,源自满语穆丹乌拉。穆丹是弯曲,乌拉是江。穆丹乌拉本意是弯曲的河流,与花卉无关。

---

① 林超(1909—1991),广东揭阳人,英国利物浦大学地理学博士,任中山大学理学院代院长,中国地理研究所所长,清华大学和北京大学教授,是我国著名的地理学家.
② 钦天监,清政府机构,管理天文、历法、测绘等事项.
③ 林超.珠穆朗玛的发现与名称[J].北京大学学报,1958,(4):144—163.
④ 本节由郎云华撰稿.

除了满族,东北还有蒙古、朝鲜、达斡尔、锡伯等民族。黑龙江省昂昂溪是蒙古语昂阿奇的译音,原意是狩猎场。松花江和嫩江是东北两条重要河流。松花江满语本意是白色的江。《魏书·勿吉传》称松花江是"速末水"。金、元两朝称松花江是宋瓦江。到明朝宣德年间出现松花江名。嫩江流域有蒙古族居住。嫩江先后有难、诺尼、脑温等名称,在蒙古语中,是碧和青。松花江和嫩江名称都有雅化过程。

第六章 文学和绘画的区域差异

中国的方块字,中国的文学,中国的绘画,都有浓浓的东方特色,在世界上独树一格。

一、象形的汉字

汉字是方块状的象形文字,学习汉字可以望文生义。笑字好像人在开怀大笑。哭字好像人在流泪。方块字既有形象又有逻辑,是"复脑"文字。人的右脑负责形象思维,左脑负责逻辑思维。学习方块字,右脑和左脑都受到训练。汉字的形象可以调动读者的视觉感官,有较强的感染力。

汉字因形置声,先形后声,声随形转,在空间上和时间上有超强的稳定性。按照《中国语言地图集》,汉语有7大方言区和53个亚方言区。采用拼音文字,汉语可以形成几十种文字。"如果没有秦汉以来坚持不懈地推行统一汉字,中国也许要分成几十个国家。"[①]象形文字可以防止文随音转,消除方言纷繁的干扰,将中华民族凝聚在一起。象形的汉字形、音、意统一,传承五千年。

简约的汉语和象形的汉字结合组成的中文是世界上最明快的文字之一。联合国文件使用英、法、俄、西班牙和中文5种文本,最薄的文本是中文本。在表达内容的能力方面,中文也有独到之处。1930年梅兰芳到美国演出京剧。剧目翻译成一大难题。《贵妃醉酒》直译是:"Imperial lovely concubine grows tipsy."美国人看了不知所云。按照美国习惯,只能译成"A concubine's worry"(一个妃子的烦恼),中国人感到缺乏意境。同样,好莱坞电影片到中国,片名也要中国化。"Waterloo bridge"直译是"滑铁卢桥",毫无情趣。译成《魂断蓝桥》,蕴涵诗情雅味。中文与西方拉丁文字间的区别,犹如中式快餐炸春卷和美式快餐炸薯条。炸春卷有皮有馅,馅有多种多样,认真品尝,才得妙味。炸薯条从外形到内容,一清二楚。

---

① 任继愈.汉学的生命力[M]//吴志良编.东西方文化交流.澳门:澳门基金会:1994.

语言学将文字进化分成5个阶段：① 语段文字；② 词符文字；③ 词素文字；④ 音节文字；⑤ 音素文字。汉字属于词符文字和词素文字过渡阶段。[①] 文字发展的最高阶段是音素文字。音素文字将语言分解成最小的单位。随着科学技术发展,音素文字优越性日益明显。排版打字、机器识别、人机对话、人工智能、网络沟通,都要求文字音素化。汉语拼音,汉语音素化,将汉语引入文字的最先进阶段。

二、文风的区域差异

先辈们秉山川之灵,承天地之气,物与神游,思维方式、心理感应和艺术创作无不受到启迪。

"搜尽奇峰打草稿。"[②]"多拜名山作法师。"[③]大地是文学艺术活动的舞台,是文思的源泉。苏轼说："游遍钱塘湖上山,归来文字带芳鲜。"[④]讲的是大地对文艺活动的影响。"文人借山水澄怀观道,探索万物发展变化的规律；借山水洗涤世俗尘垢,消解胸中的块垒；从山水中得到哲理的启示,激发起进取的意气。"[⑤]

景以文彰。人类对自然的探索、规划、开发可以提升自然景观的价值。这是自然和文艺互动的另一方面。"夫美不自美,因人而彰。兰亭也,不遭右军,则清湍修竹,芜没于空山矣。"[⑥]

"东南之山多奇秀""西北之山多浑厚"。[⑦] 奇秀给人幽静、柔和、淡雅、舒缓的感受。浑厚给人悲壮、豪迈、雄伟、粗犷的启迪。这是文艺领域南秀北雄的自然背景。唐朝出现田园诗和边塞诗,都有鲜明地域性。北方多征战,屯边、戍边、靖边是边塞诗的土壤。田园诗主要出现在风景秀丽的南方。

关于中国文学的南北差异,有南骚北风一说。南骚是指《离骚》。《离骚》的通俗化解释是牢骚,是楚国屈原陈述政治上的抱负。全诗两千多字,背景是长江中游楚国的语言、民俗、地理。《离骚》把风、雨、雷、电、云、月看作侍从,让凤

---

① 王德春.语言学通论[M].北京：北京大学出版社,2006.
② 石涛论画.艺苑趣谈录[M].北京：北京大学出版社,1984.
③ （清）布颜图诗.
④ （北宋）苏轼.送郑户曹.
⑤ 葛晓音.中国文人与山水名胜[M]//北京大学中国传统文化研究中心.中华文化讲座丛书（第一集）.北京：北京大学出版社,1994.
⑥ （唐）柳宗元.马退山茅亭记.
⑦ （宋）郭熙.林泉高致·山水训.

凰和游龙驾车驰骋太空,寻求理想境界。鲁迅评论:"其言甚长,其思甚幻,其文甚丽,其旨甚明,凭心而言,不遵矩度。"①北风是《诗经》的一部分。《诗经》由风、雅、颂三部分组成。十五国风是乡土文学,主要来自黄河流域。雅是京都一带的乐调。颂是北方王侯祭神、祭祖时的歌舞曲。《诗经》的主旋律是端庄敦厚。孔子称赞《诗经》"止乎礼义""思无邪"。

杏花春雨江南,古道西风冀北。南方文风清绮,北方文风质朴。唐初魏徵评述南北词风:"江左宫商发越,贵于清绮;河朔词义贞刚,重乎气质。气质则理胜其词,清绮则文过其意。理深者便于时用,文华者宜于咏歌。此其南北词人得失之大较也。"②

《敕勒歌》和《渔歌子》千古传诵。这两首绝唱都有环境的烙印。"敕勒川,阴山下,天似穹庐,笼盖四野。天苍苍,野茫茫,风吹草低见牛羊。"③草原景观有辽阔、壮丽、寂寥特色,《敕勒歌》刻画生动。"西塞山前白鹭飞,桃花流水鳜鱼肥。青箬笠,绿蓑衣,斜风细雨不须归。"④西塞山在浙江省吴兴县西。作者张志和号烟波钓叟。词似烟波钓叟图。春风细雨、桃红鹭白,与茫茫草原对比强烈,反差明显。

在现代文学中,涌现出山西农村生活的山药蛋派,北方水乡风貌的荷花淀派,湘中湖光山色和桑田苇泊相衬托的湘味文学,大西北的西部文学。还有描写江南街巷生活的小巷文学。幽长的石板小路,明灭闪烁的街灯,喧哗嘈杂的深宅大院是江南城镇风情的传神描摹。这些文学流派描绘的自然、文化、民俗,有浓郁乡土色彩。

三、色彩观

世界缤纷,环境有色彩,城市有色彩,家居有色彩,服饰有色彩。色是美感的要素。人们的色彩喜好受多方面因素制约。按照自然属性,色彩分暖色和冷色。暖色以红为首,包括橙、黄、棕等。炉火给人温暖感,是红色的。冷色以青为主,包括蓝、绿、紫等。高原、蓝天、碧海的基调是冷色。南方炎热,一般喜好凉爽的颜色。北方寒冷,一般喜欢温暖的颜色。对颜色的喜好还受文化传统影响,与个人的性格、年龄、职业有关。性格活泼的人喜欢暖色,性格沉默的人喜欢冷色。

---

① 鲁迅.汉文学史纲要(第四篇):屈原与宋玉[M].北京:人民文学出版社,1958.
② 隋书·卷七十六.
③ (北齐)斛律金.敕勒歌.敕勒,北齐族名.敕勒川在河套平原一带.
④ (唐)张志和·渔歌子.

(一) 尚黄

汉民族爱热闹。反映在色彩观上,汉民族爱暖色。古代"华"与"花"两字相通。《说文解字》说:"华,草木华也",代表艳丽色彩,热闹场面。

在暖色中,汉民族首尊黄色。尚黄有自然环境背景。黄土分布地区是华夏文化发源地。进入黄土高原,放眼望去,一片玄黄,天黄、地黄、河黄、人黄。黄色的土地是华夏文化的根基。古代黄河叫河,后来加上黄字。加黄字的原因有黄土高原说、河水多黄沙说和始祖黄帝说。三种说法相互关联。"土色黄,故曰黄帝。"[①]

在漫长的封建社会,黄色是皇权的代表。在董仲舒建议下,汉太初元年(公元前104年),朝廷规定"衣尚黄",确立黄色的权威。[②] 从隋朝起,黄色成为帝王垄断的颜色。公元960年正月,后周殿前都点检赵匡胤发动陈桥兵变,部下将事先准备好的黄袍给他披上,拥他为帝。黄袍加身成了称帝的代名词。皇帝的文告用黄纸书写,称黄榜。科举甲科及第的名单用黄纸公布,称黄甲。皇帝颁发的历书用黄纸印刷,称黄历。

(二) 尚红

红色是最具刺激性的颜色,能使心律跳动加快,血液流动加速。汉民族心目中红是祖国的象征,权力的象征,喜庆的象征,忠勇的象征,美丽的象征。《说文解字》说:"赤,南方色也,从大,从火。"炎帝是华夏民族两位先帝之一,又叫赤帝。赤县神州是中国的别名。中国百姓称赤子,海外华侨华人称海外赤子。公文用鲜红大字作标题,称红头文件。印章用红色印泥。表扬的告示用红纸,称红榜。

中国民俗中"红"与"喜"画等号。红运、红包、开门红、满堂红、红白喜事、红光满面,都有喜庆含意。婚书庚帖叫红帖。新婚洞房点红蜡烛,挂红灯笼,贴红对联。新娘穿红袄、红裤、红鞋,涂红唇、红脸蛋、红指甲。新郎和新娘戴红花,牵红线。新床上放红被、红枣、红筷。婚礼用红烛绘上龙凤,叫花烛。民间年画"红绿大笔抹,市上好销货;庄户墙上挂,吉祥又红火"。中国戏剧勾画脸谱,红色代表忠勇耿直。京剧武生叫净角,红脸武生叫红净。武圣人关公是商界供奉

[①] 谯周·古史考.
[②] 史记·孝武本纪.

的财神,民间尊崇的神祀,是红净的代表。

红是美貌的同义词。红妆是女子盛装。苏东坡《海棠诗》说:"只恐夜深花睡去,故烧高烛照红妆。"红娘是《西厢记》中聪明勇敢的婢女,后来泛指婚姻牵线人。红颜薄命是娇秀不幸的女子。红是中国女性取名频率最高的字。

作为黄和红的对立色,白色被认为是凶色。孝服和灵堂用白作为基调。智力低下称白痴。出力不讨好叫白干。一度把钻研业务不关心政治叫"白专"。

西方色彩观对中国有不小的冲击。红灯表示禁止通行。红色的穿透力最强,达到1000米以上。铁路列车从刹车到停止还要冲出800米,只有红色才能保证安全。黄色的穿透能力也比较强,用作缓行信号。时尚的新娘婚礼穿白色婚纱,招待宾客换红色礼服,体现色彩观上的中西融合。

(三)少数民族色彩观

中国少数民族的色彩观丰富多样。

回族、朝鲜族、纳西族、白族、景颇族、哈尼族等民族崇尚白色。回族男子爱戴白色帽子,穿白衬衫、白裤子、白袜子。回族老年妇女戴白色头盖。纳西族的保护神"山朵"是白色神,认为白色是光明、吉祥、善良的象征。白族以白为族名,代表纯洁和高尚。

蒙古族既尚白,又尚黄。蒙古草原云是白的,羊是白的,奶是白的,蒙古包也是白的。蒙古人自称是白色民族,称农历正月是白月,春节是白节。节日期间,按照传统要穿白袍,蹬白靴。按照传说,蒙古人的祖先是金器中出生的三个儿子,像金光闪耀的金器一样坚不可摧。成吉思汗家族的历史称黄金族史。

彝族和苗族尚黑。彝族的图腾是黑虎,认为彝人是黑虎的子孙,黑是高贵的象征。奴隶社会时期,黑彝是奴隶主,白彝是奴隶。苗族认为黑色象征美丽、庄重。苗族习惯用蓝靛和杨树皮汁把布料染得黑里透亮。

有些民族兼有尚黑和尚白的传统。藏族自称是黑头人。藏族人民爱戴的格萨尔王是黑头君长。同时藏民认为白色代表善良、吉祥,爱用白色哈达表示庆贺欢迎。

生活在茫茫沙漠、雪域高原和辽阔草原的民族,希望调剂大自然比较单调的景观,在服饰上爱用鲜艳、光亮、对比度强的色彩。蒙古袍、藏袍和维吾尔族的服饰都爱用鲜艳的色泽。

四、中国绘画特征

中国绘画有重神似、重山水、诗书画一体等传统。

齐白石说:"作画妙在似与不似间,太似是为媚俗,不似则为欺世。"似与不似间就是神似,重在表达精神,表达意境。线条勾勒,形象夸张,配以诗书,增加留白,是表达意境的手法。

西方绘画用色彩涂抹,光线明暗表达立体效果和真实感受,把人物、景观描绘得惟妙惟肖。中国画主要用线条勾勒,描绘神态。简练粗放的大写意画在中国地位较高。大写意美在神似,表达画家的世界观和人生观。

中国画的主要题材有山水、花鸟、人物三大类,山水画最兴旺。中国多山,大面积的石灰岩和花岗岩山地形成千姿百态的景观。中国文人普遍知山乐水。山水画最能表达中国文人的情趣和意境。

朱耷的《荷花小鸟图》是大写意花鸟画的代表作,笔墨简练粗放,形象夸张,追求情趣。两只小鸟站在怪石上,冷眼看世界,宣泄悲愤孤寂的感情(见图6-1)。朱耷是明太祖朱元璋后代,明朝灭亡后出家为僧。①

图6-1 《荷花小鸟图》局部(朱耷)

---

① 朱耷(1626—1705),江西南昌人,与石涛、弘仁、髡残合称"清初四高僧"。

中国文学爱用比喻手法描写意境,中国画也不例外。松、竹、梅冬天不凋谢,是诗词散文颂扬的主题,也是中国画描绘的对象(见图6-2)。孔子说:"岁寒,然后知松柏之后凋也。"[1]在北风呼啸的冬天,松树挺立不凋谢,比喻人有高风亮节,经得起严峻的考验。竹子有节心空,干枝挺拔向上,比喻人谦虚无私,坚持真理。梅花在寒冬没有过去的时候盛开,给大地带来生机,宣告春天来临。

图6-2 松竹梅岁寒三友(冯健)

中国画重视留白,常常一幅画的三分之一什么也没有。老子《道德经》开宗明言讲:"有无相生。"[2]留白给观众自由的想象空间。中国画讲究意到笔不到,将一切可有可无的东西减去,剩下一鸟、一鱼、一人,形成大片留白。留白反映大自然的本质。大自然景物本身有无数留白,有无数与主题无关的细端末节。

《雏鸡图》是明人沈周(1427—1509,苏州人)的作品(见图6-3)。这幅画体现中国画留白、传神、诗画结合和情景交融特色。画中题诗:

茸茸毛色半含黄,

何独啾啾去母旁。

白日千年万年事,

待渠催晓日应长。

---

[1] 论语·子罕.
[2] 道德经,第二章.

图 6-3 《雏鸡图》(沈周)

图面是黑白的,无声的,静态的。诗把观者带入色彩世界、声音世界、动态世界。诗中点出小鸡茸茸细毛白中泛黄,依偎在母鸡旁发出啾啾叫声。后两句由景入情,像修渠灌溉的农耕工程,像东方日出的天道天理。左下角"白石翁"三字印章,说明这幅画是画家齐白石的藏品。[①]

五、画风区域差异

画风在某种程度上是地域风土人情的反映。受环境影响,五代山水画有南宗和北宗的分野。

南京董源和巨然是南派代表,画风清新典雅,飘逸潇洒,淡墨轻岚。画中幽溪细路,屈曲萦带,竹篱茅舍,断桥危栈,"真若山间景趣"。宋代米芾、米友仁父子开创"米家云山"用淡水墨侧笔横点,又称"落茄点"。画法表现江南平远景色和雨后山川景象,郁郁葱葱,雾气迷蒙,烟云缭绕。黄公望《富春山居图》描绘初秋时节浙江富春江沿岸风光。画中山峰起伏,江水平静,松翠柏绿,茅屋村舍,历历在目。[②]

[①] 齐白石(1863—1957),湖南湘潭人,现代著名画家.
[②] 黄公望(1269—1354),江苏常熟人,代表元朝山水画最高成就.

山西沁水荆浩和陕西西安关仝是北派山水的代表，善于表现黄河两岸的山川景物，"云中山顶，四面峻厚""远取其势，近取其质"，场面浩大，笔力遒劲，气象萧索，雄伟深厚。[1] 范宽《溪山行旅图》描绘秦陇山川雄伟景色，山峰突兀，雄峻挺拔，气势深厚。[2]

张少康说："山水画南北宗之分，并不是以画家之祖籍来分的……关键是在艺术思想和审美理想方面……一般来说，北宗画家受儒家美学思想影响较多，而南宗画家则受老庄思想影响很深。唐宋以来绘画创作和绘画美学思想上的对立，实质上正是六朝文艺思想上'错彩镂金'和'芙蓉出水'两种对立的美学观之继续与发展。"[3]这段论述，从哲学、美学和文学的根源，探讨了南北画风的区别。

地域性画派是以当地自然和人文景观为主要题材，集聚在某一地区，形成画派。

长安画派是20世纪60年代在西安出现，以赵望云和石鲁为首。长安画派着力表现西北的莽原高山和淳朴的劳动人民。他们用"朴""雄""拙""厚"的西北性格塑造黄土高原、黄河、秦岭、河西走廊等地的形象。

扬州画派，以清代乾隆、嘉庆年间金农、郑板桥、李鳝等为代表，称扬州八怪。扬州地近东海，是江淮要冲，水陆交通发达，商贾云集。乾嘉时期，扬州的盐业进入鼎盛时期，很多富裕盐商附庸风雅，收藏书、画、文物。[4] 扬州八怪，艺术格调怪，不同于传统观念和正宗画法；社会地位怪，敢于抛弃斯文体面，撂地卖画，有较鲜明的商品意识，与"仕不经商"和"文人耻于言利"的封建风尚大相径庭；个人生活怪，有异于常人的言行举止和逸闻趣事。

海派是19世纪中叶至20世纪初活跃在上海的画家，以任伯年、吴昌硕为代表。海派绘画既富都市气息又有民族特征。都市气息的表现是画家的职业化、作品的商业化、题材的大众化、审美的世俗化。民族性的表现是继承优秀传统，富有革新精神和注重人品、画品的文人画气质。画家迎合要求，捕捉人们喜闻乐见的市井题材，在风格和情调上呈现大众化、平民化、世俗化。

岭南画派是晚清以来活跃于广东一带以高剑父、高奇峰、陈树人、赵少昂岭南四杰为代表的画家群体。岭南画派将西方绘画与传统相结合，色彩鲜艳明亮，注重写实，形象逼真，有革新精神。

---

[1] 李文初.中国山水文化[M].广州：广东人民出版社，1996.
[2] 范宽(950—1032)，元朝陕西华原(今铜川耀州区)人.
[3] 陶天礼.北风与南骚[M].北京：华文出版社，1997.
[4] 郑朝，蓝铁.中国画的艺术与技巧[M].北京：中国青年出版社，1991.

第七章 戏曲的地域性

戏曲用群众喜闻乐见的艺术形象传播信息,寓教于乐,普及道德文化。我国古代百姓的识字率很低。通过戏曲,百姓知道诸葛亮、包拯、白蛇、梁山伯等历史和神话人物,知道扬善积德、除奸申冤。

一、戏曲文化特征

中国戏曲有综合性、虚拟性、地域性等特征。

(一) 综合性

中国戏曲有共同的源头。从秦汉的歌舞、优戏、角抵戏,唐朝的参军戏、歌舞戏,宋元杂剧,明朝弋阳、余姚、海盐和昆山四腔,到皮黄腔、梆子腔,一脉相承。多数地方剧种吸收昆、高(弋阳腔)、梆子、皮黄的声腔。生、旦、净、末等角色用明朝服饰作蓝本。文字剧目,舞美道具,表演程式,有相通的地方。

中国戏曲推陈出新,不断完善。学术界有一个观点,认为到南宋时中国才出现完整的戏剧形态,比希腊戏剧晚一千二百年,比印度梵剧晚八百年。以京剧为例,从1790年徽班进京算起,刚过二百年。九大剧种中历史较长的是秦腔、豫剧和粤剧,明朝晚期形成,也不超过五百年。

中国戏曲是高度综合的艺术。在戏曲中融汇文学、音乐、美术、舞蹈、武术、杂技、服饰等艺术精华。在西方,歌剧、话剧、舞剧(芭蕾)、杂技的界线清清楚楚,戏剧分悲剧和喜剧两门,泾渭分明。中国的戏曲以歌唱为基础,兼容话剧、舞剧、杂技的内容。演员有唱、念、做、打四功。每个剧种有自己的唱腔。念是对白,要有节奏感。京剧有"千斤白,四两唱"一说。做功有手、眼、身、步四功。不同剧种还有翎子功、帽翅功、水袖功、胡子功、甩发功、髯口功、扇子功、手绢功、带子功、旗功、笏功、牙功等。打有跌摔、扑打、耍刀枪、弄剑戟。中国戏剧悲剧和喜剧没有严格的界线,悲中有喜,喜中有悲,悲喜交融。

(二) 虚拟性

虚拟性是戏剧舞台虚和实的高度统一。虚中存实,空虚中"生天生地生鬼生神,极人物之万途,攒今古之千变。"①舞台上,时间和空间任意伸缩,一个圆场走遍天涯海角,几个龙套当作千军万马。一瞬间的心理活动,可以唱上半天。两个人对唱的时候,一个演员可以突然面对听众,解释几句,好似与对方隔道墙;转过身去,又可以继续对唱。"有时舞台上摆一桌一椅,也只是一个符号,可以代表山头、楼船、祭台,当然也可以代表桌椅自身。"②《梁山伯与祝英台》有一段十八相送,演完十八个景点,台上什么也没有。老子说:"天下万物生于有,有生于无。"这个观点是虚拟性的哲学基础。

京剧《三岔口》是虚拟性的典型(见图7-1)。剧情讲解差押焦赞进旅店的故事。店主和侠士任堂惠都在暗中保护焦赞,互相怀疑对方是坏人,在漆黑的环境中格斗,刀劈下去离脸只有寸许。全剧没有唱白。京剧出国,《三岔口》是保留节目。

图7-1 京剧《三岔口》

综合性和虚拟性对演员提出极高的要求。演员靠演技反映环境变化和心理活动。北方人说"看戏看角儿",名演员称"角儿"。"梅兰芳的表演全面显示

---

① 汤显祖.宜黄县戏神清源师庙[M]//汤显祖全集(二).北京:北京古籍出版社,1998.
② 周育德.中国戏曲文化[M].北京:中国友谊出版公司,1995.

了中国古典美的理想境界,具有永恒的魅力。"①

中国戏剧爱用大锣大鼓开场,音响高,境外听众不习惯。在中国,戏院是热闹的地方,社交的地方,呼朋唤友,高谈阔论。婚庆喜事演戏助兴。锣鼓一响,戏文开场,可以把听众注意力吸引到舞台上来,又称开场锣鼓。西方听戏鸦雀无声,没有必要用锣鼓开场。

(三) 地域性

南柔北刚是中国音乐南北差异的主旋律,也是中国戏曲南北差异的主旋律。杏花、春雨、江南,南曲如抽丝;骏马、秋风、塞北,北曲如抡枪。明人王世贞说:"凡曲,北字多而调促,促处见筋;南字少而调缓,缓处见眼。北则辞情多而声情少,南则辞情少而声情多。""北宜和歌,南宜独奏。北气易粗,南气易弱。"②

江南水乡,山明水秀,小桥流水,人烟稠密。人与人间的距离较近,歌声不需要传到很远的地方。南曲如雨如水,如梦如画,如诉如泣,如痴如醉,清丽柔和,婉转亲切。欣赏南曲,犹如"泉眼无声惜细流,树阴照水爱晴柔"的意境,"春雨断桥人不渡,小舟撑出柳阴来"的画卷。③ 明人徐文长说:"南曲纤徐绵渺,流丽婉转,使人飘然。"④

乐器方面有南方丝竹北方鼓一说。江南丝竹音色细腻,丝乐有三弦、二胡和扬琴等,竹乐有箫、笛和笙等。曲院琵琶,月下洞箫(见图7-2)。箫是江南丝竹乐器的代表。吹箫时,选择幽静环境,低头眯眼,缓吐长音,余音绕梁。广东音乐,丝乐有粤胡、板胡、扬琴等,竹乐有洞箫、喉管等。广东音乐音色清脆明亮,热烈欢快,富有南国情趣。在南方声乐基础上形成的南方剧种,适合演才子佳人。苏州评弹用吴语演唱,喉音和鼻音很重,声色近于叹息,听时仿佛置身幽雅的园林中,感受娴秀之美。

北曲苍凉、悲壮、凝重、激昂。威风锣鼓是北方乐曲代表,有"黄沙百战穿金甲,不破楼兰终不还"的气概。安塞腰鼓数百人同舞,场面宏大,鼓点沉重,气势雄壮,粗犷磅礴,讲究挥槌的狠劲,踢腿的蛮劲,转身的猛劲,跳跃的虎劲。高潮时鼓声和歌声交融,排山倒海,雷霆万钧,让人看了带劲,听了鼓劲。⑤ 唢呐是北方代表性乐器。吹唢呐时,扬头扭脖,耸肩瞪眼,高亢激昂。子长县唢呐杆长碗

---

① 叶朗,朱良志.中国文化读本[M].北京:外语教学与研究出版社,2008.
② (明)王世贞.艺苑卮言,附录.
③ (南宋)杨万里,小池;(北宋)徐俯,春游湖.
④ (明)徐渭(文长),南词叙录.
⑤ 赵荣.陕西文化景观研究[M].西安:西北大学出版社,1999.

大,音色明亮宏厚,舒展挺拔。欢快时,如火如荼,听了耳发热,脸发烫。哀怨时,余音震颤,揪心裂肺,怅然若失。①

图 7-2　月下洞箫与激昂唢呐(韩茂莉)

二、纷繁的剧种

中国有庞大的戏曲体系。按照剧种的规模和影响,将全国剧种分成 5 个层次:① 全国影响的剧种;② 跨省影响的剧种;③ 省级影响的剧种;④ 维持少数专业剧团的地方剧种;⑤ 没有专业剧团的地方剧种。

京剧是具有全国影响的剧种,属第一层次。提炼和升华需要一定经济基础和社会保障。北京是首都,集中全国优秀人才和财富,有培育戏剧的沃土。唐代梨园出现在长安,元代杂剧以大都为中心,与首都背景有关。元曲作家有籍贯可考 80 余人,大都占 19 人,包括关汉卿、王实甫、马致远等著名剧作家。清朝康熙、雍正、乾隆、慈禧都是戏迷。乾隆时,掌管宫廷戏剧演出的升平署有 1400 多位艺人。颐和园的德和园戏台、故宫的畅音阁戏台,至今保存完好。

1790 年徽班进京为乾隆祝寿是京剧形成的直接原因。控制扬州盐业的徽商是徽班的经济基础。清朝初期,徽商吴越石的家班,"先以名士训其义""继以词士合其调""复以通士标其式"。徽商汪季玄请大师为家班授戏,自己也"按拍

---

① 张建忠.陕西民俗采风[M].西安:西安地图出版社,1999.

协调,举步发音"。当时演员主要来自怀宁县石碑镇一带,有"无徽不成镇,无石不成班"一说。徽班进京后吸收汉剧、昆曲和秦腔精华演化成京剧。京剧又称皮黄,西皮和二黄是京剧主要曲拍。西皮发源地在甘肃,称西秦腔,被汉剧吸收后移植到京剧,曲调活泼刚劲,昂扬欢快。二黄发源地在湖北黄冈和黄陂一带,曲调苍凉深沉,悲愤激郁。

20世纪30年代,梅兰芳到美国和苏联演出京剧,反响热烈。以梅兰芳为代表的戏剧体系,与斯坦尼斯拉夫斯基戏剧表演体系、布莱希特戏剧表演体系,共称世界三大戏剧体系。

第二层次是8个有跨省影响的剧种,专业剧团都在70个以上。北方有评剧、二人转、豫剧、晋剧和秦腔,南方有越剧、粤剧和川剧。这8个剧种加上京剧共称九大剧种。评剧、二人转、豫剧、晋剧和秦腔是北方的主要剧种。评剧主要活跃在河北和东北。二人转集中在东北和内蒙古东部。豫剧以河南为中心,扩展到周边省份和河南人移居的兰新铁路沿线。晋剧主要分布在山西。山西人大规模移居的内蒙古西部,晋剧也是优势剧种。秦腔又称山陕梆子、乱弹、西秦腔,中心在陕西关中,遍及整个西北。越剧、粤剧和川剧是南方的主要剧种。越剧的中心在浙江东部,扩展到华东,兼及华北。粤剧分布在两广粤语区,在港澳和海外华人中,有较大影响。川剧的大本营在四川,云贵两省有相当市场。

第三层次,省级影响的剧种,专业剧团一般在25个以上:晋冀鲁豫有山西蒲剧、河北梆子、山东吕剧、河南曲剧;华东有安徽黄梅戏、江苏锡剧和福建闽剧;华中有湖北楚剧和湖南长沙花鼓戏。

第四层次,维持少数专业剧团的地方剧种174个。其中,92个剧种只有一个专业剧团。

第五层次,没有专业剧团的剧种168个。这些剧种只有业余剧团在农闲喜庆期间演出。

地方剧种是宝贵的历史文化遗产,蕴涵着丰富的音乐和文艺素材。以福建莆田和仙游一带的莆仙戏为例,有50多个剧目与《南词叙录》中的宋元旧篇相同,出自唐宋词调的音乐曲牌有《沁园春》《泣颜回》《浣溪沙》等65首。传统莆仙戏乐队只有司锣、司鼓、司吹三人,与宋元古戏遗制相仿。莆仙戏有"南戏遗响"和"唐宋戏曲活化石"的美誉。目前已难寻觅的海盐腔和弋阳腔在闽南可以找到。

地域辽阔,民族众多,语言复杂,民俗丰富,历史悠久,是中国剧种纷繁的原因。

民间小戏占中国戏曲种数的80%左右。民间小戏在民间歌舞和说唱基础上形成,由两小或三小(小旦、小生、小丑)登台表演,采用乡音,贴近生活,载歌载舞,轻快活泼。中国不少剧种,由民间小戏演化形成。黄梅戏源自湖北黄梅一带采茶调。楚剧与花鼓戏有渊源关系。川剧中有花灯戏唱腔。越剧的基础是余姚秧歌和嵊县民间说唱。河南坠子是道情和三弦书的合流。民间小戏有花灯戏、花鼓戏、采茶戏、秧歌戏、道情戏、莲花落六大系统。花灯戏从秋收和春节跳花灯演化形成,发源地在川北和川东北一带。道情戏和莲花落与道士和僧侣募捐时演唱的曲调有关。

　　地形阻隔造成音乐上的地域差异。陕西秦岭南北民间音乐风格不同。秦岭南汉中一带民间音乐与四川盆地相似。高原山地民歌的特点是高亢嘹亮。生活在山区的人们很早就发现山谷是天然的回音壁和共鸣箱。山高人稀,人们吊着嗓子招呼同伴,高亢的吆喝声在山谷回荡。山歌的开头和结尾处,常有吆喝的喊句。[1] 四川民歌《太阳出来喜洋洋》,歌声嘹亮,扯着嗓子才能唱出效果。同样是高山民歌,也有南北区域差别。云南气候温和,流水潺潺,民歌优美多情。《小河淌水》"月亮出来亮汪汪,……山下小河淌水清悠悠",是一首代表曲。陕北民歌粗犷有力,浑厚朴实,有音域宽广的拖腔。《信天游》一类的陕北民歌好像站在黄土坡上呼唤同伴。四川民歌《川江号子》中的喊句紧张激越,反映船工与江流搏斗的惊险情景。[2]

　　地域和语言的阻隔把同一类民间小戏分化成许多剧种。采茶戏发源地在江西安远县九龙山。流传到周边地区形成 18 个剧种。花鼓戏的中心在湖南,也有 18 个剧种。

　　北方语言的歧义度较小,剧种的相似度比较大。梆子戏是北方戏剧的主流,共有 23 个剧种。北方有各类梆子戏专业剧团 806 个,占北方戏剧专业总数 65.4%。梆子戏"以梆为板",用坚硬的枣树木梆作打击乐器。枣是北方果木。梆子戏的名称就有很强的地域特点。梆子腔明末清初兴起,从关中向四方传播,与当地的语言、民俗融合,形成不同的梆子剧种。

三、地域性戏剧

　　秦腔看大净,川剧有小丑,生旦绵绵数越剧,蹦跳逗唱二人转。秦腔、川剧、越剧、二人转是我国有代表性的地域剧种。

---

[1]　胡成龙,曹诗图.地理环境与中国民歌[J].地理知识,1992,10:7.
[2]　章采烈.中国文娱特色旅游[M].北京:对外经济贸易大学出版社,1997.

（一）委婉缠绵的越剧

越剧唱腔多慢板和中慢板，缠绵清丽，沁人肺腑，善于刻画人物细腻的内心，衬托悲愤哀怨的情感。

在越剧中，女演员唱主角。《梁山伯与祝英台》（简称《梁祝》），是越剧的代表性剧目。《梁祝》讲述男女青年的爱情悲剧，有东方《罗密欧与朱丽叶》的美称。舞台上，梁祝二人都由女演员扮演。《梁祝》移植到其他剧种，效果不如越剧理想。以《梁祝》为内涵创作的交响曲获得多项国际奖。《梁祝》交响乐曲有超凡的抒情性和感染力。

以女班为主的越剧是历史演替的产物。越剧起源于浙东嵊县、新昌一带。1906年有业余艺人化妆登台演出。1917年"小歌班"进入上海，叫绍兴文戏，全由男角演出，不适应委婉缠绵的唱腔。1923年改由女班演出，传遍大江南北。20世纪30年代和40年代绍兴文戏进行多次改革，打出越剧旗帜。至今，上海一带仍称越剧是绍兴戏。

越剧发展过程中吸收京剧西皮、二黄唱腔和绍剧、徽剧唱腔；请京剧武生教习武功；学习昆曲优美的身段，动作更细腻，更有节奏感。爱情和家庭是越剧的主要剧目。小旦、小生是主要角色。威武雄伟的大花脸在越剧中是罕见的。越剧武打轻柔、优美，起着点缀作用，与京剧武打有明显区别。

（二）幽默灵巧的川剧

川剧有悠久的历史。早在汉代便有"蜀戏冠天下"一说。近代川剧吸收"昆、高、胡、弹"四腔后逐步形成。昆是昆山腔，高是弋阳腔，胡是皮黄腔，弹是梆子腔。川剧的主要特点是诙谐幽默，多灵巧绝技，剧目多喜剧，悲剧也作喜剧化处理。

幽默的丑角是川剧主角。为了表现人物的性格，川剧丑角分12类：① 娃娃丑，扮演憨厚可笑的少年；② 武丑，扮演性格诙谐的豪杰；③ 烟子丑，扮演质朴善良的平民；④ 老丑，扮演乐观善良的老人；⑤ 婆子丑，扮演泼辣慈祥的老妇；⑥ 襟襟丑，扮演破落子弟和乞儿；⑦ 褶子丑，扮演纨绔子弟；⑧ 袍带丑，扮演奸佞酷吏；⑨ 龙箭丑，扮演昏王暴君；⑩ 方巾丑，扮演刀笔谋士；⑪ 小生丑，扮演性格狡诈的青年书生；⑫ 神怪丑，扮演滑稽丑恶的神灵鬼怪。

川剧对白妙语连珠。《秋江》剧中，陈妙常与老艄公在江边有一段对话。艄公："我当何人，原来是篱笆笼头的一个斑鸠！"陈妙常："此话怎样？"艄公："姑姑,姑姑!"陈妙常:"我当何人,原来是笼内的金鸡!"艄公:"此话怎样?"陈妙常:"才是公公,公公!"风趣的对话,刻画老艄公的开朗和陈妙常的机智。

川剧的变脸、踢慧眼、吐火是绝技,胜似魔术。变脸是在没有任何遮挡的情况下,演员连续几个转身、遮脸,面目不断变更。变脸可以深刻揭示角色内心活动。在《空城计》中,魏兵退后,诸葛亮的脸由红变白,再由白变青,反映心理上的急剧变化。踢慧眼是演员在舞台上用脚在前额正中踢出一只眼睛。吐火是演员在演出时口中吐出火焰,制造恐怖气氛。川剧还有大刀走路、绳套银壶、空点佛灯等特技。

帮腔是川剧的重要特征。帮腔"千人和万人唱",类似歌剧中的合唱,能够提高唱腔的和谐感、雄壮感和感染力。①

川剧幽默灵巧是巴蜀民风民性的折射。早在1700多年前常璩说过,巴蜀人"君子精敏,小人鬼黠"。② 用现代的俗话概括就是"鬼精",就是机敏睿智,幽默风趣。

(三) 秦腔大声吼起来

"唱戏大声吼起来"是陕西十大怪之一。与江南越剧弱化净角相反,在秦腔中,净角大面是主角。

秦腔是中国历史悠久,流传广泛,影响较大的剧种。明朝万历年间(1573—1620年)《钵中莲》传奇第十四出用"西秦腔二犯"唱调,是关于秦腔最早的记载。乾隆、嘉庆年间(1736—1820年),秦腔演员魏长生到北京演出,受到热烈欢迎。在半个多世纪里,秦腔在北京舞台盛行,逐步融入京剧。③

秦腔兼容淳朴的西北民风和山地民歌吆喝高调,吼声发自肺腑,磨烂喉咙,宽音大嗓,苍劲悲凉,如黄河奔腾,如华山险峻,如黄土地深厚。林语堂说:"秦腔声调铿锵,音节高昂而响亮,有如瑞士山歌,使人联想到呼号的风声。似在高山上,似在旷野里,又似风吹沙丘。"人们形容秦腔是"挣破头"。秦腔乐器有清脆嘹亮的梆子,情调激昂的二弦,音域宽厚的胡琴,热情奔放的唢呐,加上大锣、大鼓,演奏起来大起大落,威风凛凛。秦腔的动作夸张,吹胡子、瞪眼珠、抖架子、甩水袖。色调粗犷的脸谱,红忠、黑直、白奸,一目了然,强化秦腔钢筋铁骨的气概。

---

① 李东山.巴蜀文化卷[M]//蒋宝德.中国地域文化.济南:山东美术出版社,1997.
② (西晋)常璩(261—301).华阳国志·蜀志.
③ 黄菊盛.中国戏曲剧种大辞典[M].上海:上海辞书出版社,1995.

20世纪80年代陕甘两省有专业剧团158个,其中,秦腔剧团140个,占89%。一个剧种在两个省域范围内有这么高的比例,全国独一无二。[①] "八百里秦川黄土飞扬,三千万人民吼叫秦腔。""一声秦腔吼,吓死山坡老黄牛,八尺汉子眼泪流,出嫁的姑娘也回头。"在关中,县县有秦腔剧团,村村有秦腔自乐班。秦腔剧团下乡,广大农民扶老携幼,争相观看。十里八里路断人稀。戏台周边,墙头上、树权上、房顶上,到处挤满人群。人们可以三五个小时纹丝不动,全神贯注,欣赏秦腔。

(四)乡土气息的二人转

在中国主要剧种间,二人转的个性鲜明,是典型的民间小戏。民间小戏数以百计,能够挤入全国九大剧种的只有二人转。

二人转又叫蹦蹦戏,对口戏。1953年全国民间音乐舞蹈会演时正式定名二人转。二人转是主要剧种定名最晚的。东北的天,东北的人,东北的语言养育了东北的二人转。

二人转第一个特点是乡土气息浓厚,贴近群众,贴近生活,贴近时代。二人转演员来自劳动大众,贫苦出身。过去演员四处流浪,农闲演出,农忙干活,熟悉百姓喜怒哀乐,熟悉百姓语言习俗。[②] "宁舍一顿饭,不舍二人转",是东北百姓对二人转的赞誉。闯关东的东北人从山东、河北、河南等地移入,形成的方言兼容并蓄。语言界认为东北方言比河北方言更接近普通话,更便于全国人民接纳。[③] 东北方言很少抽象词汇,多用具体形象描述,表达感情。形容冬季,"红辣椒串儿越提溜越短,生活的辣味越搅和越浓的季节""热乎燎的铜唢呐炸开嗓门感动得双喜红蜡烛哭软了身子的季节"。二人转语言"明白、火爆、对味、开窍",有强烈的幽默感和戏剧感。

二人转第二个特点是短小轻快,不受程式束缚。中国剧种大都用地域命名,只有二人转用艺术形式命名。转是艺术要点。千军万马,就是咱俩。两个演员,不分主次,在台上转来转去,一会演这个角色,一会演那个角色。不像其他剧种,生旦净末,从服饰、脸谱到唱腔,分得清清楚楚。二人转说变就变,一转就变,转得妙趣横生,转得满堂生辉。

二人转有唱、说、扮、舞四功。唱功讲"味儿、字儿、句儿、板儿、调儿、劲儿",讲韵味浓,吐字清,句子整,板头实,腔调美,劲头足。说功男逗女捧,类似对口

---

① 李汉飞.中国戏曲剧种手册[M].北京:中国戏剧出版社,1984.
② 张紫晨.中国民间小戏[M].杭州:浙江教育出版社,1995.
③ 李荣.汉语方言调查手册[M].北京:科学出版社,1957.

相声,有包袱,有风趣。是唱是说,根据观众成分,当时环境,应景引申。扮功讲"手、眼、身、法、步",表现喜怒哀乐。舞功有"跳、走、翻、扭、错、转、扇、绢、抖、打"10个字。翻是翻身。转有原地转身,行进转身,换位转身,挎肘转身。扇和绢是特技扇子功和手绢功。

闯关东的东北人无力支撑大型剧团,无力经营大规模的戏馆舞台。二人转可以在各种场合演出。没有戏台可以撂地演。天寒地冻可以在农舍演。村庄、集镇、庙会、工棚、茶馆、兵营,到处可以看到二人转的踪影。

二人转的第三个特点是有较强兼容性,吸收其他剧种的长处。按照艺人的说法,二人转是"秧歌打底儿,莲花落镶边儿"。秧歌是清初在东北流行的歌舞。莲花落随河北移民流入东北,丰富了二人转的舞蹈、身段、走场和音乐。[1] 二人转还吸收河北梆子、评剧等剧种的剧目和唱腔,吸收蒙古族数来宝和满族清音子弟书唱艺术的精华。[2]

---

[1] 黄菊盛.中国戏曲剧种大辞典[M].上海:上海辞书出版社,1995.
[2] 蔡源莉.中国曲艺史[M].北京:文化艺术出版社,1998.

第八章 饮食的地域性

自古以来,饮食是百姓第一要事。居家七件宝,柴、米、油、盐、酱、醋、茶,都与饮食有关。郦食其向刘邦进言时说:"王者以民为天,民以食为天。"①《齐民要术》说:"民可百年无货,不可一朝有饥,故食为至急。"在自然灾害和苛政战火双重威胁下,吃上饭是百姓最关切的追求。"吃了吗?"是中国的国问,体现人与人间的关怀和爱护。饮食可以形容抽象的意识形态,思索叫咀嚼,体验叫品味,嫉妒叫吃醋,幸福叫陶醉。饮食可以形容具体的行为活动,拿佣金叫吃回扣,混得好叫吃得开,轻而易举叫小菜一碟。饮食可以形容人物,漂亮女子叫秀色可餐。饮食用具也成了常用词,"铁饭碗"和"大锅饭"是计划经济的代名词,"背黑锅"与倒霉有相似的贬义。

饮食文化地域差异明显。晋朝张华在《博物志》中说:"东南之人食水产,西北之人食陆畜""食水产者,龟、蛤、螺、蚌以为珍味,不觉其腥臊也;食陆畜者,狸、兔、鼠、雀以为珍味,不觉其膻也"。②

一、南米北面·南细北粗

北方产小麦,面是主食。一面百吃,有蒸煮煎炸、烤烙拌炒多种加工方法(表8-1)。从前北京大户人家用做面食考验厨师。新厨试工,不等主人吩咐,一连十天半月天天做出不同的面点,就有资格掌灶做大师傅,否则是个技术不高的"二把刀"。③ 天下面食,尽在三晋。老舍称赞山西面食:"驼峰熊掌丰敢夸,拨鱼猫耳实且华。"太原有十大面:拉面、切面、揪面、擦面、刀削面、拨鱼、剔尖、饸饹、柳叶、猫耳朵。北方有"三十里糕,四十里面"一说,认为米饭吃不饱,只有吃面食走长路不饿。

南方产稻,米是主食,米粉、糕团、粽子、汤圆等风味食品用米制成。南方人认为面食只能当点心,叫面点。

---

① 汉书·郦食其传.
② (晋)张华著,范宁校注.博物志校正(卷一),五方人民[M].北京:中华书局,1980.
③ 王长信,亚飞.山西面食[M].太原:山西科学技术出版社,1998.

表 8-1　北方面食品名

加工方式	品　名
蒸	馒头、花卷、蒸饼、包子、糖三角、烧麦、银丝卷、千层饼、蜂糕
煮	面条、面片、拨鱼、饺子、馄饨
炸	油条、油饼、糖饼、麻花、麻团、春卷、排叉、开口笑、薄脆
烤	烤饼、酥饼、烤糕、缸炉
烙	烙饼、春饼、馅饼、锅贴、锅盔、煎包

除夕守岁，辞旧迎新，吃团圆饭，是中国的民俗。北方饺子南方鱼是南北除夕年夜饭的差别。

北方守岁不可以没有饺子。饺子，形如元宝，音同"交子"，除夕子时进食，有招财进宝和更岁交子双重含义。《明宫史》说："正月初一五更起""吃水点心，即扁食也。或暗包银钱一二于内，得之者以卜一岁之吉"。① 现在还有饺子中包硬币卜吉祥的习俗。

南方守岁必备年糕和鱼。年糕意在"年年高"。鱼含"连年有余"和辟邪消灾双重含义。鱼眼无眼皮，人称能监察鬼魅，助人守岁。

清朝钱泳在《履园丛话》中说："北方人嗜浓厚，南方人嗜清淡。"南甜北咸反映环境对饮食口味的影响。南方湿度大，人体蒸发量相对较小，不需要补充过多盐分，又盛产甘蔗和蔗糖。北方干燥，人体蒸发量大，需要补充较多盐分，性喜咸味。

山西人爱吃酸味。黄土高原水中含钙量大。醋酸可以帮助钙质沉淀，防止体内结石。雁北地区"什么都拿来酸，除萝卜、白菜，还包括杨树叶子、榆树钱儿。有人来给姑娘说亲，当妈的先问，那家有几口酸菜缸。酸菜缸多，说明家底子厚。"②

南方饮食比较细腻，北方饮食比较粗犷。生物品种有地带性变化。北方温度下降，生物品种减少。南方温度上升，生物品种增多。生物品种丰富的地方，食物种类也比较丰富。中国北方冬季漫长，群众主要靠越冬储存的大白菜、萝卜度日。东北十大怪之一是"大缸小缸渍酸菜"。渍酸菜是储存白菜的好方法。南方四季常青，没有"死冬"。丰富的食物原材料是精工细作的基础。

在东北常听到一个"大"字。满族民谣："背长弓，骑大马，大酒葫芦腰上挂。"环境是大森林、大草原、大油田、大工厂。人称是大丫头、大小伙子、大老

---

① （明）刘若愚.明宫史·饮食好尚·正月[M].北京：人民出版社，1993.
② 汪曾祺.五味[M]//鲁迅等著.北人与南人[M].北京：中国人事出版社，2009.

爷们。与吃有关的是大葱、大酱、大饼、大馒头、大米粥、大白菜,大块吃肉,大碗喝酒。"馒头有 200 克一个,油条长的有半米,粉条粗得像筷子。餐馆的菜码都很大。不仅盘子大,而且量也足。同样的一盘菜,哈尔滨的能大南方的 3 倍以上。"[1]东北人到江南,对那里的小碗、小碟看不惯,吃不饱。炖是东北常见的烹调方式,什么都炖,没有烦琐工序,没有色香讲究,省心省力。连汤带肉一起吃下,痛快淋漓。猪肉炖粉条是家常菜。粉条用土豆加工,可以长期保存,食用方便。

在东北长大的程黎眉有一段回忆:"小时候,有这样一个顺口溜,'大米饭炖茄子,我是你家老爷子'。那时能吃上大米饭再加上炖茄子是一大享受了,就仿佛德高望重的老爷子般悠哉和惬意。"[2]陕西农民常用的海碗,容量可以达到 2 升,形如半个篮球。潮州人饮工夫茶用的茶杯,薄如纸,白如玉,响如磬,形如半个乒乓球。南方饮食在精细上下功夫,肉切得薄薄的,细细的,码得齐齐的,酒烫得暖暖的。20 世纪 60 年代中国实施粮票制,江南一带有半两粮票,不足一两的粥、包子收半两粮票。东南沿海一带的点心小品,玲珑剔透,街头小吃,花色繁多。在江苏,鳝鱼可以做一百多道不同的菜肴。一尾刀鱼可以制成刀鱼全席。

二、四大菜系

清朝徐珂在《清稗类钞》中说:"北人嗜葱蒜,滇、黔、湘、蜀人嗜辛辣,粤人嗜淡食,苏人嗜糖。"各地食性不同,菜系繁杂。公认的四大菜系是鲁菜、川菜、苏菜和粤菜。

鲁菜是北方菜系的代表,在华北和东北有较大影响。善用葱香是鲁菜特色。爆、炒、烧、溜,调制鲜汤,都有葱味。北京烤鸭源自山东,离不开大葱相佐。葱香可以畅风顺气,疏散油腻,健胃抑菌,增进食欲。鲁菜邻近京城,吸收宫廷菜的精华,选料多鱼翅、燕窝、鲍鱼等山珍海味。北方寒冷,鲁菜选用肉类和禽类较多。[3]

川菜味型丰富,喜用辣椒、花椒和胡椒,称三椒。川菜味型除麻辣以外,有酸辣、糊辣、椒麻、椒盐、鱼香、烟香、香糟、怪味等二十几种。麻婆豆腐有麻、辣、

---

[1] 阿成.哈尔滨人[M].杭州:浙江人民出版社,1995.
[2] 程黎眉.东北人,东西南北人[M].北京:当代世界出版社,2001.
[3] 向春阶.食文化[M].北京:中国经济出版社,1995.

烫、嫩、滑、油、咸七味,是大众化川菜的代表。四川盆地气候阴湿多雾,适当进食三椒,可以促进消化、增进食欲,可以加速血液循环、祛湿去风。

苏菜又称淮扬菜,在长江下游形成。苏菜多用蟹虾鱼鲜等江湖时令,菜肴清爽艳雅,淡而不薄。以镇江为中心的带鳞清蒸鲥鱼鲜美爽口,是苏菜一绝。由于生态环境破坏,鲥鱼接近绝迹。善用甜味是苏菜另一特色。以上海为中心的海派菜在苏菜基础上吸收西方菜肴技艺,是对苏菜品味的提升。

广东是多元文化地区。粤菜有广州菜、潮州菜和客家菜等分系。经过港澳的提纯与整理、海外华人的推介,粤菜成为高档中国菜肴的代表,有"吃在广州"一说。"要吃海中鲜,不计腰中钱。"生猛海鲜是粤菜特色,要点是生猛两字。生是烹调技艺。徐珂说:"粤人好啖生物,不求火候之深也。""一沸而起,甘鲜脆美,不可名状。过火,则味尽矣。"①粤菜有鱼生、虾生、蚝生等名称,都是火候不深。猛是食用奇兽珍禽。广东前临大海,背负山丘,内有三角洲与河谷平原,生猛海鲜原料丰富。

粤菜清淡爽滑、粥品繁多、讲究时令。广东酷暑炎热,粥品和煲汤可以补充人体水分,适应炎热气候。粤菜菜单随季更替。"八宝鲜莲冬瓜盅""虾油鲜菇"等菜是夏秋佳肴,清爽鲜嫩。秋风起,三蛇肥,用三蛇作主料的"龙虎凤大会"是冬季名菜②。同样是河鲜,冬用瓦罐焖大鳝,春吃清蒸鳊鱼,秋吃姜葱焖鲤鱼,夏用凉瓜拌三黎鱼。

三、中西饮食文化比较

中餐炖炒蒸烤,什色火锅,五味调和,有天伦之乐,有情谊交融。中餐是我国走向世界的一张名片。

饮食业是近代华人到海外营生的首选产业。孙中山在《建国方略》中说:"中国烹调之术,亦足以表明进化之深也。昔日中西未通市以前,西人只知烹调一道,法国为世界之冠。及一尝中国之味,莫不以中国为冠矣。"③中餐馆遍布世界,西餐进入中国,肯德基和麦当劳营业额居中国餐饮业前列。原因是中西餐饮文化有互补性。

---

① (清)徐珂.清稗类钞[M].北京:中华书局,1984.
② 三蛇是眼镜蛇、攀树头和金脚带。
③ 孙中山.建国方略[M].沈阳:辽宁人民出版社,1994.

(一) 美味适口

中餐的主要优势是"适口为美"。适口是辩证的,因时、因地、因人而异。首先要合时序,夏秋清淡,冬春浓郁,蔬菜讲春韭、夏茄、秋菰、冬笋,水鲜讲春蚌、夏鲤、秋蟹、冬鲢。清人袁枚总结上菜规则:"上菜之法,盐者宜先,淡者宜后;浓者宜先,薄者宜后;无汤者宜先,有汤者宜后。""度客食饱,则脾困矣,须用辛辣以振动之;虑客酒多,则胃疲矣,须用酸甘以醒之。"[①]

制作中餐叫烹调。烹是煮熟,调是五味调和。"声一无听,色一无文,味一无果。"[②]一种味道的菜肴,犹如单一声调的音乐不悦耳,单一颜色的图画无文彩。中餐有42种烹调技艺。烩、熏、煲、烘、焙、煨、熬、涮、溜、汆等技艺在英文字典中是找不到的。英文讲烹调技艺的词只有10个左右。[③]

中餐喜欢用火锅,山珍、海味、时菜、豆腐都可以入锅,荤素杂糅,五味俱全,体现中和之美。火锅形圆,汤热,体现团圆亲热。[④]上海有道咸笃鲜菜,用火腿、冬笋、鲜肉三味主料调和,鲜肉中有火腿和冬笋味,火腿和冬笋中有其他两料味道。福建有道菜叫"佛跳墙"。1972年美国尼克松总统访华,点名要品尝"佛跳墙"。光绪年间,福州聚春园初创菜名福寿全,用鸡、鸭、海参、干贝、蹄筋、鱼唇、火腿、花菇、冬笋、鸽蛋等材料,加绍兴酒,放在坛子里文火炖制。有一次文人聚会,端上菜时香气四溢。一位秀才随兴题诗:"启坛荤香飘四邻,佛闻弃禅跳墙来。"佛跳墙的名称流传开来。佛教界对这道菜名颇有微词。[⑤]

西餐讲标准化、拼盘化。菜肴按照同一个规格烹调。一盘法式羊排,盘子一边放一大块完整的羊排,吃时用刀子一点一点切开。盘子另一边放土豆泥、青豆、西红柿片。盘子上红的、绿的、黄的,清清楚楚,各不相干,好像一幅几何图案。

(二) 营养生态

中餐在营养卫生和生态节约方面,是可以向西餐学习的。

中餐常用高温烤、煎、炖、炒,收到美味的同时,破坏原材料中的营养。西餐少用高温,更好地保持原材料的营养。味觉上,凉菜总比不上热菜。"一热赛三

---

① (清)袁枚著.袁枚文选·食单·上菜须知[M].高路明选注.北京:作家出版社,1997.
② 国语·郑语.
③ 国家旅游局人事劳动教育司.中国烹饪概论[M].北京:中国旅游出版社,1996.
④ 周育德.中国戏曲文化[M].北京:中国友谊出版公司,1995.
⑤ 叶朗,朱良志.中国文化读本[M].北京:外语教学与研究出版社,2017.

鲜",人的味觉在30℃时最敏锐,温度降低,味觉迟钝。

食物结构方面,中餐蔬菜和淀粉比重较高,营养结构比较完善。中餐区乳腺癌、腺体癌、直肠癌和Ⅱ型糖尿病发病率较低,农村尤其明显。西餐脂肪含量较高,长期食用,容易发胖,引发心脑血管病和恶性肿瘤。

西餐原材料讲究新鲜营养。中餐原料讲一个"珍"字,喜用珍稀野味。汉朝杨孚《异物志》记载:"蚺唯大蛇,既洪且长""宾享嘉燕,是豆是篹"。在汉朝时,大蛇是招待贵宾的佳肴。宋绍兴五年(1135年),苏东坡贬居海南儋耳(儋州),作诗:《闻子由瘦》,"肴以熏鼠烧蝙蝠""旧闻蜜唧尝呕吐"。子由是东坡弟苏辙,贬居广东雷州。蜜唧是用蜜喂的小鼠,"咬之唧唧作声"。食用野味不符合保健原则。野生动物常有寄生虫、病菌、病毒。按照食物链,田野中的有毒成分和农药通过昆虫、老鼠、青蛙、蛇,一层层富集,再进入食客的肠胃。

西餐偏甜,中餐偏咸。西餐甜点花样繁多,每餐用甜食收尾。偏甜容易肥胖。偏咸容易得高血压。世界卫生组织建议每人每天标准盐分摄入量5克,我国平均12克,高出标准一倍以上。贵州山区农村盐的摄入量低,很少见高血压。

在中国,餐饮浪费比较普遍。宴请讲情面,食必大方,摆满全桌。遇有狂饮,更无尽时。

(三) 会餐分食

唐朝以前,中国用小案跪坐进食,属于分食制。《周礼》说:"铺陈曰筵,籍之曰席。"[1] 铺在地上的是筵。筵上供人跪坐的地方叫席。席上放案,案上放食物。跪坐进食的案又低又小,长约1米,宽约30厘米,高约15厘米。成语举案齐眉,形容夫妇相敬如宾,出自汉朝孟光将案举到眉高,放在丈夫梁鸿前。[2] 如果不是轻便的小案,孟光是举不起来的。《史记》有一段故事:"孟尝君曾待客夜食,有一人蔽火光。客怒,以饭不等,辍食辞去。孟尝君起,自持其饭比之。客惭,自刭。士以此多归孟尝君。"司马迁用这段情节说明孟尝君"无贵贱"的风度。[3] 因为分食制,侍从挡住烛光,侠士才会产生食物歧视的错觉,演出悲壮的一幕。汉代出土的砖雕生动地描绘人们席地跪坐的情景(见图8-1)。唐朝高腿桌椅传入中原,会餐制逐渐盛行。1987年西安发掘唐代韦氏墓壁画,反映饮食

---

[1] 周礼·司几筵.
[2] 汉书·逸民传.
[3] 史记·孟尝君列传.

转制时的情况(见图 8-2)。画中九个人围坐在三条大凳上,有五人双腿盘坐,四人单腿放下。[①]华夏文化讲气派、友情、团圆,加速会餐制普及。采用会餐制可以展示色、香、味俱全的菜肴整体形象和"食必方丈"气势,烘托不分彼此亲密气氛。会餐制聚桌而坐,便于向客人布菜、敬酒,表示殷勤。

图 8-1　成都出土汉人宴饮砖雕[②]

图 8-2　西安出土唐韦氏墓壁画

---

① 王仁湘.饮食与中国文化[M].北京:人民出版社,1994.
② 同上.

会餐制容易滋生浪费,不符合卫生原则。早在 19 世纪,西方人就抱怨"中国宴会菜肴花样多,上菜时间长,让在座的外国人上天无路,入地无门"。[1]

进食用具有手指、叉刀和筷子三大类。中国蒙古族、藏族、哈萨克族、柯尔克孜族、裕固族、鄂伦春族等游牧民族,吃肉时,用手抓着吃,称手抓肉、手把肉。维吾尔族、傣族、独龙族有吃手抓饭的习俗。

中国大部分地区用筷子进食,是筷子的故乡。筷子普及与会餐制有关。筷子取食距离长,可以夹取八仙桌对角的菜肴。火锅加速筷子普及。要体会涮羊肉的风味必须用筷子夹着薄薄的羊肉片在火锅沸汤中涮。日本学者认为,用筷子可以调动从肩到手指的关节和肌肉,可以训练大脑的指挥协调能力,使人心灵手巧。

刀和叉是西餐的主要餐具。西餐牛排和鸡是整块的,牛排有 200 克,鸡是半只。辅助的左手拿叉固定食物,有力的右手操刀把食品切开,才能送入口中。中餐讲究刀工,肉切得细细的薄薄的,煮得嫩嫩的烂烂的,没有切割的必要,自然不用刀叉了。

(四) 热闹劝酒

中餐馆爱用暖色装饰,描龙绘凤,红灯高照,金碧辉煌。用餐时,人体的活动幅度大,布菜敬酒,高谈阔论,五魁七巧,划拳斗杯。加上嗡嗡唧唧喝汤,叭哒叭哒吃菜,筷匙碗盆碰撞,形成嘈杂的乐章。重大宴席,有戏曲助兴。过去北京餐馆,客人一进门,店小二扯着嗓子叫:"来了,您呐!"用完餐,桌面上一片狼藉,桌底下杂物遍地。

西餐馆清静淡雅,点上微弱的烛光,烘托安谧的情趣。入座后,姿势端正,双臂不放在桌面上,取用近处的食品。喝汤和刀叉不出声,有食物在嘴时不说话。少量肉骨和鱼刺,放在盘子一角。用餐完毕,盘面、桌面、地面,"三面"干净。伴有音乐,也是优雅低柔的曲调。

"无酒不成席",中国雅俗文化都爱敬酒、罚酒、劝酒、拼酒、灌酒。婚丧喜庆,迎客送友,逢年过节,都要备酒。参加婚宴叫喝喜酒,饭店叫酒家。"茶要半,酒要满。""茶满欺,酒满敬。"北方称倒酒是满酒。"茶七、饭八、酒十成。""尚未终席人先醉,家家扶着醉人归。"有些地方客不醉不撤席。客人舌短气粗,醉眼迷糊,主人认为尽责尽兴了。自己酒量不济,邀请海量的饮酒专业户陪客。西方人主张饮酒自便,到中国做客,很难理解为什么让客人喝醉才算友好?

---

[1] 〔美〕明恩溥,潘光旦著.中国人的特性[M].海口:海南出版社,1998.

"无书不读,有酒即仙"。① 自古以来,文人雅士以酒作伴,借酒助兴。两千多年前《诗经·小雅》收录诗歌 74 篇,其中,16 篇写到饮酒。有一首十分生动:"宾之初筵,温温其恭。""宾既醉止,载号载呶。""彼醉不臧,不醉反耻。"②宴会开始时,个个温文尔雅,谦谦君子。酒过数巡,舌短气粗,长吁短叹。喝醉的人,好歹不知;没有喝醉的人,觉得羞耻。李白在山东时有《客中作》诗:"但使主人能醉客,不知何处是他乡。"酩酊大醉,忘记在远离家乡的地方流浪。

(五) 经营管理

西餐引入现代管理机制,常采用连锁经营方式。百盛集团在全世界有 3 万家连锁店,营业额达数百亿美元。中餐馆大多数是家族经营,规模细小,缺乏具有国际影响的品牌。美国成为世界快餐文化发源地与饮食习惯和现代化管理有关联。拿午餐来说,美国人不愿多浪费时间,一般选择快餐,用简单的三明治果腹。

标准化是中餐规模经营的障碍。中餐烹调工艺很难定量、定性。"少许"是多少,"适量"是多少,火候怎样掌握,都很微妙。同一道菜,一个师傅一个样。同一个师傅在不同时间炒出来也不一样。中餐地方特色强,既有优点,也有局限。

---

① 姚孟起.苏州拙政园倒影楼联.
② 诗经·小雅·宾之初筵.

第九章 建筑园林的地域性

建筑是以居住为基本目的、技术和艺术相结合的综合体,是不能移动的文化现象。

建筑的地域性受三方面因素的制约。① 建筑要克服自然的干扰,创造舒适的居住条件。寒冷地方要保暖,炎热地方要降温,多雨地方防雨淋,潮湿地方隔潮通风。水文、地震等地质灾害也是建筑必须面对的因素。② 建筑材料和建筑技术是自然环境和社会需求的介体。木结构建筑和石结构建筑的体量和形制有明显差异。③ 建筑的主角是人。贝聿铭总结从事建筑70年的体会:"志于道,据于德;依于仁,游于艺。"说的是建筑中有文化,有道德,有意识。每个地域有特殊的历史背景,对建筑有深刻影响。

一、建筑文化的南北差异

中国建筑南北差异主要表现是南敞北实;南方轻巧,北方敦厚(见表9-1)。

表 9-1 中国建筑文化的南北差异

内 容	南 方	北 方
民居	敞,通透 多遮拦 形态轻巧	实,严密 强采光 形态敦厚
宗教建筑	多佛寺道观	多石窟寺
街坊道路	曲折,方向感弱	规正,方向感强

(一) 南敞北实

中国南方建筑通敞,北方建筑严实。南方气候既热又湿,水蒸气长波辐射强。气温27.5℃时,空气湿度达到90%,汗水难蒸发,人体感觉湿热。气温13℃时,湿度90%,有寒冷感。潮湿天气细菌虫害滋长快,流行病容易传播。提高建筑通敞性是减缓湿热的手段。

敞廊、敞厅、敞梯、敞层是南方建筑的特色。敞廊一般深2米,深廊的深度4~5米,有休闲和通行功能。敞梯露在室外,上下楼有凉意。敞层建筑物支柱层架空,可以作庭园、儿童乐园,也可以营业。

窗和门是敞的落脚点。楼顶开气窗和天窗,后墙开小窗,檐下和山墙开风口可以增加通敞性。南方大门外常有木栅,大门敞开,木栅紧闭,既通风,又安全。楼层窗做成落地式格扇,格扇下装固定木栏杆,可以加速空气流通。现代南方民居阳台普遍,洗手间都有窗户。北方不少民居洗手间可以不设窗户,用人工采光。这样的处理方法在南方很难接受。[①]

北方气候寒冷,寒流频繁,防寒、采光、保暖是民居的第一要务。北方民居的墙体厚实,阳面开窗,阴面密闭,有火炕火墙。朝鲜族偏廊房民居室内全是火炕,进屋脱鞋,屋前有脱鞋的廊。夏天可以在廊下乘凉休息。廊下常挂串串红辣椒和大蒜,屋一端烟囱高出屋脊,构成民俗景观。太阳冬至日高度角由南向北缩小,为了冬季采光,建筑物间距由南向北逐渐扩大。居住区规划设计标准对不同纬度带的住宅间的合理间距有明确规定。

黄土高原窑洞是中国北方特色民居。在约63万平方千米黄土区,大约有3000万人住在窑洞中。黄土由矿物粉砂、黏土颗粒构成,质地均匀,节理垂直,抗压与抗剪性良好,二三十米高的土崖峭壁能够矗立。窑洞是在黄土崖上挖成的横向洞穴。窑洞顶成拱形。窑口边用砖、土包砌,成券边,用砖或土封堵成前墙,墙上开门窗。券顶和四壁保留土面,用草拌泥、麻刀白灰抹面。洞内地面夯实压光,有的铺地砖。靠窗口设火炕,在炕上用餐会客(见图9-1)。

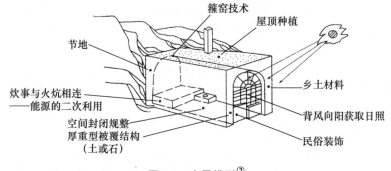

图9-1 窑居模型[②]

---

① 陆元鼎.岭南人文,性格,建筑[M].北京:中国建筑工业出版社,2005.
② 周若祁.绿色建筑体系与黄土高原基本聚居模式[M].北京:中国建筑工业出版社,2007.

窑洞的优点是结构简单，易于建造，俗称"一把镢头建筑"，冬暖夏凉，减少室外温度和噪音变化的影响，还可以节约土地。有些地方窑顶可以种植。陇东民谣："我家住着无瓦房，冬天暖和夏天凉。"窑洞的缺点是一面见光，通风不畅，采光不足，易潮，墙顶容易剥落，抗震性较差。

（二）南多遮拦

南方雨水频繁，阳光炽烈，潮气上泛，建筑物要遮雨、遮阳、隔潮。屋顶是遮雨和遮阳的主力。传统南方民居屋顶坡斜角大体是 27°，匠人概括为 1∶4 的高跨比，宜于排雨水和固屋瓦。有些民居用双层屋顶，成为通风的孔道。

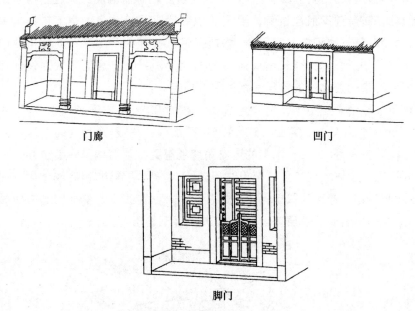

图 9-2　岭南民居门廊、凹门和脚门[①]

为了加强门窗的遮拦功能，南方民居门有凹门，窗有飘板，飘棚。从西方引入的百叶窗也起到遮拦作用。

骑楼是南方街道的一大特色。南方夏多骤雨，行人躲避不及时，全身淋湿。骑楼底层架空，行人没有雨淋暴晒顾虑，可以招揽顾客，可以保护橱窗商品不被淋湿。骑楼街区由政府统一规划建成。骑楼下的人行道称骑楼式人行道。南方人喜欢户外活动，喜欢逛街，逛商店，散步乘凉，骑楼街区是好去处。

---

① 汤国华.岭南湿热气候与传统建筑[M].北京：中国建筑工业出版社，2005.

北方寒冷干燥少雨,建筑物要提高采光性能,南向窗户做大。现代北方民居常用落地窗采光。

(三)南轻北厚

在建筑形态上,南方轻巧活泼,北方敦厚壮实。南方建筑轻巧与那里山清水秀、地窄人稠环境协调。廊、台、敞梯、凹门增加轻巧灵活感。南方建筑爱用白、青等淡雅色。北方建筑爱用深沉的色调,可以增添吸收阳光的能力。在线条方面,横线和竖线搭配,增加横线,可以增加活泼感。现代南方建筑形态不对称,是增加轻巧灵活的重要途径。南方气候温和,人们喜爱室外活动,重要建筑物室外装饰讲究,墙角、屋顶、柱旁、窗门,都有精美雕塑修饰,玲珑纤巧(见表 9-2)。

表 9-2 中国传统民居的南北差异

内 容	南 方	北 方
屋顶	坡陡	坡缓
出檐	深	浅
墙体	空透	严实
窗户	前后开	开前窗
房基	高,多吊脚楼	低
取暖	用炉	用炕
天井,庭院	较小	较大

(四)南方街巷曲折,北方街巷规正

水性曲,南方街巷有水的踪影,比较曲折。北方街坊离水系较远,比较规正。

南方河渠纵横,城市街巷,房屋布局,生态景观,离不开水。"纤徐委曲,若不可测。"水网发达地区,形成"河—宅—街—桥"格局,三步两桥,溪水穿城,傍水起楼。宅前石街人履平,宅后河中舟楫行,民宅后设石级码头,可洗濯,可购物,可出行。小桥、流水、斜街,蓝天、碧树、人家。小丘屹立,浮屠凌空,湖池叠翠,云树绕堤,高低错落,层次分明,构成绮丽的水乡风光。有些市镇,顺河设廊街,一面临河,一面市街,上有廊顶,可防雨防晒,既是商井,又是休憩的公共场所。水乡街坊循山水弯曲偏斜,房屋的向阳性不严格。"加上南方多阴雨,四野茫茫,如果人们没有随身揣着指南针,就很难像在北方常见的晴空之下,瞥一眼日头,轻易辨出个东西南北方向来。"南方人的方向观念比较弱,指路时一般只说向左拐,向右拐。

北方河流大都没有航运价值,多洪水灾害,近河的城市与河保持一定距离,近而不挨。街道通行马车,宽直舒展,多数街坊成棋盘格状,气势雄浑,方向端正。北方人指路常说向东,向西,向南拐,向北拐。整齐端庄的街道格局将东南西北方向感深深嵌入北人心中。

巷道布局有调控风向功能。北京胡同大都东西排列,南北向胡同少。东西排列可以阻止西北寒风贯入。南方巷道多南北排列,称梳式布局,可以引导南风贯入,降低空气热度和湿度。

二、园林的南北差异

在《园林分南北》一文中,陈从周将南北园林的区别概括为5个方面:南巢北穴;南敞北实;南水北石;南花北柏;南私北皇(见表9-3)。前四点主要受自然环境的影响。后一条主要受社会环境的影响。

表 9-3 中国南北园林比较

纲	南　方	北　方
南巢北穴	源自巢居、棚居	源自穴居
南敞北实	建筑空间贯通,多敞口	少空透,严实封闭
南水北石	多水,多太湖石,石影玲珑	多沙页岩、石灰岩,厚重有余
南花北柏	四季花木繁多	松柏为主,肃穆庄严
南私北皇	多私家园林,素雅清淡	多皇家园林,气势恢宏

南巢北穴,南敞北实,建筑形态不同。"从人类开始有居室,北方属于窝的系统,原始于穴居,发展到后来的民居,是单面开窗为主,而园林建筑物亦少空透。南方是巢居,其原始建筑为棚,故多敞口,园林建筑物亦然。"

南水北石,结构要素不同。南方多雨,河网发达,地下水位高,有园必有水,湖池相连,水湾迷远,石影玲珑。兰亭、醉翁亭、爱晚亭等名亭出自南方,与那里好山好水有关。北方缺水,市民很少有能力聚水为池。

南花北柏,植被组成不同。北方"花木落叶时间较长,因此多用常绿树为主,大量松柏遂为园林主要植物,其浓绿色衬在蓝天白云之下,与黄瓦红柱、牡丹、海棠形成极鲜明的对比,绚烂夺目,华丽眩人。"[①]南方草木种类繁多,四季花香,春华秋实,节令分明,配合"粉墙黛瓦,竹影兰香",幽雅别致。

南私北皇,社会背景不同。北方多皇家园林,有皇城禁苑、近郊宫苑和远郊离宫等类型,气势恢宏,富丽堂皇。承德避暑山庄面积564公顷,颐和园290公顷,较小的北海公园也有68公顷。园内分政务区、居住区、宗教祭奠区、游览观赏区,有神山仙岛、玉宇琼楼、极乐梵天。建筑物上有山水花卉和历史人物等苏式彩绘,色泽浓重。南方私家园林小巧玲珑,小中见大。苏州古典园林面积最大的只有5公顷。平敞临水的厅堂,结构轻盈,白墙青瓦,小阁临流,竹影兰香,不施重彩,可以宴饮,可以观赏。

三、步行街文化[②]

我国历史上没有步行街概念。步行街概念是改革开放后从国外引入的。对步行街的认识经历两次飞跃。初始认为步行街是商业街,建步行街可以创造良好的购物环境。第一次飞跃认识步行街是综合街,除了商业,还有餐饮、娱乐、博览等功能。第二次飞跃认识步行街的主要功能是文化。文化特色决定步行街的品位。缺乏文化积淀,步行街立不起来。

(一) 慢慢走,欣赏啊!

瑞士风景区有块牌子:"慢慢走,欣赏啊!"[③]劝导游客放慢脚步,细细品味。这一提示对步行街也可以适用。1989年到2007年,笔者遍访德国及其周边国家40条步行街,有三点印象。

(1) 步行街是城市标配。两三万人口的城市就有步行街。欧洲城市的心脏是广场。步行街大都与广场串联。步行街的功能与广场互补。

通达性是步行街的重要条件。20世纪80年代,美国新建200条步行街,一半衰败,主要原因是缺乏通达性。为了提高通达性,有些步行街建成公交步行街和半步行街。公交步行街上允许一条无轨电车或公共汽车线路进入,行驶速度很慢,与步行相当,不会产生较大干扰。半步行街是在行人较少的时段允许机动车驶入运送物品。地铁是提升步行街通达性的捷径。

---

① 陈从周.园林分南北,景物各千秋[M]//中国园林.广州:广东旅游出版社,1996.
② 胡兆量.步行街和广场的文化品位[J].城市问题,2003,(4):30—32.
③ 朱光潜.谈美[M].北京:北京大学出版社:2008.

(2) 文化艺术是步行街的灵魂。"非迹无以证其古,唯古乃可传其迹。"①街不在商,有文则名。欧洲步行街两侧有教堂、市政厅等古建,有喷泉雕像等艺术品。人们习惯把建房年代标在屋前醒目的地方。见到年代古老的标志,犹如进入时光的隧道。

(3) 安静干净。步行街不允许小贩叫卖,不准用大喇叭做广告。街上偶然传来民间艺人的演唱,给人清新的听觉享受。婴儿车指数是欧洲人对步行街提出的形象指标。提升婴儿车指数要求步行街清、净、静。"清"是空气清新,忌沙尘弥漫、烟熏火燎。"净"是环境干净,色调匀和,游客有宾至如归的感觉。"静"是没有高声叫卖等噪声污染,走路时可以听到自己的脚步声。污浊的空气、脏乱的环境、嘈杂的声响会让游客乘兴而来,扫兴而归,步行街成了难行街。

(二) 南锣鼓巷的启示

北京南锣鼓巷毗邻皇城,紧靠中轴线。行走在南锣鼓巷中,穿越胡同,探究四合院,能够触摸到元、明、清三代的历史沧桑。看胡同和四合院到南锣鼓巷成为人们的共识。北京王府井步行街开街后,南锣鼓巷着手开发。南锣鼓巷步行街的人气指数很快赶上王府井,在国际上的知名度超过王府井。美国《时代》杂志挑选亚洲不得不去的 25 处地方,其中有 6 处在中国,南锣鼓巷榜上有名。2018 年网上公布北京十条最有特色胡同,第一条便是南锣鼓巷。第三条帽儿胡同和第九条菊儿胡同是南锣鼓巷步行街区中的两条。第六条北锣鼓巷是南锣鼓巷北向延伸。十条特色胡同中,南锣鼓巷街区占四条。随着岁月流逝,南锣鼓巷的胡同和四合院将绽放出更加灿烂的光辉。

南锣鼓巷保留着北京典型的胡同体系。由 1 条南北主巷和 16 条东西胡同组成。南锣鼓巷宽 8 米,长 787 米,是南北通道。两侧分别整整齐齐排列 8 条东西向胡同。胡同结构像鱼骨,又像蜈蚣,俗称蜈蚣结构,总面积 0.83 平方千米。

南锣鼓巷保存 800 多座完好的四合院。有詹天佑故居、茅盾故居、齐白石故居,有蒋介石行辕。帽儿胡同可园建于清咸丰十年(1860 年),仿苏州拙政园和狮子林,是北京最有价值的私家园林。可园在不足 3000 平方米内,设凉亭、水榭、暖阁、假山、走廊、拱桥,壶中天地,独具匠心。② 帽儿胡同 35 号是宣统皇后婉容出生地,俗称娘娘府。棉花胡同段祺瑞旧宅改成中央戏剧学院,培养了大批名角,增添南锣鼓巷的文化气息。

---

① 福州丁戌大觉禅寺修建记,2018 年 10 月 15 日录.
② 郗志群,高希,赵晓娇.南锣鼓巷[M].北京:北京出版社,2015.

南锣鼓巷的经验说明步行街的灵魂是历史文化积淀。步行街保护开发过程中要增设现代化的基础设施,融入现代化的美学理念。现代元素不应损害历史韵味,要为文化锦上添花。

王府井地名有历史文化意义。王府是古都特有的居落。井是干旱地区市场饮水的源泉。建步行街时在人行道上发现明代古井遗址。在地面上修个铜盖。铜盖与人行道在一个平面上,游客不容易察觉。如果修筑50厘米高的井台,配上文字标牌,是个景点,可以摄影留念。

四、风水与选址

中国古代建筑学大体有营造、园林和风水三个部分。风水的任务是选择城镇、村落、住宅、祠庙、墓穴的位置,进行合理布局。

(一) 与自然环境协调

按照天人合一观,城池、村落和宅基要与自然浑然一体,相互映衬。

风水中最重要的观点是南向观。南向观经历数千年历史提炼深深印刻在百姓的观念中。重视南向采光,是世界建筑界普遍关心的原则。把南向的权重提高到极端,是中国传统文化独有的。风水重视南向有自然环境和历史文化两方面的原因。

生活在东亚季风气候中的华夏儿女,深深感受到南向的重要性。6000年前的半坡遗址中,房屋就取端正的南向。"北风扫堂,家破人亡",南向是中国群众几千年生活实践的总结。

风水重视南向,受礼仪等级观的影响。中国传统礼仪,南为乾,南为天,南为贵。孔子说:"无为而治者其舜也与? 夫何为哉? 恭己正南面而已矣。"[1]舜无为而治天下,要办的事就是庄严地坐在面南的王位上。

在中国传统文化中,东向是可以给南作补充的。东是日出方向。老子西游加强了东向的神秘色彩。《列仙传·关令尹》:"老子西游,喜先见其气,知有真人当过,物色而遮之,果得老子。老子亦知其奇,为著书授之。"[2]中国不少道观门南向偏东,四合院大门设在正南偏东处,都是南和东两个方向观的融合的产物。

---

[1] 论语·卫灵公第十五.
[2] 刘向(公元前77—公元前6). 喜是函谷关令尹喜.

水文方面,风水认为冠带水、眠弓水大吉。冠带水和眠弓水指的是河流的凸岸。受水流动力学的影响,河水主要冲向凹岸,形成淘蚀坍崩。河流凸岸泥沙淤积,岸线向外扩张。《堪舆泄密》说:"水抱边可导地,水反边不可下。"民谚"反弓水,退散田园家困穷"。中国不少沿河村落城镇都在凸岸选址。有一利必有一弊,凸岸水浅,不利船靠码头。码头选址大都在吃水较深的凹岸。

(二)遵循伦理心理原则

风水贯彻中国传统伦理原则,讲阴阳平衡,中轴突出,长幼有序。按照阴阳平衡观,选址和布局前后协调,左右对称。不平衡的地方,可以用植树、引水等措施补正。

按照长幼有序观,都城布局遵照前朝后市,左祖右庙原则;私宅布局,按前公后私,前卑后尊原则。

风水在心理学上的功能与口彩、口忌有关。北方农村"前不栽桑,后不植槐"。"四角有桑,祸起不挡。门前有槐,升官发财。"桑与丧同音,听了扫兴。槐音同怀,象征品德、财富,栽在屋后福禄外流,栽在屋前吉祥兆头。

风水规定"凡宅不近祠社、窑冶、官衙;不居故军营战地,对狱门口"。这些地方人烟嘈杂,疾病传播、空气不洁,不利于颐养天年。对于居住环境,民间有不少谚语。"屋在大树下,灾病常到家。"树木过高,遮住阳光,有碍健康,易招雷击。"神社对门,常病时瘟。"神社人流众多,求病寻医,容易传播疾病。"众路相冲,家无老翁。"道路交叉处称虎口,车水马龙,嘈声不绝,不得安宁。"门口水坑,家破伶仃。"门口如有水塘,顽童容易淹溺。"烟囱对床主难产。"烟囱是不利健康的污染源。

(三)风水中的迷信观念

风水学说形成过程中,有占卜术、命相术的渗透,有宿命论、庇荫论的影响。风水中迷信糟粕流传深远,劳民伤财,引发家族不和、邻里纠纷,重则与邪教相呼应,妖言惑众、聚集闹事,动荡社会。丁聪漫画《问风水先生能不能动土》反映风水迷信对百姓的毒害(见图9-3)。人已经被倒塌的房屋埋了,不赶快救人,还要请示风水先生。

图 9-3 漫画《问风水先生能不能动土》[①]

修建中长铁路经过辽宁省开原县时,由于迷信地气,铁路避开老城,火车站只好改到大清河南。结果大清河南形成新城,开原老城日渐式微(见图 9-4)。

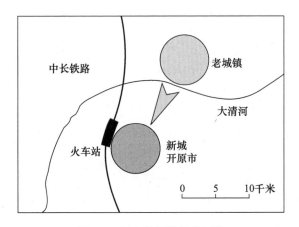

图 9-4 辽宁开原城迁移示意

---

① 丁聪.古趣图[M].长沙:岳麓书社,2008.

宅吉人荣是风水迷信的核心理念。《何知经》讲:"何知人家出富豪,一山高了一山高。何知人家破败时,一山低了一山低。"[1]用居住环境决定个人前程,子孙祸福,家族盛衰,没有严密的逻辑推理,没有必然的因果联系。

阴宅荫后说认为墓址决定后代的命运。中国传统儒学从"葬之以礼"的伦理观重视阴宅选址,意在保存祖上遗体与青山共在,续进孝道,永世祭祀。儒家认为庇荫之说"邪术惑世以愚民"。[2] 明朝钱仁夫有诗嘲讽:"寻山本不为亲谋,大半多因富贵求。肯信人间好风水,山头不在在心头。"[3]民间讽刺这类风水师:"风水先生惯说空? 指南指北指西东。若是真有龙凤地,何不寻来葬乃翁?"

---

[1] (明)王君荣.阳宅十书·何知经.
[2] (明)王廷和.家藏集.
[3] (明)项乔.风水辩.

第十章 人才地理特征

人才是个广泛的概念。各行各业都有能手,都有人才。本章着重分析状元和教授,旁及武将。

一、状元的分布及其意义

从隋文帝开皇七年(587年)第一次开科考试,到清光绪三十一年(1905年)宣布停止,科举盛行1318年,成为影响中国封建社会政治、经济和社会生活的重要制度。中国采取科举方式选择官吏,在世界上是独一无二的。状元是最高层次考试的第一名,科举考试中的佼佼者。唐代诗人画家王维,书法家柳公权,宋代爱国宰相文天祥,清代实业家张謇,都是状元出身。

(一)状元的文化地理意义

科举按照规定的形式和科目,在固定的时段和地域范围内进行考试,按照考生比例和成绩优劣,录取一定人选。从宋朝起,科举制度基本完善。到明朝科举分童生试、乡试、会试和殿试四级。童生试在县、府举行,乡试在省城举行,会试和殿试在京城举行。录取者分别称生员、举人、贡士和进士。生员俗称秀才。乡试、会试和殿试第一名称解元、会元和状元。殿试第二名和第三名称榜眼和探花。乡试、会试和殿试都取得第一名称连中三元。科举制度也有不少封建的糟粕。唐代诗圣杜甫,试而不中。文起八代之衰的韩愈在贞元四年、贞元五年和贞元七年三试落第。宋朝成化年间开始采用的八股文,体制死板,禁锢智慧。[1] 但是,与以往的"世卿世禄"比较,科举有不少进步。朝为田舍郎,暮登天子堂。社会各阶层人士,特别是下层文人,可以通过科举进入仕途,结束了大家望族对仕途的世袭垄断。

科举考试需要教育支撑。教育的基础是地方的政治、经济和社会习俗。通

---

[1] 周亚菲.中国状元录[M].上海:上海文化出版社,1996.

过状元分布的孔道,可以窥视地区的经济和文化。根据文献记载,中国历史上开科733次,有名有姓的状元615人。目前,查到有籍贯的状元492名。唐、五代、辽、金、元等朝籍贯地佚失较多。

在女子无才便是德等传统观念束缚下,千年科举是男子的专利。科举史上,只有太平天国三年(1853年)男女同时开科。女状元傅善祥是历史上第一位、也是唯一的女状元。

(二)状元的地域分布特征

状元分布可以从全国的宏观范围、州府的中观范围和家庭的微观范围进行分析(见表10-1)。

1. 全国宏观分布特征

南北两大区域,以秦岭—淮河一线为南北分界。为了消除河南、安徽和江苏三省地跨南北的疑难,在计算南北分布时,将唐朝籍贯地在南阳、邓县和固始的四位状元记入南方,将明清两朝江苏铜山和淮安的两位状元计入北方,元朝安徽阜阳的一位状元计入北方。元朝非汉族状元籍贯大多不明,有两位确知系蒙古族的状元暂列入内蒙古。包括唐、五代、北宋和辽的前一阶段,状元集中在北方。全国187名状元,北方有120位,占64%。这一阶段河南有状元47位,遥居首位。河北和山东分别居第二、三位。包括南宋、金、元、明、清的后一阶段,状元集中在南方。全国305位状元南方240位,占79%。江苏有状元73名,浙江有状元62名,分别占全国1/4和1/5。江西和福建居第三、四位。进一步作断代分析,明、清两代南方状元比重上升到88%与87%。南宋和明,状元最多的是浙江省。南宋福建有状元13位,次于浙江,占全国第二。明朝江西有状元18位,次于浙江,与江苏并列第二。

2. 州府中观分布特征

状元分布不但集中在个别省份,而且集中在个别省的少数州府。苏州府是全国状元最密集的地方。按照明、清苏州府管辖的范围,包括吴县(古称元和)、昆山(新阳)、常熟(昭文)、吴江(震泽)、太仓、嘉定等县,历代共有状元42位,居全国榜首。浙江省状元集中在杭嘉湖平原和宁绍平原。绍兴和杭州状元人数分别占全国第二位和第三位。江西的吉安府,福建的福州、莆田和泉州,山东的曲阜,河南的洛阳和荥阳,也是状元辈出的地方。南宋乾道二年到乾道八年(1166—1172年),福建永泰得状元三人。广东省9位状元中,有7人来自南海及其附近的珠江三角洲。

表 10-1 状元籍贯地

地区	合计	唐,五代	北宋,辽	南宋,金,西夏	元	明	清
河南	53	27	20	2	1	2	1
河北	46	18	7	8	6	3	4
山东	37	10	10	7		4	6
山西	16	7	2	5	2		
陕西	14	9	2			2	1
辽宁	8	1	3	1			3
内蒙古	5			1	4		
甘肃	4	4					
宁夏	1			1			
黑龙江	1			1			
江苏	84	7	4	5		18	50
浙江	68	1	5	21	1	20	20
江西	40	5	5	7	2	18	3
福建	36	2	7	13		11	3
安徽	25	2	2	3	1	5	12
四川	18	8	5	1	1	2	1
湖北	11	1	4		2	1	3
广东	9	2		1		3	3
广西	8	3	1				4
湖南	6	3				1	2
贵州	2						2
总计	492	110	77	77	20	90	118

资料来源:《唐书》《五代史》《宋史》《辽史》《元史》《明史》《清史稿》《明清进士提名碑录》《中国状元全传》《江西状元谱》,明包括张献忠的大西,清包括太平天国.

3. 家族微观分布特征

培植状元需要一定的经济保障,良好的文化氛围。多数状元来自诗书传家的大门望族。一个家族出两个以上状元的有二十几起。有的父子、祖孙、叔侄秉承,有的兄弟相续。唐时还有一门三状元的记录。曲阜的孔纬、孔缄和孔缄三兄弟,吴县的归仁绍、归仁泽兄弟和归仁泽的儿子归黯,都连连夺魁。

二、状元地域分布的背景

(一) 区域经济背景

状元籍贯地时空变化与区域经济开发过程基本吻合。中国开发最早的地域是黄河中下游。这里孕育了灿烂的中华文明,也是古代经济活动的中心。唐代有籍贯可考的 92 名状元,69 位来自北方。"安史之乱"前,北方比重更大。公元 755 年前有籍贯可考的状元 15 人,14 名来自北方。南方状元大量涌现是唐朝后期的事。从唐武宗会昌年间(843 年)起,南方状元逐渐增多。从 843 年到 907 年唐朝终亡,64 年间有南方状元 12 名,占这一时期得知籍贯的状元总数 40%。其中,6 位来自苏州。苏州状元在唐朝后期崭露头角。

北宋时期经济中心南移已成定局。宋初太平兴国年间通过汴河运到开封的南方漕运 400 万石。整个黄河流域通过黄河、惠民河、广济河运到开封的粮食只有 200 万石。后来,南方漕运逐步增加到 700 万石。北宋大臣包拯说:"东南上游,财富攸出,乃国家仰足之源,而调度之所也。"[①]南方蓬勃发展的经济是培植状元的肥田沃土。北宋时期,有籍贯可查的状元 68 名,北方籍 35 名,南方籍 33 名,南北处在平衡状态。说明北宋是状元分布由北向南的转折点。

宋代除江苏、浙江和江西一带文化崛起以外,福建和四川的开发也引人瞩目。福建多山少地,但是环境安定,闽东海运便利,泉州又是重要海港,信息灵通。福州人"俗尚文辞",兴化(今莆田)人"以读书为故业",泉州人"素习诗书"。[②]从宋朝起,福建东部沿海成为状元又一个密集地。四川成都、梓州、利州一带在宋时经济发展较快,也是状元辈出的地方。

(二) 文化教育背景

有了发达的经济基础,转化为培育优秀人才,还要教育的中介。江浙、福建、四川、江西等地是状元的主要来源地,也是教育发达的地方。北宋景祐二年(1035 年),吴人范仲淹创建苏州府学,各地争相仿建。有"天下有学自吴郡始"一说。《宋代科举》一书,对宋时官学和私学有系统分析。根据书中资料,浙江、

---

① 《包拯集》(卷四).请令江淮发运使满任.北京:中华书局,1963.
② 《嘉庆重修一统志》(卷四二四至卷四三九).

江南和福建官私学校最普及。三省州学普及率100%,县学普及率80%,私学占全国72%。

明清时期,全国大部分府县设立官学。民间私学书院大量涌现。在数量上,南方占绝对优势。《大明一统志》记载全国书院308所,长江流域以南各省占230所。王炳照统计明清两代南方书院占全国3/4。

浙江、江苏不但学校数量多,办学水准也比较高。康熙年间苏州的紫阳书院是全国名校。明代状元申时行说:"吴故以文字称翘楚,而学宫亦巨甲海内。"[①](见表10-2)

表10-2　历代书院南北分布[②]

朝　代	唐,五代	宋	元	明	清
全国/所	47	713	297	1701	3622
北方/所	8	31	67	364	941
南方/所	39	682	230	1337	2681
全国/(%)	100	100	100	100	100
北方/(%)	17	4.3	22.5	21.4	26.0
南方/(%)	83	95.7	77.5	78.6	74.0

南方各地,勤于诗书,习文重儒的民风,是提升教育的重要力量。多数状元是在家庭教育熏陶下成长的。

(三) 政治因素的影响

国都位置和人才政策等政治因素对状元分布都有影响。

国都是一国的政治、经济和文化中心。国家级的教育机构设在这里。大批文化精英在这里任职。唐代西京长安有状元2人,东京洛阳有状元4人,北宋开封有状元4人。不少状元籍贯在外省,长期在京都生活,是在京都教育背景下成长的。例如,唐朝元和元年(806年)状元武翊黄,原籍河南缑氏(偃师),因父武元衡是朝中宰相,自幼随父居住京中。类似的实例很多。计算籍贯地时,只能以本人填报为准。

南北之争是北宋科举史上的重要政策性争论。自唐中期以后,经济中心逐渐南移。人们没有完全摆脱北方为尊的观念。北宋皇朝与大臣主要是北方人,

---

① 胡敏.苏州状元[M].福州:福建人民出版社,1996.
② 王炳照.中国古代书院[M].北京:商务印书馆,1998.

观念上的偏见对状元录取有一定影响。北方出身的寇准认为"南方下国,不宜多冠士",竭力主张将南方籍尚贯中易为山东平度人蔡齐。为此逢人便夸:"又为中原争得一状元。"陆游评论说:"臣优闻天圣以前,选用人才多取北人,寇准持之尤力,故南方士大夫沉沦者多。"①

明朝有两件政治干预状元的案例。一是明洪武三十年(1397年)的榜争。该科状元原是福建闽县人陈䢴。北方考生指责主考官行私。朱元璋有笼络北人意,不由分说,将主考官、复查官,连同三甲一并拿下问罪。另立秋榜,三甲都是北人,状元是山东人韩克忠。这是有史以来处置科场案件最残酷的一次,也是明朝举行88场会试产生89位状元的因由。二是苏州在明朝开国数十年科场不显。原因是元末苏州被张士诚占据。明大将徐达经过浴血苦战才得破城。朱元璋迁怒于苏州,下令诛灭巨室,课以重赋,每亩税额二三石,为其他地区数倍。苏州民风"多废诗书,而略典礼",士人夺魁志向受到压抑。

皇帝更换状元实例在清朝也有发生。1761年乾隆将阅卷大臣进呈前十名文卷中排在第三位的陕西籍王杰易为第一,目的是减少地区间科举的不平衡。清代,西北诸省就出了这一个状元。

(四)考试制度的影响

考试制度是调整地区间科举名额的杠杆。如果没有名额协调,状元在地理上的不平衡状态更加突出。乡试名额制和会试分卷制是对状元分布影响较大的两项考试制度。

1. 乡试名额制

宋代规定各省通过乡试取得举人地位的名额。各省文化教育水平相差悬殊,但是举人的名额差别不大。欧阳修对东南各州"百人取一人",西北各州"十人取一人",愤愤不平。②陆佃要求增加南方名额,指出:"士人之盛,无如川浙、福建、江南,今解名极少,不无遗才;其京东等路荐送之数太宽,滥得者众。"③明初"京师行省各举乡试,直隶贡额百人,河南、山东、山西、陕西、福建、江西、浙江、湖广皆四十人"。④ 清初规定乡试名额:顺天府168名、江南163名、浙江170名、湖广106名、江西113名、福建105名、河南94名、山东90名、广东86名、广

---

① (宋)陆游.论选用西北士大夫札子[M]//陆游集.第五册.北京:中华书局,1976.
② 《欧阳修全集·奏仪》(卷一七),论逐路取人札子.
③ (宋)陆佃.陶山集,卷四,乞添川浙福建江南等路进士解名札子.
④ 《明史》(卷七十),选举志.

西60名、四川84名、山西79名、陕西79名、云南54名、贵州40名。① 明清两朝数百年间,具体配额都有增删,基本态势没有变化。

2. 会试分卷制

从宋哲宗起,会试实行南北分卷制。明清沿用分卷制。明代规定南、中、北卷。南卷有应天及苏、松诸府,浙江、江西、福建、湖广。中卷有四川、广西、云南、贵州及凤阳、庐州两府、滁、徐、和三州。北卷有顺天府、山东、陕西、河南、山西。南卷取55名,中卷取10名,北卷取35名。后期分南北卷,各取150名。中卷中的四川归入南卷,其余并入北卷。② 清代实行南、北、中三卷制,各地区归属与名额在明代基础上略做调整。

三、教授的分布和迁移

教授的地域分布与状元有一致性,说明文化地理现象有传承关系,有规律性。

(一)教授地域分布特征

1988年出版的《中国普通高等学校教授人名录》③记载16 726名教授的资料。经过分析,教授的地域分布有六个特征(见表10-3)。

1. 籍贯地南多北少

按籍贯分南方地区有教授11 529名,占全国68.9%,北方有教授5197名,占全国31.1%。其中籍贯地在2000名以上的是江苏省和浙江省,都在南方;1000名以上的四川省、广东省和辽宁省,只有辽宁省在北方。

2. 工作地南北平衡

在南方工作的教授8361名,在北方工作的教授8365名,总量相等。进一步分析,在北京工作的占全国教授1/3,遥居首位。南方教授的工作地分布相对平衡。上海、四川和湖北是南方教授工作地比较集中的地方,教授数分别占全国第二、三、四位。

---

① 《大清会典事例》(卷三四八),礼部·贡举·乡试中额.
② 《明史》(卷七十),选举志.
③ 国家教育委员会.中国普通高等学校教授人名录[M].北京:高等教育出版社,1988.

表 10-3 教授籍贯地和工作地分布

地 区	籍贯地人数	工作地人数	净移出 人数	净移出 占比/(%)	净移入 人数	净移入 占比/(%)
北京	431	2761			2330	38.3
天津	296	618			322	5.5
河北	832	237	595	9.8		
山西	213	238			25	0.4
内蒙古	48	141			93	1.5
山东	868	506	362	6.0		
河南	630	441	189	3.1		
辽宁	1062	992	70	1.2		
吉林	332	658			326	5.4
黑龙江	156	538			382	6.3
陕西	221	779			558	9.2
甘肃	84	285			201	3.3
青海	6	30			24	0.4
宁夏	5	15			10	0.1
新疆	13	126			113	1.8
北方小计	5197	8365	1216	20.1	4384	72.2
上海	795	1658			863	14.2
江苏	2365	990	1375	22.6		
浙江	2037	426	1611	26.5		
安徽	597	477	120	2.0		
江西	542	230	312	5.1		
福建	722	241	481	7.9		
湖北	661	1123			462	7.6
湖南	945	443	502	8.3		
广东	1105	725	380	6.3		
广西	233	158	75	1.2		
四川	1158	1317			159	2.6
云南	253	385			132	2.2
贵州	115	186			71	1.2
西藏	1	2			1	
南方小计	11529	8361	4856	79.9	1688	27.8
全 国	16726	16726	6072	100.0	6072	100.0

3. 教授在地域间的迁移率较大

全国各地省、市、自治区原籍贯地的教授数和实际工作的教授数差额是很大的。在净输出地区也有不少外省籍教授在执教。根据河北、浙江、江苏、江西、湖南、福建六省情况分析,教授的迁移率达 84.6%,每六位教授有五位在省外工作。教授是迁移率最高的人群之一(见表 10-4)。

表 10-4 在省外工作的教授占比

省	本省籍贯人数	省外工作人数	省外工作占比/(%)
河 北	833	767	92.2
浙 江	2037	1796	88.2
江 苏	2365	2001	84.6
江 西	542	440	81.2
湖 南	945	744	78.2
福 建	722	548	76.0
六省小计	7444	6296	84.6

4. 浙江和江苏是中国教授迁出的中心

浙江和江苏两省占全国教授净迁出量的 49.1%。全国每两位净迁入教授中,有一位来自浙江省和江苏省。输出教授,输出人才,输出文化,是两省对全国的重大贡献之一,它的意义不亚于物质上或者财政上的贡献。此外,河北、湖南和福建也是教授迁出大省。上述五省占全国教授迁出量 3/4。

5. 教授迁入地是高等学校密集的所在

北京、上海、武汉、西安是中国四大高等学校密集城市,也是教授迁入的四大中心。

6. 距离对教授迁移有一定影响

以上海为例,吸收外籍教授有明显的圈层差别:第一圈,江苏省和浙江省,平均每省 471 人;第二圈,安徽省、福建省和江西省,平均每省 59 人;第三圈,山东省、湖北省、湖南省、广东省,平均每省 42 人;第四圈,四川省、河南省、河北省,平均每省 22 人。在扩散上,湖南籍教授除在北京较多以外,邻近的湖北、四川和广东也是重要的方向。教授迁移的圈层现象是距离衰减规律的表现。

(二) 北京教授籍贯地分析[①]

大城市是人口迁移频繁的地方,其中,高层知识分子的迁移尤其频繁。分析 1987 年北京市普通高等学校教授的籍贯地,发现大城市高层知识分子迁移

---

① 本节全文发表于《城市问题》,1992,2: 27—28.

有以下四个特点。

1. 来自全国各地

北京是全国的文化中心,1987 年 10 月共有普通高等学校 61 座,占全国 9%,教授 2625 名,占全国 15%。此外,中国地质大学等个别外地高等学校在北京设有研究生部,一批教授常住北京任教。剔除个别教授籍贯地不详,共得 2679 名在京教授籍贯地资料。从中可以发现,北京高层知识分子阶层建立在全国人才基础上。全国各省、市、自治区中,除宁夏、西藏、青海外,都有英才在北京任教授。原籍北京的教授只占 6.9%。以北京大学 1994 年博士生导师为例;77% 来自南方,其中,江苏、浙江和上海占全部博士生导师 45%;北京籍贯的导师只有 7 位,占总量 2%。①

2. 南方多于北方,东部沿海多于内地

按秦岭—淮河一线划分南北,北京市普通高等学校教授 60% 来自南方。按东部沿海、中部和西部划分,72% 来自东部沿海,22% 来自中部。广袤的西北、西南只占 6%,主要来自四川省。按大地理单元划分,江苏、浙江、上海地区占 31%。

3. 迁移距离较长,受距离衰减规律影响较弱

与其他层次人群比较,高层知识分子的平均迁移距离较长。河北一省占北京市迁入人口 40% 左右,遥居首位。北京教授的籍贯地中,河北只占第三位,明显低于江苏和浙江两省。广东和湖南两省与邻近北京的山东、辽宁大体相同。这说明高层知识分子有较强的迁移性(见表 10-5)。

表 10-5 北京市教授籍贯地分布②

籍 贯	人 数	籍 贯	人 数	籍 贯	人 数
北京	185	新疆	1	湖北	94
天津	86	内蒙古	9	湖南	150
河北	239	江苏	408	广东	141
山西	49	其中:淮北	31	广西	18
山东	156	浙江	315	四川	108
河南	73	上海	112	云南	19
辽宁	157	安徽	92	贵州	13
吉林	25	其中:淮北	7	海外	2
黑龙江	19	福建	114	北方小计	1062
陕西	23	台湾	5	南方小计	1615
甘肃	2	江西	64	合 计	2679

---

① 北京大学研究生院.燕园师林(一),燕园师林(二)[M].北京:北京大学出版社,1991,1996.
② 国家教育委员会.中国普通高等学校教授人名录[M].北京:高等教育出版社,1988.

4. 不同历史时期,平均迁移距离经历由远到近,再由近到远的曲折过程

为了计算不同时期高层知识分子的迁移状况,将北京市教授按出生年龄分成四组:① 1910 年前出生组;② 1911—1920 年出生组;③ 1921—1930 年出生组;④ 1931 年后出生组。不同年龄组的籍贯地大体上反映不同时期的迁移状况和不同时期的区域文化差异。从第 1 组、第 2 组到第 3 组,北京南方籍贯教授比重逐渐下降,由 68.5% 下降到 54.8%。这一变化反映中国现代化科学技术由南向北逐渐普及的历史过程。在第 1 组中,广东籍比重高达 13%,仅次于江苏居全国第二,说明广东是接受西方现代科学技术的先驱地。第 4 组南方籍比重上升到 69.8%,与前三组轨迹相连成"U"字形。初步分析,主要有三个因素促使南方籍比重回升:① 北京建都,经济建设重心北移,需要大批高层知识分子;② 全国政治统一,南来北往交通逐渐便利,加强了南方知识分子的活动能力;③ 高等学校全国统一招生和全国统一分配,基本上实现了公平竞争,按需分配,促进了南方知识分子北上(见表 10-6)。

表 10-6 北京市教授分年龄组籍贯地分布①

占比/(%)	出生年龄			
	1910 年之前	1911—1920 年	1921—1930 年	1931 年之后
北方	31.5	39.8	45.2	30.2
其中:北京	0.9	8.6	7.0	6.3
南方	68.5	60.2	54.8	69.8
其中:苏、浙、沪	33.3	27.8	26.8	34.5
广东	13.0	5.5	4.2	5.9
合　计	100.0	100.0	100.0	100.0

四、武将地域分布特征

(一) 武将分布对区域发展的影响

中国人才地理研究偏颇文才,简略武将,大致有三个原因:① "万般皆下品,唯有读书高",受儒学重文的传统思想影响,把人才与文才等同起来。② 武将地理分布受政治形势和历史背景影响较大。例如,中国人民解放军 1955 年

---

① 国家教育委员会.中国普通高等学校教授人名录[M].北京:高等教育出版社,1988.

至1965年授衔的中将以上将领中,湖北红安一县有18位,全国第一,这与红安在第二次国内革命战争时期的地位有关。③ 战争年代,武将损耗大,升迁快,资料难掌握。

研究武将分布之意义有三:① 打江山、守江山离不开武将,"枪杆子里出政权",这个道理对中国几千年的历史都是适用的;② 文才和武将互相渗透,足智多谋的孔明、建安文学代表曹操,分别统率蜀魏大军,既有武略,又有文韬;③ 武将的前后连锁效应不可低估。武将门庭可以培育出有为子弟。中国海内外不少著名学者、教授出自武将门庭。中国英才有服务桑梓传统。不少武将在故乡修桥铺路,兴学育才,延益久远。国民党陆军二级上将张治中在家乡安徽巢县创办黄麓师范,全乡文化昌盛,成为著名的科技乡、高产乡。黄麓师范成为全省中等教育师资的摇篮。从社会效果度量,这是张将军可以入传的善绩。

自古以来,文武人才的分布,既有共性,也有个性。《汉书》说:"秦汉以来,山东出相,山西出将。"①《晋书》说:"古人有言,关东出相,关西出将,三秦饶俊异,汝颍多奇士。"②所说的山东和山西,关东和关西,地理范围是一致的,分界点都是函谷关。

(二) 清代武状元的地域分布

中国武举的资料佚失较多。唐朝武则天在公元702年始创武举,到宋天圣八年(1030年)张建侯才有第一位可资考证的武状元资料。宋明两朝,有籍贯可考的武科状元才32人,资料大都佚失。清朝有较完整记载。清朝武举开科112次,有籍贯可考的武状元93人。嘉庆二十四年(1819年)徐开业高中武状元。皇帝亲自召见的宣旨唱名大典上,徐开业居然未到。由原榜眼陕西神木人秦钟英递升状元。这样的奇事在文科大典中没有发生过。这些状况说明,在传统文化的影响下,对武状元的重视程度是赶不上文状元的。

清代武状元的地域分布与文状元有共处,也有异处。共处是集中在社会经济发达和交通方便的东部地区,广大中部和西部地区人数较少。异处是北方的武状元较多,占总数3/4。包括京城顺天府在内的河北省占全国1/3以上。山东占全国1/6。河北和山东两省共占全国武状元一半以上。河北和山东在全国武状元中的领先地位犹如江苏和浙江在全国文状元中的领先地位。从整体看,

---

① 汉书·赵充国辛庆忌传.
② 晋书·姚兴载记.

中国文武状元地理分布的格局是南文北武。河南、山西、甘肃、宁夏等省在清朝文状元榜上是空白,武状元榜上多次题名(见表10-7)。

表 10-7 清代武状元籍贯地分布

省	武状元人数	分布占比/(%)	
		武状元	文状元
河 北	35	37.6	3.4
山 东	15	16.1	5.1
河 南	6	6.5	
山 西	5	5.4	
辽 宁	3	3.2	2.6
宁 夏	3	3.2	
陕 西	2	2.1	0.9
甘 肃	1	1.1	
北方小计	70	75.3	12.0
浙 江	8	8.6	17.1
江 苏	6	6.5	42.7
福 建	4	4.3	2.6
江 西	2	2.1	2.6
广 东	2	2.1	2.6
四 川	1	1.1	0.9
南方小计	23	24.7	88.0
全国合计	93	100.0	100.0

武状元地理分布特征是多方面因素相互影响的结果:① 在人种和性格上,北方人高大、豪爽,习近武;② 北方近京都,近边关,多战争,历史上形成从军习俗;③ 北方武术基础深厚,冀鲁豫农村有习武传统,河南少林寺是武术的重要圣地。

(三) 近代将领的地域分布

根据20世纪30年代到60年代将领籍贯地的资料(包括民国将领434位,红军将领91位,中国人民解放军中将以上将领254位),武将的地域分布与文才有共性,也有差别(见表10-8)。

表 10-8 民国将领、解放军和红军将领分布

籍贯地	民国将领人数	解放军、红军将领人数	民国将领占比/(%)	解放军、红军将领占比/(%)
湖 南	72	102	16.6	29.5
浙 江	43	6	9.9	1.7
广 东	40	13	9.2	3.8
四 川	31	22	7.2	6.4
江 西	26	43	6.0	12.5
湖 北	25	63	5.8	18.3
山 东	23	3	5.3	0.9
江 苏	23	4	5.3	1.1
广 西	23	8	5.3	2.3
河 北	20	6	4.6	1.7
安 徽	17	21	3.9	6.1
陕 西	14	12	3.2	3.5
河 南	12	9	2.8	2.6
山 西	12	6	2.8	1.7
云 南	12	3	2.8	0.9
贵 州	11	1	2.5	0.3
福 建	8	13	1.8	3.8
辽 宁	6	4	1.4	1.1
天 津	4		0.9	
吉 林	4		0.9	
甘 肃	4		0.9	
黑龙江	2		0.5	
北 京	1	1	0.2	0.3
内蒙古	1	1	0.2	0.3
西 藏		2		0.6
新 疆		1		0.3
宁 夏		1		0.3
全国合计	434	345	100	100
其中:南方	331	299	76.3	86.7

1. 近代武将与文才地域分布的共性

（1）地理分布不均衡，偏集一隅。地理学上研究分布均衡度常用地理联系率指标。按照人口和人才的地理联系率，教授是 71.9，民国将领是 73.6，解放军和红军将领是 49.7。与其他社会经济现象比较，人才的分布是很不均衡的，解放军和红军将领尤其显得不平衡。

(2) 南方多于北方。南方占全国人口 57.8%，占全国教授籍贯地 69.3%，民国将领籍贯地 76.3%，解放军和红军将领 86.7%。中国南方既育文才，也育武将。武将比文才的偏集度更大些。

"文多吴音，武多楚腔。"这是文武人才地域分布最大差异。

武将和文才一样，需要物质支持和思想基础。如果思想禁锢，经济滞后，人无远谋，既少文才，也缺武将。考察马鸿宾、马鸿逵和马步芳的故籍甘肃临夏时，发现那里的回族有悠久的经商传统，是西部地区商业活动的重要中心。临夏古称河州。改革开放后商品经济的潜在优势充分发挥。"东有温州，西有河州"，商品经济的传统为"三马"准备了物质基础和思想基础。

从经济发展水平上比较，华中是赶不上长江三角洲的。正是因为经济发展水平相对滞后，选择机遇较少，迫使华中青年走上投笔从戎的道路。在较小的地域范围内也有类似的文武分工现象。以两广为例，广东经济比较发达，文才略多；广西经济相对滞后，武将较多。在广东省活跃的武将不少来自广西。在广东省内部，珠江三角洲一带经济活跃，多文才；粤东和粤北山区经济相对滞后，多武将。

2. 近代将领偏集南方的历史背景

(1) 曾国藩操练湘军。湘系军人在中国开始独占鳌头。

(2) 受蒋介石等人的提携，浙系将领辈出。在民国将领中，浙江的奉化、诸暨和湖北的黄冈，湖南的长沙、醴陵是最集中的地方。

(3) 受第二次国内革命战争影响，湖北红安，湖南平江、浏阳，江西吉安是人民解放军将领密集的将军县。

(4) 黄埔军校对中国武将分布有重大影响。从 1924 年到 1927 年，设立于广州的黄埔军校招收 6 期学生，总数达 1.2 万人。黄埔军校在潮州、南宁、长沙、武汉建有 4 所分校，为南方青年投笔从戎创造了近便的条件。无论在民国将领中，还是在解放军和红军将领中，黄埔军校学生的比重都相当可观。1955 年授军衔的解放军 10 位元帅中，黄埔军校出身的占 5 位，10 位大将中，黄埔军校出身的占 3 位。此外，有 8 位上将、9 位中将是黄埔校友。黄埔军校出现在中国南方与中国近现代史南风北渐的总形势有密切关联。

中　篇 ｜ 中国区域文化地理

第十一章 文化区

文化有区域差异。文化的区域差异形成不同层次的文化区。

一、文化区的基本观点

有关文化区的基本观点是文化区域观、区域文化平等观、区域文化发展观、文化交流双赢观。

(一) 文化区域观

"古者百里而异习,千里而殊俗"。受自然条件和历史发展的影响,区域文化有特色。

区域文化的主要载体是人。人是经常迁移的。像美国这样的后工业化社会,平均每人一生搬家六次,其中,三次是跨州的长距离迁移。王蒙说:"冰心祖籍福建,小时候生活在山东,求学在美国,几十年来长期住在北京,我们需要明确她老人家的唯一地方归属吗?"人群迁移,加速不同文化的互相渗透和交融。人是可以混居的。"林子大了,什么鸟都有""人上一百,形形色色"。一个区域里的人群,三教九流,鱼龙混杂,各有各的价值观。在洋洋大观的人群中,概括一个区域的文化特征,必须有高度的抽象力和综合力。

中国有句成语,叫"东风压倒西风"。中国在欧亚大陆东隅,来自太平洋的东风带来温暖和雨水,来自大陆中心的西风又干又冷,往往形成寒潮。到了欧洲,情况完全相反。英国诗人雪莱作《西风颂》,赞美西风。西风随着墨西哥暖流,给欧洲带来热量和湿气。欧洲大陆绿草茵茵,鸟语花香,托西风之福。

龙在中国文化中是褒义词,是帝王的象征。在西方基督文化中,龙的含义相反。《圣经》启示录第 12 章说:"大龙就是那古蛇,名叫魔鬼,又叫撒旦,是迷惑普天下的(见图 11-1)。"英文称亚洲"四小龙"是亚洲"四小虎"。在中国,鹤是长寿和高雅的象征,深受文人墨客喜爱。西方人认为鹤是丑陋的鸟。中国人认为狼凶残,狼子野心、狼心狗肺、狼狈为奸,是贬义词。长辈讲狼外婆的故事吓唬幼儿。西方认为狼有团结精神,把狼作为城市图腾和男孩的名字。

图 11-1 对龙的不同认知[1]

每一个文化体系都在特定的地理环境中成长。伊斯兰文化的发源地阿拉伯半岛在热带沙漠地区,夏季温度高达 50℃。阿拉伯的原意是沙漠。沙漠中有绿洲就有生命,有文化。人们尽可能躲避炽热的阳光。沙漠地区牲畜以羊为主,兼养马和骆驼,不养猪。伊斯兰文化崇尚绿色,歌颂月亮,不歌颂太阳,不吃猪肉。绿色是伊斯兰国家国旗最常见的颜色。人们留恋朦胧月光带来的丝丝凉意,一轮弯月是伊斯兰文化常见的符号。

(二) 区域文化平等观

多样性是区域文化的基本特征。联合国教科文组织通过《保护和促进文化表现形式多样性公约》,界定"文化多样性指各群体和社会借以表现其文化的多种不同形式""文化多样性体现在人类文化遗产通过丰富多彩的文化表现形式来表达、张扬和传承,也体现在借助各种方式和技术进行的艺术创造、生产、传播、销售和消费"。[2]

多样性的区域文化一律平等。任何一个文化都是当地人民长期劳动和生活的结晶,没有高低的区别。不能简单地判定哪一个文化是优等的,哪一个文化是劣等的。犹如不能简单地判定哪一个人种是优等的,哪一个人种是劣等的。

---

[1] 谭自强.图解跨文化交流学[M].西安:世界图书出版公司,2010.
[2] 联合国教科文组织.保护和促进文化表现形式多样性公约[Z].巴黎,2005-10-25.

民族中心主义把民族文化分成三六九等,认为本民族的文化最优秀,符合本民族价值观是正确的,不符合本民族价值观是错误的。极端的民族中心主义成为侵略的工具。

我国传统文化认同区域文化平等观。《礼记·礼运》说:"圣人能以天下为一家"。《论语·颜渊》说:"四海之内,皆兄弟也。""一家""兄弟"都反对把区域文化分成三六九等。

文化平等观包含区域文化间的和谐关系。一个国家的文化是不同区域文化组成的整体。犹如一个乐队,一个个区域文化演奏出不同的音调、音色。有的如钢琴清脆,有的如横笛悠扬,有的如手鼓节律,有的如提琴千回百转。色彩缤纷的世界文化由无数国家文化、民族文化组成。平等和谐是世界文化的内生本质。

(三) 区域文化发展观

每一个区域文化都有积极的因素,也有消极的糟粕。研究区域文化,要肯定积极因素,也要分析消极糟粕。区域文化发展的轨迹包含三个互相关联的要点:① 传承优秀文化基因;② 扬弃腐朽文化糟粕;③ 创造新的文化要素。

区域文化发展过程也是丢掉文化包袱的过程。从宋朝开始,汉族地区流行妇女缠足陋习,从幼童开始,把两足捆绑成"三寸金莲",摧残妇女身心健康。到20世纪初,缠足陋习逐步淘汰。

区域文化推陈出新有两类形态。一类是潜移默化,新文化通过传播、宣传、教育,逐渐淘汰旧文化。另一类是疾风骤雨,用行政、司法手段推行。

(四) 文化交流双赢观

文化交流是在不同的社会间、区域间和群体间出现的意识、信息和宗教等方面的流动。文化交流是文化发展的重要途径。佛教从印度传入我国是一次盛大的文化交流。季羡林说:"如果没有佛教的输入,东方以及东南亚、南亚国家今天的文化是什么样子,社会风俗习惯是什么样子,简直无法想象。"[①]

文化交流的重要形式是文化传播和扩散,由发源地向周边流动。文化交流有双向性和互动性。移民、游学、旅行、商贸、军事活动等人员来往推动文化交流。印刷物、电子信息、网络联系、影视传媒是文化交流的介体。随着科学技术发展,文化交流的规模在扩大,速度在加快。

---

① 季羡林.中印文化交流史[M].北京:新华出版社,1991.

文化资源有共享性。文化传播英文"communication"有共享信息的内涵。通过文化交流,可以吸纳彼此精华,抛弃固有糟粕,推动社会发展。任何一个区域文化,如果固步自封,拒绝吸收外来文化的优秀因素,就会落后,就会挨打。任何一个区域文化,采取开放政策,吸收其他文化的优秀因素,就会进步。一个国家,引进学习外来文化最努力的时期,往往是社会发展最快的时期。文化封闭阻碍社会发展,文化交流推动社会进步,这样的经验教训,在历史上反复出现。

《现代汉语词典》第六版收入239个西文字母。[①] 有120位学者为了保卫汉语纯洁性联名反对。其实西文字母向汉语渗透有利于信息交流、文化繁荣。例如,U盘,O型血,至今没有确切汉语译名。$PM_{2.5}$,译成汉语是"每立方米空气中直径小于或等于2.5微米的颗粒物含量",共有24个字,阅读和书写不便。

西方文化强调文明冲突的消极作用。从整体考察,不同文化接触时,积极面是主流。有生命力的文化会受到尊重。

文化复兴是螺旋式上升,形成新的文化。欧洲文艺复兴继承希腊传统文化的优秀内容,形成比希腊文化丰富的新文化。中国文化复兴,继承中国传统文化中的优秀因素,吸纳世界文化精华,形成全新的文化。

关于东西方文化消涨,有"三十年河东,三十年河西"说。大意是从16世纪以来,西方文化傲视世界,如今轮到东方文化再领风骚了。回顾历史,地域文化发展速度有差异。一段时期,个别地区文化发展快些,有些地区文化发展慢些。然而,一个地域文化复兴并不一定导致其他地区文化的衰落。一个地域的文化暂时停滞,可能在积蓄力量,迎接新的复兴。新世纪东方文化复兴并不是西方文化的衰落,东方文化复兴意味东方再次跻入世界发展的前列。西方文化仍然按照自己的轨迹前行。

二、区域形象

区域形象是区内外公众对区域的认知和评价。区内外公众的重点是"外"字,是外地公众的认知。本地公众有恋乡情结,往往缺乏客观比较。形象包括视觉形象和理念形象。视觉形象主要是实物形象。理念形象主要是非实物形象,包括市场秩序、法治水平、政府效率、社会风俗、教育普及。形象的主要载体

---

① 中国社会科学院语言研究所词典编辑室.现代汉语词典(第六版)[M].北京:商务印书馆,2012.

是人,是生活在当地的人群。

认识区域形象有认知、印象、信赖度和评价等层次。问一位初来的游客对本地的认识,一般回答:"好""好极了"。什么是好? 什么是好极了? 是模糊概念。人们将景观分为六级:① 叹为观止;② 景致卓绝;③ 别具一格;④ 风景宜人;⑤ 平凡无奇;⑥ 无足轻重。长城绵延万里,气势磅礴,发人深思,可以达到叹为观止等级。

"上有天堂,下有苏杭。"苏州人和杭州人对家乡有自豪感。深圳美名"创业之都",可以吸引海内外有志人士前来开拓创业。一个良好的形象,就是区内外人们的美誉。一个良好的形象,反映产品的格调和品位,便于产品的营销,便于开展区际协作,便于吸收区外资金。当人们用昂贵的价格购买法国香水和瑞士手表时,享受的是法国浪漫的文化和瑞士发达的科技,感知的是高贵的身份、豪华的气势。

区域形象设计是对原有形象的概括和提升。形象设计将区域和城市中的亮点概括起来,提出符合发展的方向,提升区域和城市的品位。

区域形象设计的主要原则是前瞻性原则和现实性原则。前瞻性反映发展的方向。现实性符合自然和人文背景,反映区域和城市的特征和面貌。形象设计的内容包括视觉形象和理念形象两大部分(见图11-2)。形象设计的过程包括调查分析、目标定位等阶段。组织实施和管理监督是实现形象设计的保障。媒体对形象的贡献不可忽视。电影《五朵金花》和《刘三姐》对提升云南大理和广西桂林的形象做出贡献。

2008年的北京形象设计是北京迎接奥运会的准备工作之一。设计方案将北京形象分成五大部分:① 建设形象;② 政府形象;③ 社区形象;④ 窗口单位形象;⑤ 市民形象。每一部分都包括若干细节。政府形象包含廉洁、精干、高效三要素。社区形象包含社区环境、社区医疗、社区文化、社区教育、社区商业、社区服务、社区体制等。[①] 在五大形象中,最可贵的是市民形象。何振梁说:"我不担心北京奥运会的硬件建设,然而,最能打动人的是什么呢? 是中国人民,是中国人的形象。这不是一两个月就能解决的,是长期素质的积累。这是北京奥运会的难点,解决好了,恰是北京奥运会的亮点。"游客到一个陌生的地方,令他们念念不忘的,往往是一些不经心的小事。例如,外国游客问路时,能够用英语回答,能够帮他们找到要去的地方。[②]

---

① 赵婷.专家为北京订制新形象[N].北京晚报,2002-07-08.
② 黄洁.设计北京新形象[N].北京晚报,2002-07-08.

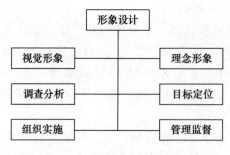

图 11-2 区域形象设计框架示意

三、文化区划

文化区的界线具有模糊性。文化区界线模糊性表现在三个方面：① 文化空间变化大都是渐变型；② 不同文化现象往往互相渗透，犬牙交错；③ 有些文化现象插花式分布，形成孤立的文化岛。

语言岛是文化岛的常见形态。广东惠东的军话，浙江苍南的金乡话和杭州话，都是不同时期形成的语言岛。640年前，明朱元璋在东南沿海建60多个卫所，调内地士兵驻守，语言和民俗迁入。广东惠东平海镇有8000居民，至今说军话，保留元宵花灯，三月三摆戏台等民俗，筑有完整的卫所城墙，方正的街巷。1991年平海古城评为广东历史文化名城。杭州话是南宋建都的产物，是唐宋官话和吴越方言融合的结晶。从建炎元年(1127年)到绍兴二十六年(1156年)，进入杭州的北方居民超过当地人口，在杭州老城和附近地段形成杭州话语言岛。杭州话具有吴语的一般特征，带有北方官话色彩和古汉语用词。杭州话与北京话相似点是都带"儿"音，花卷叫花卷儿，老头叫老头儿，石子叫石子儿。杭州话的儿音更普遍些，筷儿、领儿、镯儿、果儿、猫儿都带"儿"尾词音。

文化区界线的模糊性决定文化区层次宜少不宜多，文化区划界线宜粗不宜细。文化区划的主要原则是差异性原则、民族和语言原则、行政区原则。

差异性原则又称区内相似性和区外差异性原则，共同特征原则。对区域文化特征的概括和描述往往出现惊人的相似之处。比如大家都说这里的商帮是儒商，都有着诚实无欺、吃苦耐劳的优秀品德，都热爱家乡、济困行善，等等。既然所有的商帮都一个样，那就谈不上什么地域商邦文化特征。只有在把握中华文化整体特征的前提下，进行不同区域对比，才能发现真正属于本地区的文化特征。

民族是具有共同语言、共同地域、共同经济生活、以共同文化为基础的共同心理素质的人群。少数民族在长期历史发展过程中,创造了许多优美的诗歌、神话、传说、音乐、舞蹈、戏剧和美术作品,留下了多彩的服饰文化、丰富的饮食文化、灿烂的建筑文化。

行政区一旦形成,它的边界对社会和经济生活有重大影响。政府驻地是行政权力中心、文化信息中心、客货流通中心,各级行政区都是经济实体。行政区经济联系的内向性加强了文化上的统一性。江西省婺源县从唐朝中叶以来归属徽州,1949年才划入江西。一千多年的北向联系促成婺源与徽州文化的统一性,民风民俗、语言戏曲、建筑格局都酷似徽州。陕西汉中在元代以前归属四川,文化与四川有不少共性。

根据文化区域原则,中国文化区划分两个主要层次。

第一层次,按照东、西、南、北、中的方位全国分华北、东北、华东、华中、华南、西北、西南、港澳、台湾9个一级文化区。

第二层次,将省、自治区和直辖市做骨架组成二级文化区。

(1) 华北文化区,包括首都、天津、燕赵、三晋、齐鲁5个二级文化区。

(2) 东北文化区,包括关东和内蒙古2个二级文化区。

(3) 华东文化区,包括吴越、上海、八闽3个二级文化区。

(4) 华中文化区,包括中原、安徽、两湖和江西4个二级文化区。

(5) 华南文化区,包括岭南和八桂2个二级文化区。

(6) 西北文化区,包括三秦、甘陇、宁夏和新疆4个二级文化区。

(7) 西南文化区,包括巴蜀、黔贵、滇云和藏4个二级文化区。

(8) 港澳文化区,包括香港和澳门2个二级文化区。

(9) 台湾文化区。

中国二级文化区地域范围较大,内部差异明显,深入研究可以分出三级文化区。在关东文化区中,延边朝鲜族自治州是三级文化区的典型案例。

第十二章　华北文化区

华北文化区包括北京、天津两市,河北、山西、山东三省。

一、首都文化

北京是中华人民共和国的首都。首都地位决定北京文化的特征。

(一) 首善之区与城市功能综合化

北京建都是中国政治地理和军事地理态势的产物。北京位于华北平原、蒙古高原和东北平原三大地域的中枢。三大地域是中国近一千年来政治和军事最活跃的三大民族集团的根据地。契丹族、蒙古族、满族(女真族)入主中原,坐镇北京,进可以长驱南下,控制黄淮海流域和长江流域,退可以兼顾塞北和关外故里。汉族一统中华,坐镇北京,内可管辖九州,外可防御入侵。北京是节制三大地域的军事中心。在军事中心建立政治中心,将军事和政治融为一体,是国家长治久安的基础。

契丹耶律德光得到燕云十六州后,改幽州为燕京。公元 938 年辽在燕京设陪都,称南京。1153 年金海陵王完颜亮迁都北京,取名中都,是北半部中国的首都。1264 年元忽必烈定都北京,名大都。1403 年明永乐帝将首都从南京迁到这里,正式改名北京(见图 12-1)。北京一名沿用至今。历经元、明、清三代,加上北洋政府时期(1912—1928 年)和中华人民共和国,国家统一时期在北京建都前后 700 余年。

环顾全球,按城市功能分类,首都有两个类型。一类是单纯政治中心,首都规模较小,称一个百分点首都,人口约占全国 1.5%。美国的华盛顿、加拿大的渥太华、澳大利亚的堪培拉都是单纯政治中心。在政体上这类国家是联邦制,地方政府权力较大。另一类是综合功能的政治中心,首都规模比较大,可以达到占全国人口 1/3。日本的东京、英国的伦敦、法国的巴黎都具有综合性功能。丹麦哥本哈根,奥地利维也纳,首都大城市圈人口占全国 1/3。北京是具有综合功能的政治中心。

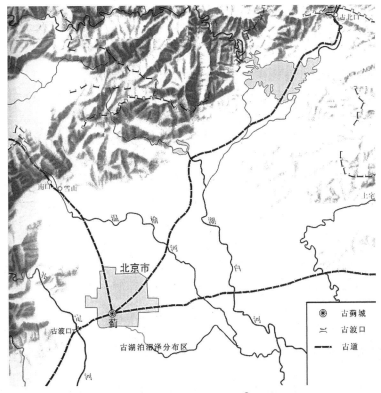

图 12-1 古代北京交通形势图①(侯仁之)

1. 历史背景决定北京向综合功能发展

中国封建社会经历诸侯分权到中央集权的过程。为了稳定庞大帝国的政局,必须实行中央集权,树立帝王权威,强本抑末,把首都建成首善之区。首都不但要管全国政治、军事,还要管全国经济、文化。由于功能综合,中国历代首都的规模都是惊人的。明朝以前,全国人口不超过6000万人,唐时的长安(西安),梁时的建康(南京),北宋的汴京(开封),南宋的临安(杭州),都号称有100万人。经过核算,元泰定四年(1327年)北京城市人口93万人,明万历六年(1578年)北京城市人口84万人。② 在那段时期,北京是高居世界首位的大城市。

2. 现行体制促进首都功能综合化

在计划经济时期,国民经济管理大权集中在首都,与经济管理有关的机构在首都。改革开放,实行社会主义市场经济,首都保持对全国经济生活的调控

---

① 张妙弟,李泃,张帆.图说北京城[M].北京:北京大学出版社,2011.
② 韩光辉.北京历史人口地理[M].北京:北京大学出版社,1996.

能力。全国性的企业,俗称带"中"字头的企业在首都。控制全国金融的银行总部在首都。北京具备经济管理中心、交通中心、信息中心、国际交往中心等功能。

3. 观念和政策也是北京城市功能综合化的重要原因

影响最显著的是首善之区观念。全国有什么重大举措,北京是首选之地。最大的图书馆在北京;最大的歌剧院在北京;举办亚运会和奥运会,首选之地是北京。进入21世纪,总部经济推动中国中心城市发展。企业总部迁入北京的原因之一是首都观念,首善观念,认为在北京建总部反映企业的身份和形象,企业才能做大做强。此外,在20世纪50年代还有两个观念推动城市综合化:① 认为北京是工人阶级领导的国家的首都,从政治稳定出发,必须扩大制造业,壮大产业工人队伍;② 认为服务行业是消费性行业。北京要从消费性城市转变为生产性城市,必须扩大制造业。

政策方面,比较典型的是财政政策。20世纪50年代工业利润和工商税是城市财政的主要来源。北京必须走"以工养城"的道路,扩大制造业,增加财政收入,支持城市基础设施和福利性服务业。

(二) 东富西贵与双中心

北京历史上东城多富商巨贾,西城多达官贵人、皇亲国戚。东富西贵是历史上形成的空间特征,对今天北京的布局有很深的烙印。

历史上北京出现东富西贵有环境背景。从元朝到清朝,大运河是北京对外联络的主渠道,通州是北京的大门。商贾从通州登陆,由朝阳门进城,在东城落脚。海运仓、禄米仓等重要仓库建在东城。北京城各个关厢中,朝阳门关厢是最繁华的。北京城西北有山川湖沼,景色秀丽,是皇家园林的主要分布区。城内的中南海、北海、后海,都在西侧。皇亲国戚、达官贵人的住宅,大都选在西城。至今西城多精美四合院。与东富西贵相关联的是北贫南贱。北城多贫苦市民。南城多戏院、杂耍、妓院等下九流活动场所。

鸦片战争后,外国在京建设使馆。使馆区选在东交民巷。国权沦丧,东交民巷成为列强行使特权的地方。从20世纪50年代起,陆续在建国门外和东直门外开辟使馆区。外向性的商务活动大都集中在这一带。"登长城,看故宫,遛秀水,逛三里屯",是外国人到北京必游的景点。第一使馆区东侧的秀水街是外销服装的零售摊位中心,富有东方民间商业特色。第一使馆区和第二使馆区之间的三里屯街是国际酒吧中心,有美式、德式、法式、日式酒吧80余家。也是北京时尚文化中心——先锋的音乐人,先锋的电影人,先锋的绘画人,先锋的作家,以至先锋的服饰人,在这里都可以使你得到灵感和享受。

与此同时,国家机关大批向复兴门外三里河一带集中,三军总部等重要军事单位也在西侧选址。地铁一号线和东西长安街延伸线取东西走向,加强了北京城市向东西两侧扩展的趋势。[①]

北京城区中央由故宫、天安门、太庙、景山等名胜古建占据,历史上商业活动分散布局。过去有"东四、西单、鼓楼、前门"一说;后来鼓楼一带渐渐衰落,形成东四、西单和前门三足鼎立的商业中心。改革开放后北京选择中央商务区时,出现东西之争。

东部以国贸大厦为中心,面积4平方千米,命名北京中央商务区。东部的优势是:① 近门性——离首都机场近,是京津塘高速公路出口,面向天津、塘沽、秦皇岛等海港,面向世界。② 外向性——各国使馆和外商驻京机构、涉外饭店、高等级办公楼云集,消费水平高,经济容量大。③ 开阔性——东向大平原,有广阔的发展空间。

西部西二环路东侧复兴门到阜成门1平方千米地段,命名北京金融街。西部的优势是:① 接近政治中心和文化中心。北京作为政治中心的核心是中南海,许多执行部门在三里河一带,文化中心在中关村。② 近山有水,景色秀丽。③ 地铁一号线贯通较早。金融街,控制全国60%的金融资产。国家金融监管机构,银行,保险公司,证券和国债结算公司以及通信企业,大都集中在这里。

由于历史的原因,北京出现两个中央商务区,一东一西,犄角而立。东区更具有外向性、国际性。西区是全国金融和经济管理中心,更具有内向性。目前中国实施社会主义市场经济体制,西区的政府色彩浓些,东区的市场色彩浓些。北京出现东西两个中央商务区从某种程度上说是社会主义市场经济体制在空间布局上的反映,也是历史上东富西贵空间结构的传承。

(三) 古都建筑风貌

首都地位给北京留下的建筑遗产主要有四个方面:① 中轴线和故宫;② "凸"字形的城廓;③ 胡同和四合院组成的街巷体系;④ 皇家园林。

中轴线是北京的核心,是一条政治线。北京与皇都有关的建筑大多安排在中轴线上或中轴线两侧。"不睹皇居壮,安知天子尊",故宫是中轴线的灵魂,是世界上现存规模最大的古代宫殿。整个中轴线以故宫为中心向南北延伸。中轴线上有天安门、前门、鼓楼、钟楼等建筑,中轴线两侧有天坛、先农坛等名胜。

北京城元朝始建,明朝定型,是中国城墙中最雄伟壮观的杰作(见图12-2)。北京城由内城和外城组成"凸"字形状。内城和外城分别承担不同的功能。20

---

① 目前,通州地区已作为北京城市副中心,开始进行大规模建设.

世纪 60 年代,城墙主体陆续拆毁,只在崇文门东北角等处保留小段遗址。从遗留的城门、角楼和二环路走向,可以看到"凸"字形城廓的痕迹。

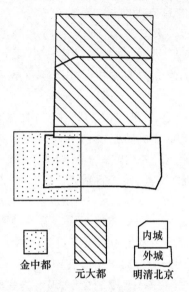

图 12-2　金元明清北京城墙变迁示意（侯仁之）
资料来源：侯仁之.北京城的生命印记[M].北京：三联书店,2009.

　　北京城有规整的街巷体系。胡同和四合院是北京街巷体系的基本单元。北京胡同在元大都时开始形成。元代规划的胡同以东西走向为主,可以阻挡来自西北的寒流。

　　"北京人建造四合院,四合院塑造北京人。"四合院是北京的典型民居,是东、西、南、北四座房屋连在一起的封闭式建筑。南北主轴安置主要建筑,东西安置次要建筑,大门一关,二门一闭,与外界完全隔离,适应长幼有序、内外有别的社会需求。四合院建制区别严格。走在胡同中,不必进院,从大门式样、屋瓦、脊饰、影壁,可以看出宅主的身份。围合式的方正院落,中央栽植葡萄架、果树,放几把藤椅,给人悠哉游哉、其乐融融的感受。

　　1986 年北京城区（东城区、西城区、宣武区、崇文区）有胡同 3665 条。到 2007 年只留下 1320 条,三分之二胡同在二十年内消失。胡同消失了,四合院没有立足之地。抢救胡同和四合院是保护北京古都风貌的当务之急。

　　北京是中国皇家园林最密集的地方。城内有北海、中海、南海三海,郊外有圆明园、颐和园,都是世界名园。

　　1860 年圆明园及其附近的园林惨遭英法侵略军焚毁。1900 年八国联军再次焚烧西郊名园。两次战争,北京古典园林损失惨重。

二、天津文化

(一) 天子渡口

认识天津文化可以从天津地名切入。天津的意思是天子渡口。天是北京。北京是皇帝居住的地方,皇帝称天的儿子、天子。津是渡口。渡口是居落兴起的最佳区位之一。天子渡口是通天的渡口,是渡口中的优质位置。

天子渡口的地理位置给这座城市的性质和文化打上深刻的烙印:一是保障京城供给;二是守护京城屏障。

天津的位置在海河五条支流的汇合处。北运河、永定河、大清河、子牙河和南运河在天津汇合成海河干流。海河干流从汇合处到大沽口只有73千米。南运河与海河干流汇合处三岔口是天津的发源地。

历代在北京建都,首先要解决粮食和物资供给。漕运有两条路线:一条河运,由南运河北上,到天津,改由陆路进京。北运河疏通后,到天津转北运河到通州。另一条海运,由黄海、渤海进大沽口到天津,改由陆路进京。无论哪条路线,天津都是转运站,都是保障京城供给的咽喉。

天津是海上进京的门户,是守护京城的要塞。明朝永乐二年(1404年)在这里建天津卫,筑城墙。天津卫城墙经过多次翻建,在道路走向和地名上有清晰印记。大批守护天津卫的官兵从南方迁入,成为天津居民的重要组成部分。清朝在大沽口筑起坚固的炮台。

语言是历史文化的活化石。天津方言又称天津话,词汇丰富,节奏清脆,生动幽默,贴近生活,受全国人民喜爱,在曲艺、小品中使用。天津方言分布在中心市区左近400余平方千米范围内,与外围地区的语音、词汇有明显区别,形成典型的语言岛。天津方言的形成原因可以追溯到建天津卫时迁入的南方移民。明朝军人是世袭的,家属随军迁移,他们的乡音成了天津卫的主流语言。当时移民主要来自安徽宿州江淮平原,天津话的发音受宿州固镇方言的影响。

(二) 开埠要邑

1860年第二次鸦片战争后,天津开埠,有九个国家在天津争设租界。这九个国家是英、美、法、德、日、俄、意、奥、比。如此多的国家瓜分一座城市在全国以至全世界都是罕见的。

天津是中国接纳西方文化最早的城市之一，是19世纪洋务运动的实验地。在洋务运动中天津兴起机器制造和造船等现代产业。1876年美国人贝尔发明电话，三年后天津便架设中国第一条电话线路。1878年，天津发行中国第一枚蟠龙邮票，成为中国邮政事业的诞生地。1902年天津出现有轨电车，几乎与世界有轨电车同步。天津有746幢历史风貌建筑。众多的小洋楼是天津独特的人文景观。这些洋楼融汇了哥特、巴洛克、洛可可等多种西方风格，称"万国建筑博览馆"。五大道有典型的英国乡间别墅区，环境幽雅，庭院深深。民主道有意式风情区。赤峰道有法式风情区。浦口道有德式风情区。[①] 改革开放后，天津在继承西方建筑风格基础上，开辟欧陆风韵、东方巴黎、意奥风情等文化旅游主题板块。中国和新加坡合作建设中新天津生态城，面积30平方千米，按照生态原则建设资源节约环境友好的宜居新城。

受河海交汇的影响，天津文化中海的韵味很浓。在天津饮食中，海鲜的地位突出。天津是中国北方妈祖文化的中心。天津民谚："先有天后宫，后有天津卫。"天后宫是纪念妈祖的庙宇。天后宫庙会兼有信仰、娱乐、商贸和民俗活动。在天后宫庙会基础上，天津多次举办妈祖文化旅游节，加强天津与海外侨胞的联系。

（三）京津互补

京津两市区位相近，文化互补。戏剧界有"北京学戏，天津成名"一说。天津是北方戏剧和曲艺集大成的地方。天津和北京两地艺人交流频率大，共同支撑戏曲文化的繁荣。回顾近代历史，天津是北京名人首选的寓所。北洋政府的五位总统（袁世凯、黎元洪、冯国璋、徐世昌、曹锟）在天津都有寓所。末代皇帝溥仪和不少清朝遗老在天津寓居。社会各界名流和著名文化人士，如梁启超、李叔同、严复等在天津留下社会活动的足迹。

高速公路和高速铁路缩短了京津两地的时间距离。从北京乘坐高速火车到天津只需半个小时。时间距离的缩短进一步加强两地文化的共生共荣现象。天津有海港运输的便利和大片开阔的滩地，北京研发、天津制造的分工相当普遍。飞机和航天设备制造是典型的案例。北京发挥研发优势，天津发挥制造装配和大型部件运输的特长，共同推进中国航空、航天产业的繁荣。2006年空中客车A320总装线落户滨海新区，带动了航空工业的崛起。

---

① 谢让志.解读人文天津[M].天津：天津人民出版社,2012.

三、燕赵文化

燕赵文化区相当于河北省。春秋战国时燕国和赵国的核心地区都在这里。

(一) 任勇好侠

燕赵文化区位于黄淮海平原北部。沿太行山东麓和燕山南麓是陆上交通大道,南来北往必经之地。黄淮海平原是农耕经济区,往北进入草原游牧地区。两个不同的文化在这里接触,给燕赵文化带来很深的烙印:胡汉杂糅,勇武任侠,慷慨悲歌,民风质朴。

燕赵一带历代军务繁忙。北方游牧民族多次南下中原,燕赵是主要通道。北宋南北对峙,主要在燕赵境内。

燕赵历史上武林高手辈出。清代有籍贯可考武状元93位,河北和京畿35位,占全国37.6%。过去商贾贩运货物,聘请镖师护行,防备盗贼。河北沧州一带多镖师。清朝康熙十五年(1676年),两个俄国力士到北京摆擂。皇帝放榜招贤。孟村拳师丁发祥刀劈"大牤牛",吓死"二牤牛",名噪京都,皇帝亲自授奖。1903年沧州"神力千斤王"王子平击败在沪摆擂的美国人沙利文、英国人乔治和法国人彼得。画家齐白石写下"南山搏猛虎,深潭驱长蛟"贺联,赠送王子平拳师。静海迷宗拳师霍元甲1909年在上海慑服俄国、英国和日本力士,经媒体传播家喻户晓。1923年俄国大力士裴益哈伯尔到沪参加德、英联合举办的国际拳击赛,蔑视华人是"东亚病夫",不与华人交手。定兴形象拳师朱国福打擂雪耻,双方签约"六个回合定胜负,打死无论"。到第四回合,朱国福使用"穿心崩拳",对方倒地不起,观众情绪振奋,簇拥英雄,雀跃欢呼,久久不肯离去。[①]

"上至九十九,下至刚会走,吴桥耍杂技,人人有一手。"吴桥成为杂技之乡,在国际上多次夺金披彩,是燕赵尚武任侠精神的延续。

(二) 慷慨悲歌

燕国荆轲受燕太子丹重托,南渡易水去刺秦王。《渡易水歌》:"风萧萧兮易水寒,壮士一去兮不复还。"司马迁称《渡易水歌》是"羽声慷慨"。羽是五音之

---

① 夏自正.燕赵文化卷[M]//蒋宝德.中国地域文化(下).济南:山东美术出版社,1997.

一,是五音中最高的声调。"羽声慷慨"是悲凉壮烈的高声调。

自古至今,燕赵文风有慷慨悲歌的烙印。唐代陈子昂是四川梓州射洪人。他降职后登蓟北楼,想起燕昭王重用乐毅一事,赋诗:"前不见古人,后不见来者,念天地之悠悠,独怆然而涕下。"燕赵大地的自然和人文环境触发诗人悲壮凄凉的共鸣。冀西民歌《小白菜》讲一个女孩的遭遇:"小白菜呀,地里黄呀,两三岁上,没有娘呀。跟着爹爹,还好过呀,只怕爹爹,娶后娘呀。亲娘想我,谁知晓呀,我想亲娘,在梦中呀。"曲调优美,歌词悲凉。歌剧《白毛女》选用《小白菜》曲调作主旋律,流芳百世。

与慷慨悲歌相应的是民风质朴。对燕赵民风质朴的评述不绝于史。《汉书·地理志》说:赵国"其民鄙朴,少礼文"。《隋书·地理专》说:"幽冀之士钝如椎。"椎是锤,含质朴和迂鲁双层意义。《宋史·地理志》说:燕赵"性质厚少文"。《明一统志》说:燕赵"民风质朴,男不惰游,女不冶容,专务力于农桑"。《雍正畿辅通志》说:燕赵"民质朴劲勇,不以浮华相尚,而以耕织为业"。

(三) 近畿文化

燕赵一带自古是中国北方文化中心的组成部分。西汉董仲舒,广川(河北景县)人,是中国儒学承前启后的学者。河北四大名胜——赵州安济桥、沧州铁狮子、正定兴隆寺铜菩萨和定县开元寺塔在全国有极高知名度。安济桥建于隋开皇年代(591—599年),是世上现存最早的单孔大型石桥。沧州铁狮子铸于后周广顺三年(953年),重40吨,是中国最大的铁狮子。兴隆寺铜观音菩萨铸于宋开宝四年(971年),由宋太祖赵匡胤下令铸造,高22米,由42条手臂组成。开元寺塔有11层,高84.2米,经历北宋五十五年(1001—1055年)才建成,是现存最高大的古塔。

元朝以来,北京定都,燕赵成为京畿腹里,天子近旁,燕赵文化具有近畿文化特色。元代采取行省制,燕赵一带大部分归中央省直接管辖。明代河北直接归京师管辖。清代京畿是独立的行政单元,周边设直隶省。承德避暑山庄和外八庙,遵化和易县的清代东西陵,都是近畿区位的产物。

改革开放以来,燕赵文化的飞跃同样得益于近畿区位。廊坊出现规模恢宏的大学城。正定和涿州出现仿古影视中心。地处北京、天津、保定腹地的雄安新区更是令世人瞩目。这些都与首都文化的辐射有关。

京津冀一体化,进一步激发近畿文化的潜力。

四、三晋文化

三晋文化区又称晋文化区,相当于山西省。春秋后期,魏、韩、赵"三室分晋",史称三晋。晋南是华夏文化发源地三河的一部分。尧都平阳(今临汾),舜都蒲坂(今永济),禹都安邑,都在晋南。从隋到五代,山西在全国政治和文化生活中都有决定性影响。隋唐立国,山西是重要后方基地。

(一) 古建之乡

山西有"中国古代建筑博物馆"的美誉,保存古建筑18 418处,包括城池、民居、寺庙、宫殿、石窟、古塔、陵墓、戏台、军事设施,以及石刻、雕刻、壁画、琉璃等。其中,最具代表性的是木结构古建筑,多达9053处。全省有辽金以前的木结构建筑106处,占全国同时期木结构建筑70%以上。全国5座完整的唐代木结构建筑中,4座在山西省:① 五台山南禅寺大殿,唐建中三年(782年)建,是中国现存最古老的木结构建筑;② 五台山佛光寺东大殿(见图12-3),建于唐大中十一年(857年),荟萃建筑、雕塑、绘画、书法四门艺术精华,是中国古代木结构建筑的杰出代表;③ 芮城广仁王庙正殿建于唐大中八年(854年);④ 平顺天台庵正殿。大同华严寺大雄宝殿是国内现存两座最大的辽代木结构建筑之一,大殿采用"减柱法"修建,面宽九间(53.75米),进深五间(29米),总面积1559平方米,气势雄伟。

北魏晚期(公元6世纪)始建的浑源县悬空寺(见图12-4)超奇出凡,巧夺天工。全寺建在恒山翠屏峰山腰部,木梁插入岩石,用十几根木柱支撑,寺底离河谷26米。远远望去,整座建筑像是攀附在悬崖上。[①] 应县佛宫寺释迦塔(应县木塔)建于辽清宁二年(1056年),与五台山佛光寺东大殿、天津蓟县独乐寺并称中国古建筑三颗明珠。塔高67.31米,是中国现存唯一纯木结构古塔,也是世界最高的古代木结构建筑。木塔用双层套筒式木构架,经历强烈地震岿然不动。全省保存有元朝戏台6座。临汾东洋村后土庙戏台元至正五年(1345年)建,是中国现存最古老的戏台。

在山西古建筑中有彩塑12 712尊,壁画27 259平方米,都占全国首位。南禅寺大殿唐代彩塑和晋祠圣母殿宋代彩塑是其中的极品。雕塑艺术大师刘开渠赞颂圣母殿彩塑是"古今中外历史最伟大的雕塑品之一",侍女群像"身体的

---

① 周苏平.三晋文化卷[M]//蒋宝德.中国地域文化.济南:山东美术出版社,1997.

图 12-3　五台山佛光寺(东大殿)(谢凝高)

图 12-4　浑源悬空寺(刘晓宇)

丰满与俊俏,脸形的清秀与圆润,各因性格和年龄大小而异。口有情,目有神,姿势自然、衣纹轻巧的动作,好像听见她的清脆的笑声,快乐的言谈,或不乐意的小小的风言风语,清楚地了解她们彼此间的思想感情"。[①]

---

① 张慧霞.山西旅游资源与开发研究[M].北京:中国财政经济出版社,2002.

山西能够成为古建之乡有历史和地理环境方面的原因。山西是群山环抱的盆地,不便大规模用兵,木结构建筑可以避免兵火洗劫。太原(晋阳)在唐朝前后有"龙城"别称。东魏、北齐、唐朝、后唐、后晋、后汉,都以太原为根据地夺取帝位。明朝初期山西南部是向外地移民的中心。洪洞县北1000米处有座广济寺,明洪武年间设局办理向外地移民的凭照川资事项。寺旁有棵大槐树,移民起程时依依惜别,路远了,村舍看不见了,只有大槐树和树枝头的老鹳窝映入眼帘,这棵老槐树和树上的老鹳窝成了移民怀念故里的标志。在兵荒马乱年代,山区环境相对安定,人丁相对兴旺。

(二)晋商崛起的背景

商帮是以地域为中心,以血缘和乡谊为纽带,以相亲相助为宗旨,以会馆为异乡联络中心的商人群体。商帮营造了独特的商帮文化。从影响的广度和深度比较,晋商和徽商是全国商帮的佼佼者。

山西商人又称晋商,雄踞中国商界500年。在晋商兴盛时期,山西形成重商的价值观念。民谚说:"生子有才可作商,不羡七品空堂皇。"[1]雍正年间山西刘于义上奏折说:"山右积习,重利之念甚于重名。子弟俊秀者,多入贸易一途,其次宁为胥吏,至中材以下,方使之读书应试。"雍正在奏折上批道:"朕所悉知。习俗殊属可笑。"[2]可见雍正深居内宫也了解山西重商的民风,只不过觉得有违传统观念,可笑可弃。

晋商崛起有区位、资源等原因,也有历史发展的机遇。这一机遇与明代北部边防形势相关。

明初,蒙元残部退到蒙古草原地带。蒙古骑兵频繁南下,对内地造成很大威胁。为了确保内地安定,明朝加修长城,建立军事防御体系,沿线屯驻大量军队。长城九镇边关地带驻军达80多万人(见表12-1)。这些军队的粮食供应,是朝政大事。长城一线干旱缺雨的自然环境,不能满足粮食供给的需求。在这样的背景下,"开中法"诞生了。明朝政府利用国家食盐专卖权,让商人运粮到边关,然后换给商人贩卖食盐的许可证——盐引,商人凭盐引到指定地点贩卖。盐是生活的必需品,获利丰厚。山西邻近北边。九镇中规模最大的宣府、大同两镇就在山西北部,加上山西和延绥,四镇占九镇兵额的45%,军需供给繁重。"开中法"的实施为山西商人发展创造了机会。山西商人利用区位优势,捷足先登,集盐商和粮商于一身。

---

[1] 聂昌麟.太谷曹家资本兴衰记:山西商人的生财之道[M].北京:中国文史出版社,1986.
[2] 〔日〕寺田隆信著.山西商人研究[M].张正明译.太原:山西人民出版社,1986.

表 12-1 明永乐年间(1403—1424年)九镇兵力部署[①]

边 镇	军队规模/万人	马匹数/万匹
辽东	9.5	7.7
蓟镇	8.6	2.2
宣府	15.1	5.5
大同	13.6	5.2
山西	2.5	0.7
延绥	8.0	4.6
宁夏	7.2	2.2
固原	12.7	3.2
甘肃	9.2	2.9
合　计	86.4	34.2

明代晋商崛起与当地物产有关。在各类物产中,位于解州附近的池盐尤其重要。中国古代重要的产盐地主要有四川井盐、山西池盐、沿海地区海盐以及宁夏池盐,这些产盐地的营销范围联州跨省。山西的铁和煤炭在明代已经开采,纳入商人经销的行列。位于晋东南的潞安府所产潞绸在北方颇有名气,是晋商经营特色商品之一。

明朝中期,"开中法"解体,晋商已经积累了雄厚的资本和丰富的经验。为了适应"开中法"解体后的形势,晋商经营上转型,活动范围由边关转移到内地,从黄河流域扩展到长江流域,从国内扩展到国外。经营的物品由盐、粮,拓展到棉、布、茶、颜料、煤炭、铁器、木材、烟草、人参等。

山西地近塞外,农耕民族与游牧民族在经济上有较强互补性,开展茶马互市。一部分晋商长期来往于草原与内地间,成为旅蒙商人的主力。张家口、包头、西宁、巴里坤、卜奎(今齐齐哈尔)等北方城镇的兴起,与晋商活动直接相关。包头本无城,乔姓晋商首先在东前街设复盛公商号,此后其他晋商逐渐聚集,形成商埠。西宁有"先有晋益老,后有西宁城"的传说。晋益老是西宁最早的商号。恰克图(旧称买卖城,在俄境部分仍称恰克图,在蒙境内名阿尔丹布拉克)和库伦(今乌兰巴托)也是晋商集中的地方。康熙年间就有山西商人来库伦经商,共有殷实晋商12家。当地商会组织由12家晋商各出一名商董组成,称十二甲首。

明清时期京城富贾以山西人为主。北京琉璃厂古董商大多来自山西。咸丰九年(1859年)开办德宝斋的刘氏,同治六年(1867年)开办英古斋的王氏都是山西襄汾人。

---

① 明会典(卷一二九),兵部一二.

（三）晋商的贡献

山西是一个四周环山、中间平坦的省份。受自然条件的限制，晋商主要集中在文化发达、交通便利、物资丰富的汾河谷地。明代大商人主要在晋西南蒲州一带。清代晋西南大商家相继衰败，晋中商人兴起，平遥、太谷、祁县、介休、榆次是晋商的核心地区。

晋商对中国的商业发展做出重要贡献。

1. 健全商业文化

晋商能够雄踞中国商界500余年，一些家庭能够绵延200余年，与晋商良好的经营作风相关。

晋商树立商业文化，重视传统文化教育，具有良好的心智素养。"诚招天下客，义纳八方财"是晋商价值观的体现。晋商敬奉关羽，晋商会馆把关羽作为义利相济的偶像供奉。晋商主张儒贾相通，延骋运筹帷幄的人才掌管经营大权。

晋商有比较完整的商业文化，以乡土和血缘关系为纽带，以会馆为活动场所。商号都立有号规，提倡敬业进取，发挥群体作用。

2. 创新商业制度

晋商实行股份制、经理负责制、学徒制、人身顶股制、账簿财会制。晋商与当地商人合作经营，立有契约，规定出资者与出力者分息比例。

晋商采用子母公司形式，总号在山西，分号遍及全国，远及日本、朝鲜以及东南亚、阿拉伯国家。19世纪末，晋商票号广布全国25个省和直辖市，在85个市镇设点。日本、朝鲜以及俄国、法国也有山西票号。

清道光年间，晋商首创票号。票号经营汇兑与存放款业务，可以免除商人长途携带巨款的不便，为晋商发展带来了新的契机。依托票号，晋商壮大了自己的经济力量，控制了全国金融活动。平遥城内的日升昌票号是最早开办汇兑服务的票号之一，在全国29个省域98个城镇有分号。在日升昌的影响下，票号、商号遍布平遥城内。全国票号51家，山西占43家，其中平遥有12家。

3. 具有皇商的功能

清中期晋商实力雄厚，清内务府采办宫廷用品大都由晋商操办。政府的京饷，各省的关税、海防、铁路、河工经费、赈灾款项，由晋商票号汇兑。光绪二十六年（1900年）庚子事变，慈禧太后西逃，途经山西，向晋商借银40万两，解皇室燃眉之急。事后，清廷令各省解京饷款，改汇山西票号。一时间山西票号几乎成了清廷的总出纳，有半个财政部的功能。

晋商大都在家乡修建豪宅。今天山西境内留下了多处著名民宅：祁县的乔家大院和渠家大院，灵石的王家大院，太谷的孔家大院等，都与晋商有关。这些大院建筑讲究，占地广大，是研究晋商文化的重要依据，是山西重要的人文景观。

五、齐鲁文化

齐鲁是山东省的代名词。春秋分封的齐国和鲁国以泰山为界。"泰山之阳则鲁，其阴则齐。"①

(一) 儒学故乡

曲阜是孔子的诞生地，是儒学的故乡。孔门弟子3000人，有籍贯可考的84人，鲁国占60人，齐国次之。②

曲阜成为儒学发源地，有农耕经济比较发达的基础，更重要的是传承了周室的礼乐文化和道德观念。鲁是周公儿子伯禽的封地。《左传》说："周之宗盟，异姓为后。""周礼尽在鲁矣。"③《史记》说："邹鲁滨洙泗，犹有周公遗风，俗好儒，备于礼。"④鲁与周室同姓，可以享用天子的礼乐。孔子在礼乐环境中成长，"孔子为儿嬉戏，常陈俎豆，设礼容"。⑤ 孔子自幼爱玩礼乐游戏，把方的圆的礼器摆列开来，拜揖行礼。

市场经济是诚信经济。诚信与儒学价值观相通。改革开放以来，山东是中国经济增长较快的地区之一，是中国的经济大省，除了沿海区位，诚信商德是重要原因。青岛为全国树立了两个榜样：一是名牌多；二是长寿企业家多。海尔是中国企业走向世界的样板。青岛有一批10年、20年叱咤风云的企业家，离不开企业家的素质和政府管理的软环境，离不开商德和政德。⑥ 淄博的焦裕禄和聊城的孔繁森是半个世纪以来鞠躬尽瘁好干部的表率，都是山东人。

---

① 史记·货殖列传.
② 刘德增.山东人[M].济南：山东人民出版社,1997.
③ 左传,隐公十一年,昭公二年.
④ 史记·货殖列传.
⑤ 史记·孔子世家.
⑥ 姜波.这里的大企业和企业家为什么这么多？[N].经济日报,2002-11-25.

（二）泰山岩岩

一山一水一圣人，泰山和孔子一样是山东的形象大使。泰山是五岳之尊。论高度，泰山高 1532 米，不如西岳华山（2154 米）和北岳恒山（2016 米）。论位置，泰山居东不居中。然而，泰山是中华民族精神的象征。配合 2002 年联合国"国际山地年"，中国举办"我心中的中华名山"活动。经过公众投票和专家评审，泰山得票高居榜首，是十大名山之冠。①

"泰山岩岩，鲁邦所瞻。"②这是两千多年前鲁国人民对泰山的颂扬。《礼记》说："泰，大中之大也。"③古代，泰、大、太、代四字相通。"重如泰山""稳如泰山"，泰山平地崛起，有高山仰止的敬畏感和稳固感。按照五德学说，泰山在东，主春，主生育，主仁德。《博物志》说："东方万物始成，故知人生命之长短。"《三国志》说："中国人以生死之神归泰山。"④

帝皇祭泰山称封禅。封是报天之恩，禅是报地之功。《史记》有两段记载。"齐桓公既霸，欲封禅。"管仲说："古者封泰山禅梁父者七十二家，而夷吾所记者十有二焉""及不可乎"？到管仲时，有 72 家到泰山封禅，能记起姓名的有 12 家，你齐桓公还不够格。

秦始皇统一六国后，进行大规模封禅活动。随后，汉武帝、汉光武帝、隋文帝、唐高宗、武则天、唐玄宗、宋真宗等相继封祭泰山。初期帝王封禅，乞求风调雨顺。到了秦始皇时，封禅意在巩固皇权，通过泰山，与天沟通，证明皇权受命于天。

民间崇敬泰山，乞求泰山神保佑，消灾祛邪，益寿添福，多子多孙。"泰山石敢当"碑是民间辟邪神石，是镇宅、护路、守村的灵物，常常嵌入墙中，独立路口。泰山碧霞元君和东岳大帝是民间信仰的重要神祇，分庙遍及全国，远至东南亚、日本。元君是道教女仙的尊称。泰山顶有碧霞元君祠。民间称碧霞元君为"泰山娘娘"，有送子、疗疾、保佑农事商贸功能。明万历二十一年（1593 年）立的《东岳碧霞宫碑》记："自碧霞宫兴，而世之香火东岳者咸奔走元君，近数百里，远即千里，每岁办香岳顶，数十万众。""香火自邹、鲁、齐、泰以至晋冀。"北京清时有碧霞祠十余座。朝阳门外东岳庙和妙峰山碧霞元君庙在明清时期香火极盛。⑤

---

① 蔡文清.中国今天首次权威评出中华十大名山[N].北京晚报,2003-01-17.
② 诗经·鲁颂·閟宫.
③ 礼记·曲礼.
④ 三国志·乌桓传.
⑤ 马书田.中国民间诸神[M].北京：团结出版社,1997.

几千年来,从帝王将相、文人墨客,到平民百姓,都对泰山顶礼膜拜,留下浩瀚的文化遗产。从泰安城登顶,三里一旗杆,五里一牌坊,一路文物一路景。庙观、楼阁、门座、碑文、石刻,首尾相接,蔚为壮观。碑碣如林成大河,泰山有历代书法艺术博览馆的美誉。往返20千米的登山路途,古人的摩崖石刻(见图12-5)、碑碣题记,处处可见。真、草、隶、篆等书体,颜、柳、欧、赵等风格,应有俱有。

图 12-5　泰山石刻(谢凝高)

泰山西北灵岩寺泥塑称"海内第一名塑"。灵岩寺建于前秦苻氏皇始元年(351年),群山环抱,松柏苍翠,与浙江天台国清寺、江苏南京栖霞寺、湖北当阳玉泉寺共称"天下寺院四绝"。寺中千佛殿建于唐代,40尊宋代泥塑造型生动,神态逼真,肋骨突起,血管流畅,有强烈生活气息。

泰山是文人墨客游览赞颂的胜地,留下的无形文化遗产不胜枚举。杜甫"会当凌绝顶,一览众山小",描绘雄伟的岱宗,意喻人生的哲理,成为千古绝唱。[①]

(三) 豪放热情

豪放、热情、刚烈,是山东人性格的特征。瓦岗寨里的程咬金,梁山泊上的李逵,虎背熊腰,豪迈神威,是山东人的形象。

山东人讷于言力于行,喜欢开门见山,单刀直入。孔子说:"巧言、令色、足

---

① 谢凝高.中国的名山[M].上海:上海教育出版社,1987.

恭,左丘明耻之,丘亦耻之。"①左丘明和孔子都是山东人,都不喜欢花言巧语、表里不一、过于卑恭的人。

山东快书《武松打虎》开场是:"闲言碎语不要讲,单表一表好汉武二郎。"没有铺垫,第一句话就把主人公点了出来。山东快书《大实话》:"春季里刮春风,黑了天就上灯,生来的老鼠会打洞,麦子能推面,芝麻能打油,脖子上面长个头,砂锅打了一定漏。"句句大实话是山东人胸怀坦荡、感情直露的艺术写照。有一个流传很广的故事,反映山东人憨直热情的性格。一个外地人路过本乡,碰上大雪天气,向一位老者请问什么地方能找到旅店,老者摇头不答。那人又向老者求宿,老者说:"你张口就找旅店,俺当你嫌俺家肮脏,容不得你这个贵客。"老者把客人安置在客房里,去了。客人不敢再兴求食之想,就饿着肚子睡了。一会儿老者转来,一看客人上了床,勃然大怒,骂道:"你怎的这么看不起人?当俺一顿饭也管不起你?"客人举目一看,竟然摆下好几样菜肴,有酒有肉。大雪数日不停,老者天天酒肉招待。雪霁日,客人不敢不告而别,留在客房里等。老者出来,一看客人没走,怪生气地说:"怎么,你想叫俺养你一辈子吗?"客人表示连日打扰,于心不安,想付给老者饭钱。老者大声嚷道:"你从哪点看俺像卖饭的?"客人急忙收回钱来,向老者道谢。老者更火了:"谢啥?几顿饭也不能把俺吃穷喽!"②

英雄豪杰是山东文艺创作的重要主题。"山东豪杰"一词在隋末唐初开始出现。《说唐》和《水浒》是描写山东豪杰的古典名作。20世纪50年代《林海雪原》和《铁道游击队》出自山东作家曲波、刘知侠的手笔。山东的地方剧种,如吕剧、山东梆子、柳琴戏、五音戏、山东快书、山东八角鼓等,都有丰富的英雄豪杰剧目,与江南剧种以才子佳人剧目为主形成鲜明对比。③

豪饮是山东人豪放的表现。"唯酒无量,不及乱。"④孔子认为饮酒不必限量,只要不喝醉就是了。酒仙李白40岁上到山东,他感觉像回到家乡。他写了首《客中行》诗:"兰陵美酒郁金香,玉碗盛来琥珀光。但使主人能醉客,不知何处是他乡。"济南府女词人李清照不少神来之笔与酒有缘。《如梦令》:"昨夜雨疏风骤,浓睡不消残酒。试问卷帘人,却道海棠依旧。知否,知否,应是绿肥红瘦。"说的是一夜酣睡,酒意还没有消退。孔子的二十世孙孔融有一篇颂扬饮酒的文章。他举例尧、孔子、樊哙、刘邦,纵述饮酒对历史的贡献,结论是:"酒之为德久矣。"⑤

---

① 论语·公冶长.
② 杨念慈.故乡的民性[M]//蔡栋.南人与北人.北京:大世界出版有限公司,1995.
③ 魏建.齐鲁文化与山东新文学[M].长沙:湖南教育出版社,1995.
④ 论语·乡党.
⑤ 后汉书(卷七十)·孔融传.

第十三章 东北文化区

东北文化区包括辽宁、吉林、黑龙江三省和内蒙古自治区。

一、关东文化

关东一词,从明朝开始流行,指山海关以东的辽宁、吉林、黑龙江一带地区。

(一) 关东文化的背景

有两个因素对关东文化有深刻的影响。

1. 寒冷漫长的冬季,富饶辽阔的大地

关东冬季漫长寒冷,衣食住行、民风民俗、文艺戏曲都要与它适应。关东自然界大气磅礴,有大江、大河、大平原、大森林、大油田,熏陶出东北人喜大求大的习性。人们不拘小节,愿意挣大钱,对小钱不屑一顾。东北耕地的单位叫垧,一垧等于关内15亩。满族民歌:"背长弓,骑大马,大酒葫芦腰上挂。"

2. 大规模的民族交融和人口流动

阜新出土的红山文化层中有距今7000～8000年的玉器,是世界上已知最早的玉器。东北地区7000年前已经有人类活动,创造发达的文化,说明华夏文化既有中心又有多元。历史上在东北地区活跃的民族有朝鲜、东胡、扶余、契丹、女真、蒙古等。朝鲜族建立的高句丽第一代都城在桓仁县,第二代都城在集安市。契丹、女真(满)曾经建立辽、金、清皇朝,进驻中原,成为华夏二十五史的重要组成部分。东北各族建立的王国与中原文化有密不可分的联系。晚唐诗人温庭筠《送渤海王子归本国》诗:"疆理虽重海,车书本一家。盛勋归旧国,佳句在中华。"车书本一家指渤海国文化与中原文化有同一性,最后一句说明王子对中原文化有很高造诣。

对关东的大规模移民出现在19世纪下半叶到20世纪初。清政府为了保护"龙兴之地",从康熙七年(1668年)起,对关东实行长达200年的封禁。鸦片战争以后,特别是1860年《瑷珲条约》以后,东北疆域逐步沦丧,清政府不得不开禁。山东、河北等省贫苦农民蜂拥流入,称下关东、闯关东。从1862年到

1908年东北人口增加两倍以上,达到2000万人。[①] 闯关东突出一个闯字,比一般移民更加艰辛,沿途"经常可以看到,面黄肌瘦的男子用一副扁担挑着嗷嗷待哺的婴孩和鬓发斑白的老母,破衣烂衫的妻子跟随在丈夫的后面,或顶风冒雪,或头顶烈日,在荒无人烟的大地上,一步步向北走着"。[②] 闯关东大多从事采参、采蜜、伐木、挖煤、淘金、拓荒等行业,吃大苦、耐大劳,既要防御漫天风雪、虎豹狼虫,又要躲避官府豪霸卡压打捕。

(二) 虎、实、乐的东北人

虎、实、乐是东北人性格的主要特征。

虎是虎头虎脑,剽悍勇武。东北原居民以渔猎为主,勇武善骑。早在渤海国时,便有"三人渤海当一虎"说。早年东北汉人,大都随军队征战和流放迁入,历尽艰难辛苦。闯关东的难民,只有敢闯敢拼,虎虎生威,才能站住脚跟。

实是实在,待人实,办事实,肚子里弯弯肠子少,说话办事擀面杖捅炉子,直来直去。实心实意,好客乐施是东北人崇尚的道德标准。矫揉造作,花说柳说,假模假样,是最厌恶的行为模式。东北农村百姓来自四面八方,众姓杂居,不像关内,同村同姓,一个老祖宗传下来。东北人宗法观念比较淡薄,豁达、包容、大度,人际关系比较容易处理。天寒地冻,旷野榛莽,需要人们团结互助。闯关东的百姓互助协作,共同战胜严酷的自然。前些年黑龙江漠河出现日全食,天文爱好者大批涌入,旅馆住满了人,当地人主动将素不相识的旅游者带回自己家去住,在东北是一般人的常情。邻里之间,"隔着墙是两家,拆了墙就是一家"。这是东北人挂在嘴上的话。

乐是快乐,达观,向上。东北人开拓榛荒原野,战胜天寒地冻,培养积极向上的进取精神。人们说话大大咧咧,吃饭随随便便,干活粗粗拉拉,一天到晚嘻嘻哈哈。东北人无福也求福,无禄也求禄,无喜也到处张贴"抬头见喜""出门有喜"大红对联。虎得发狂,实得过度,乐得忘形,是东北人的典型性格。

虎、实、乐相结合,必然是"火辣辣的心,火辣辣的情"。正如《关东恋》说:"关东的歌关东的酒,关东的小伙关东的妞,关东人想爱就爱个够呀,关东人要走就一去不回头。"[③]

---

① 葛剑雄.简明中国移民史[M].福州:福建人民出版社,1993.
② 李德滨.黑龙江移民概要[M].哈尔滨:黑龙江人民出版社,1987.
③ 王启忠.关东文化卷[M]//蒋宝德.中国地域文化.济南:山东美术出版社,1997.

(三) 东北十大怪

东北是一个完整独立的地域单元。十大怪是对东北人文环境的形象概括(见表 13-1)。

表 13-1 东北十大怪及其背景

内　容	背　景
草坯房子篱笆寨	就地取材建屋修篱笆防野兽
烟囱安在山墙边	延长烟道热炕取暖
窗户纸糊在窗外	寒气使窗户纸永冻不易破
四块瓦片头上盖	帽檐翻下可防风取暖
十七八岁姑娘叼个大烟袋	冬季长,吸烟休闲
养活孩子吊起来	安全省力
大缸小缸渍酸菜	保存期长,备冬半年食用
苞米楂子芸豆饭	产啥吃啥
豪饮啤酒论箱买	反映粗犷豪爽的性格
宁舍一顿饭,不舍二人转	二人转反映东北人虎、实、乐的性格

　　草坯房子篱笆寨是东北农民的主要居住形式。由于房基地比较宽绰,家家修建草坯房子篱笆寨,经济实惠,冬暖夏凉,可以防避野兽。烟囱安在山墙边,窗户纸糊在窗外,都是防寒措施。烧炕是东北农民取暖的方式。烟道穿过全屋,到山墙根引出,可以充分利用热量。室内外温差大,室外地冻天寒,纸糊在窗外,处在永冻状态,不容易破损。贴纸时,和风的走向一致,容易贴实。如果糊在窗内,室内温暖,融化冰霜,纸很容易破损。

　　四块瓦片头上盖,说的是老农戴的毡帽四边有四块长舌,一遇寒风,可以翻下来保暖。养活孩子吊起来据说来自满族、锡伯族、鄂伦春族狩猎生活。孩子吊在树上既安全又省力。如今悠车、悠筐吊在屋里,推一下到停下来悠动十几个来回,麻利的女人可以去挑一趟水。悠车有小小凉风,可以消除孩子热汗,还可以防蚊虫叮咬,防狗猫抓挠。[①]

　　粗拉拉的天,粗拉拉的地,东北人风风火火,没有耐心去做精雕细刻的菜肴。大缸小缸渍酸菜,苞米楂子芸豆饭,说的是与气候、民性相适应的饮食习俗。东北蔬菜生长季短,品种单一,白菜萝卜是半年当家菜。除了窖藏,最好的保存办法是腌制酸菜,也叫渍酸菜。家家户户都用大小菜缸渍酸菜。猪肉酸菜

---

① 杨军.俺们东北人[M].长春:吉林人民出版社,2002.

砂锅、酸菜氽白肉是东北常见的菜肴。

浓烟烈酒大碗菜,豪饮啤酒论箱买,反映东北人豪放的饮食习惯。上山伐木,下井挖煤,刨冰叉鱼,要借酒壮胆驱寒,借酒防蚊叮蛇咬。在哈尔滨,"两个小伙子,在三伏天,在一家小酒馆里,喝一箱 24 瓶的啤酒,是一桩很平常的事"。[①] 喝起来,可以不用酒杯,打开瓶盖,往肚子里灌,一瓶啤酒,三口两口喝完。这样喝法,叫吹喇叭。农村有客喝烈酒,放倒几个是乐事。东北冬季挂锄"猫冬""三个月过年,三个月休闲",生活枯燥,十七八岁的姑娘也抽烟消遣。随着文娱生活多样化,基础教育普及化,电子传媒大众化,十七八岁姑娘叼个大烟袋的习俗渐渐消失了。

二、延边朝鲜族文化

明末清初,朝鲜族贫困农民开始大批迁入东北。首先在鸭绿江一带落脚,随后向图们江流域屯居,最后深入到东北北部和内蒙古东北。朝鲜族聚居最密集的地区在图们江流域,延吉、和龙、龙井等 10 万以上人口的城市离图们江都在 40 千米以内。朝鲜族是种稻能手,在河谷平原聚居。在东北旅行,看到朝鲜族聚居的村庄就可以看到水田风光。看到水田风光,附近一定有朝鲜族居住的村庄。东北朝鲜族主要聚居区建立延边朝鲜族自治州和长白朝鲜族自治县。[②]

勇于献身,重教尚学,尊老爱幼,能歌善舞,酷爱体育是朝鲜族文化的主要特征。

解放战争时期东北三省有 6 万多朝鲜族青年参军,占解放区朝鲜族人口 5%。延边一地,就有朝鲜族烈士 1.3 万余人。

"宁肯卖掉黄牛,也要供子女上学。"朝鲜族父母注重子女的知识、品德和礼貌教育。延边地区 1952 年普及小学教育,1958 年普及初中教育,高中教育十分普遍,七八十岁的老人能读书看报。朝鲜族为国家输送了大批杰出的科学家、工程师和文学艺术工作者。

隆重庆祝老人节和儿童节,反映朝鲜族尊老爱幼的传统。1982 年延边地区将 8 月 15 日定为老人节,各单位都举行庆祝活动。朝鲜族家庭大都为年满花甲的老人举办祝寿仪式,儿女们欢聚一堂向老人跪拜敬酒祝贺。晚辈见长辈施礼问候,在长辈前不饮酒,不吸烟。六一儿童节是延边最热闹的节日。节日那

---

① 阿成.哈尔滨人[M].杭州:浙江人民出版社,1995.
② 沈惠淑.中国朝鲜族聚落地名及其人口分布[M].延吉:延边大学出版社,1994.

天,男女老少穿上漂亮的民族服饰,带上美味佳肴,到公园举行庆祝活动,观看孩子们的文艺表演。关心儿童,爱护儿童,寄托着民族兴旺的良好愿望。

朝鲜族是一个以水为净的民族,注重仪表,爱好清洁。女性的服饰袄短裙长,搭配漂亮的颜色。胶鞋多白色,形状像小船,前面有上翘小勾,叫"勾勾鞋"。男性服饰颜色单一,飘带短,衣长,腰宽松肥大,裤腿和裤裆宽松,适合盘腿而坐,裤脚用带扎紧。随着生产的发展,绸缎、混纺织物等面料替代棉、麻织物,颜色更加艳丽。朝鲜族儿童的服饰漂亮。男女儿童的上衣袖子用红、绿、黄、蓝相间的七色布料镶成,鲜艳夺目。

朝鲜族酷爱音乐舞蹈。李白《高句丽》诗描绘朝鲜族舞蹈的美姿:"金花折风帽,白马小迟回。翩翩舞广袖,似鸟海东来。"朝鲜族分布区,各乡、镇都有文化站,普及群众歌舞。男女老幼都会唱《道拉基》等民歌,都会跳《阿里郎》等民间舞蹈。每逢节日,群众在流畅的音乐配合下,引颈翘足,彩带挥动,长袖飞飘,如仙鹤展翅。朝鲜族涌现一批知名的音乐家。《中国人民解放军军歌》作者是朝鲜族音乐家郑律成。

摔跤和跆拳道是朝鲜族男青年喜爱的传统体育活动,反映男子勇猛刚强的性格。按照惯例,摔跤比赛优胜者,可以得到一头大黄牛奖励,身披彩绸,骑大黄牛绕场一周。众人载歌载舞,热烈祝贺。秋千和跳板是朝鲜族女青年喜爱的传统体育活动,展示飘逸、温雅的女性美。延边足球运动比较普及。早在20世纪60年代,延边就是中国足球运动的重点发展区,为国家输送足球精英。

集安东洞沟发现的墓葬反映朝鲜族歌舞和摔跤历史悠久。墓葬年代在4—6世纪高句丽时期。舞俑墓壁画中有两男四女翩翩起舞,两臂后伸,蹑步向前,长袖飘垂,排成雁行;另有男女七人伴唱。角抵墓壁画中有两男子角斗,互相提着对方裤腰,不分胜负,旁有一老人助兴,诙谐有趣。[1]

朝鲜族以农耕为主,谷类是主食,遇年过节爱吃打糕、松饼、蒸饼。烤肉、泡菜、冷面和拌饭是朝鲜饮食四味特色。烤肉以牛肉为主,也用牛排、五花肉、狗肉。吃时用生菜和芝麻叶包着,夹些生蒜、小椒,别有风味。泡菜是朝鲜族家常菜。朝鲜人常说:"没有泡菜,吃饭没味。"泡菜主要原料是大白菜,各类蔬菜都可泡制,辣中带甜,咸中透酸,清香脆嫩,生津开胃。冷面又称长寿面,用荞麦和土豆淀粉加工。面上放肉片、蔬菜、鸡蛋,光滑爽口鲜美。拌饭是在烧烫的石质大碗内,放入白米饭、肉、鸡蛋、黄豆芽等蔬菜,调入辣酱,搅拌食用。上面米饭柔软,下面碗底结成脆硬锅巴,香味扑鼻。

---

[1] 葛晓音.中国名胜与历史文化[M].北京:北京大学出版社,1999.

三、内蒙古草原文化

(一) 草原背景

内蒙古地域东西距离约 2400 千米,有草原约 80 万平方千米。呼伦贝尔、锡林郭勒都是著名的优质草原。蒙古文化植根于大草原。在草原上,游牧是主要经济活动。马是代表性的家畜。蒙古舞蹈、民乐、歌唱都围绕着马。蒙古文化又称马背文化。

辽阔、清新、壮丽、寂寥、艰苦是草原景观的特色,对草原文化有深刻的烙印。

(1) 辽阔——举目四望,天地相连,平坦浩瀚,无边无际;
(2) 清新——蓝天白云,晴空万里,空气清新,少有污染;
(3) 壮丽——马群奔驰,牛羊满坡,绿草如茵,湖水如镜;
(4) 寂寥——人烟稀少,居民分散,空廓沉寂,幽静闭塞;
(5) 艰苦——隆冬严寒,大雪成灾,风沙肆虐,干旱少雨。①

草原游牧生活具有游动性,分散性。平沙无垠,人迹罕见,绿草深深,人家疏散。草原自然色调比较单一。举目四望,就是四种基本颜色:蓝蓝的天空,洁白的云彩,碧绿的草场,深褐的土地。生活在草原上的蒙古民族喜欢光亮艳丽的色泽,可以与自然背景调剂互补。建筑和服饰爱用浓重的大红、深蓝、金黄、古铜。蒙古袍、摔跤服、帽子、头饰、坎肩都刺有多彩的图案。金碧辉煌的喇嘛庙在草原中有万绿丛中一点红的效应。圆锥形的蒙古包与笼罩四野的太空构成和谐的画卷。东蒙民歌:

> 因为仿照蓝天的样子,才是圆圆的包顶;因为仿照白云的颜色,才用羊毡制成。这就是穹庐——我们蒙古人的家庭。
>
> 因为模拟苍天的形体,天窗才是太阳的象征;因为模拟天体的星座,吊灯才是月亮的圆形。这就是穹庐——我们蒙古人的家庭。②

有两首歌颂蒙古草原的绝唱,集中反映草原风光。一首是 1500 年前北朝民歌:"敕勒川,阴山下。天似穹庐,笼盖四野。天苍苍,野茫茫,风吹草低见牛

---
① 奎曾.草原文化与草原文学[M].呼和浩特:内蒙古大学出版社,1997.
② 王迅,苏赫巴鲁.蒙古族风俗志[M].北京:中央民族学院出版社,1990.

羊。"另一首是当代《牧歌》："蓝蓝的天空上飘着那白云,白云下面盖着雪白的羊群。羊群好像是斑斑的白银,撒在草原上多么爱煞人!"两首民歌,异曲同工,赞颂草原的辽阔、清新、徐缓和雄浑。

(二) 草原文化特征

辽阔的草原,苍茫的大地造就蒙古人豁达的胸怀。恶劣的气候,野兽出没的环境使蒙古人养成骁勇剽悍的性格。诗人布林贝赫说:"清新的空气,明丽的阳光,晶莹的露水,给了他们单纯的心灵;苍茫的原野,狂暴的风雪,严峻的天空,给了他们粗犷的性格。"[1]

在千里草原上,曾经有匈奴、室韦、东胡、鲜卑、柔然、乌桓、回纥、契丹等民族。这些民族大都来去匆匆,有些不知所终。原因之一是草原民族博大包容,互相融合,兴衰相继,繁衍嬗替。最终传承草原民族的主要是蒙古族。历史上曾经逐鹿中原的鲜卑人、契丹人在种族上与蒙古族有传承关系,语言上都属于阿尔泰语族。历史上蒙古民族对不同宗教、不同民族、不同文化采取兼容并蓄态度。"成吉思汗命其后裔切勿偏重何种宗教,应对各教之人待遇平等。"佛教、道教、伊斯兰教、基督教都可以为宫廷服务。元世祖忽必烈是宗教平等观的实践者:他的母亲是基督教徒。他本人拜藏传佛教喇嘛八思巴为国师,为道徒邱处机在北京建白云观道观,任佛教徒耶律楚才以要职,亲自参加基督教的节日集会。

在寂寞环境上形成的长调拖腔,是蒙古民歌的特色。长调蒙古语"奥尔图音通",字少腔长,旋律舒缓,音域开阔,节奏自由。扎奇斯钦对长调与环境的协调关系有细致的分析:"游牧社会的日常生活是比较寂寞一些。在自己居家之外没有邻居。纵有一家,也是离得很远。所以平时除偶然的风声和家畜声音之外,是没有什么音响的。""为了打破寂寞,蒙古人常常唱歌,或是吹口哨,有时也只有对自己歌唱而已。尤其是单人骑在马上,在一望无际、渺无人烟的草原上,更是如此。"[2]长调适应辽阔寂寞的草原环境,体现草原儿女博大坦诚的胸怀,温馨壮美的气度,骁勇刚毅的性格。长调是《赞歌》和《走上这高高的兴安岭》等经典歌曲的创作基础。

马是蒙古牧人的助手,是蒙古牧人远行的伴侣,是蒙古民族强大战斗力的依靠。蒙古民歌、祝词、神话、传说、史诗等民间文学,蒙古音乐、舞蹈、美术、杂技等文艺,都与马相关。从马背生活中提纯的抖肩、翻腕、策马动作是蒙古舞的

---

[1] 巴·布林贝赫.大地的引力[M].北京:人民文学出版社,1983.
[2] 扎奇斯钦.蒙古文化与社会[M].台北:商务印书馆,1988.

特色语言。《驯马舞》《挤奶舞》《接羔舞》《擀毡舞》《打草舞》源自游牧生活。马是蒙古民族赞颂的对象,是蒙古雕塑刻画的主要内容。以马为主题的民歌,在东蒙地区有《俊美的小白马》《漂亮的黑骏马》《孤独的小马驹》等,西蒙地区有《三匹黑枣骝马》《天马驹》《铁青马》等。马头琴是蒙古族的特色民间乐器,因琴杆雕刻马头得名。马头琴的弓在弦外,不在琴弦中,可以自由拉奏,琴声低沉、柔和、悠扬,富有草原气息。马奶酒是牧民酷爱的饮料。

草原文艺活动赞颂游牧生活,适应游牧生活。牧民居住分散,巡回是最有效的形式,巡回演出、巡回展览、巡回放映、巡回宣传、巡回医疗都采取巡回方式,乌兰牧骑、马背文化站、驼背文化站盛行。民间流传的曲艺,如即兴表演的"好来宝",手持马头琴说唱"朝尔齐",都不需要固定的场地。

敖包是石块堆成的圆形土包。按照萨满教遗风,敖包是多种神灵聚居的地方。祭敖包是草原盛大的节日。在祭敖包基础上,发展成"那达慕"。"那达慕"在蒙古语意为娱乐、游戏、欢庆丰收。会上举行射箭、骑马和摔跤比赛,称"蒙古好汉三艺",反映蒙古人民剽悍的性格。一处举行那达慕,数百里外的牧民都赶来助兴。

第十四章 华东文化区

华东文化区包括上海市和江苏、浙江、福建三省。

一、吴越文化

吴越文化区包括江苏省和浙江省。春秋战国时期,这里是吴国和越国的领地。长江三角洲是吴越文化区的核心。"上有天堂,下有苏杭"。苏州和杭州都在本区。

(一) 文物之邦

长江三角洲的自然条件和地理位置得天独厚。太湖平原土地肥沃,气候湿润,雨水充沛,四季分明。碧波万顷的太湖和星罗棋布的中小湖泊,密如蛛网的河渠,孕育丰富的鱼蟹虾蚌,保障农田的灌溉排涝(图 14-1)。横贯东西的长江,穿越南北的京杭运河,面向东海的港湾,带来舟楫交通的便利。在农耕文明时期,太湖流域是发展经济的宝地。仓廪实而知礼节,衣食足而知荣辱,殷实的农耕经济是文化发展的物质基础。唐朝安史之乱以来,吴越逐渐兴起,成为文物昌盛第一邦。全国六大古都中,在南方的两座古都南京和杭州在吴越。

图 14-1 杭州西湖(谢凝高)

明清两朝,全国文科状元209位,其中108位来自吴越。在诗词歌赋、绘画书法、书院藏书、戏曲曲艺、园林建筑等方面,吴越在全国都有显赫地位。乾隆时修编《四库全书》,初抄四部,藏在京师左近,称内廷四阁:① 文渊阁在故宫;② 文源阁在圆明园;③ 文溯阁在沈阳;④ 文津阁在承德。后加抄三部,全在江浙,称江南三阁:① 文澜阁在杭州圣因寺;② 文宗阁在镇江金山寺;③ 文汇阁在扬州大观堂。杭州文澜阁的《四库全书》至今保存完好。

明代戏曲有昆山、海盐、余姚和弋阳四大声腔,前三个声腔出自江浙。其中昆山腔"流丽悠远,出乎三腔之上,听之最足荡人",视为正音雅部。① 由昆山腔演进的昆曲执中国剧坛牛耳二百余年。昆曲剧目作家都是才华横溢的士大夫,文笔优美,思想深邃,赋予昆曲较强的艺术性和思想性。2001年5月28日,联合国教科文组织审定昆曲是世界"人类口头和非物质遗产代表作"。1790年徽班进京,奠定京剧基础。以三庆班为首的四大进京徽班都来自扬州。

苏州园林能够在世界上独树一帜,基础是多水的自然环境和深厚的文化底蕴。"君到姑苏见,人家尽枕河。古宫闲地少,水港小桥多。"②"几个楼台游不尽,一条流水乱相缠。"③叠石垒山,引水筑池,修亭筑楼,妙在典雅,妙在文气。

苏南一带将孔子弟子言偃(公元前506—前443年,常熟人)奉为道启东南的南方夫子。活跃在吴越的文化名人不少直接从中原迁入。例如,书圣王羲之本是山东临沂人。

改革开放以来,吴越地区的文化优势转化为经济优势。随着知识经济时代的到来,文化对江浙经济的贡献越来越明显。

(二)苏州状元

苏州状元和绍兴师爷是中国历史上著名的地域人群。这两个地域人群都以深厚的文化积淀为背景,反映当地人才兴旺状况。

苏州是全国状元最密集的地方。苏州管辖的范围包括吴县(元和)、昆山(新阳)、常熟(昭文)、吴江(震泽)、太仓。历代苏州府共有状元42名,其中,清朝苏州府有状元26名。清朝每5名状元有1名以上来自苏州府。难怪清初汪琬在谈到苏州特产时说:"一为梨园子弟,二为状元。"在苏州府中,又以苏州府所在吴县最密集。

科举中最荣耀的是五子登科和连中三元,都与苏州有缘。典型的五子登科是唐时的归融。归融本人是进士,长子归仁晦唐开成三年(838年)进士,次子归

---

① 徐渭.南词叙录.
② (唐)杜荀鹤(846—904)诗.
③ 陈从周.说园(三)[M]//陈从周.中国园林.广州:广东旅游出版社,1996.

仁翰唐大中十一年(857年)进士,三子归仁宪唐大中年间进士,四子归仁绍唐咸通十年(869年)状元,五子归仁泽唐咸通十五年(874年)状元。清代开科112次,连中三元的只有两人。第一位钱棨在乾隆四十四年(1779年)乡试得解元,乾隆四十六年(1781年)会试得会元,殿试得状元。因为前一位三元是明朝浙江人商辂(1445年得三元)。300余年后出个三元,苏州合府欢庆,在府学东建"三元坊"。

苏州状元辈出,有鱼米之乡、物产丰富的经济基础,有教育文化传统的背景。清康熙年间,苏州紫阳书院是全国最著名的学府。在紫阳书院担任过掌院(相当于现在的校长)的有状元2人,榜眼1人,会元1人。俗话说,有状元学生没有状元老师。状元亲自执教,这样的条件,在状元罕缺的地区是很难做到的。

苏州民风,勤于诗书,习文重儒,是提升教育水平的重要力量。明朝状元文震孟,曾祖父是大名鼎鼎的文征明。祖父和父亲都有功名,世代以文章书画闻名海内。昆山徐家"同胞三甲鼎,一门九进士",状元徐元文的两位兄长都是探花,加上子辈,共有9名进士。徐元文的舅舅是大学问家顾炎武。

改革开放以来,苏州地区经济发展迅猛,进入全国前列。从中不难看到传统文化的正面影响。

(三)绍兴师爷

"无绍不成衙。"绍兴师爷是清代著名的地域性人文群体。

绍兴府位于浙江省杭州湾的南岸,会稽山北麓,宁绍平原的西部。清代绍兴府管辖山阴、会稽、萧山、诸暨、余姚、上虞、嵊县、新昌八县,比今天的绍兴市大一些。这八个县,县县出师爷。

师爷是俗称,雅称"作幕",职能相当于今天的参谋、秘书。师爷不是正式的官职,由官员根据需要自己出资聘请。因此确切地说师爷是官员的私人顾问、私人助手。主官往往称他们先生或老夫子。对于一般小吏来说,尊称长官请来的顾问为师老爷,简称师爷。

"作幕"的职业自古就有。汉代州刺史和郡太守都可以聘请幕府。南宋诗人陆游就做过幕僚。清代作幕一职分外兴旺,与满族官员不熟悉汉族的典章制度和礼仪风俗有关。此外,在中国封建社会官僚间矛盾重重,僚属对于主官既是上下级同事关系,又有监督责任。通判名义上在知州之下,作为知州的僚属,实际职责是监督知州。知州与通判间往往充满疑虑与猜忌。按照封建社会的制度,官员数年任满,调换其他地方就任。"官不久任"就是这个意思。胥吏来自当地,常年供职。他们对地方情况了若指掌,对衙门的办事程序也了若指掌。政令的出台虽然取决于官员,但执行过程由胥吏推动。一旦胥吏有意难为官员,办不好事。得罪了地方百姓、权绅,弄不好还有丢官、治罪的可能。因此,官员尽可能使用可靠的私人顾问做幕僚,处理官场矛盾。

虽然说师爷是落第文人出身,但也不是一般读书人随便能做的。幕席需要一套专门的知识,师爷的游幕生活从拜师开始。经过三年左右学习,可以学成觅馆作幕。在觅馆过程中,必须依靠各种关系疏通关节。初次觅馆往往由师代谋,兄弟、伯侄、翁婿、朋友、同乡、同年世交等关系都能发挥作用。发挥作用最大的还是血缘关系,如父子、兄弟等。师爷一职常会出现父子相承的现象。

绍兴文运昌盛。秀才科举落选后,往往选择师爷职务。在师爷网络中,绍兴人互相通气,互相提举。绍兴话成为行内通用语言,谋职重要手段。绍兴籍人士中举入仕,成为师爷攀附对象。绍兴籍官员出任要职时,首先起用的也是绍兴师爷。《清代野史》有段关于绍兴师爷的记载。雍正时大学士隆科多恃功骄恣。雍正想除掉隆科多,苦于没有一位大臣敢弹劾他。绍兴师爷邬斯道给山东总督田文镜作幕时,为田起草参劾隆科多的奏章,正合雍正心意。后来雍正了解到是邬斯道出的主意,多次在田的奏章上批:"朕安,邬先生安否?"皇上向师爷问安,师爷身价倍增。

绍兴师爷的足迹遍布全国。上至督抚,下至省、道、府、州、县各级衙门,都有师爷。在明清两朝,绍兴师爷这一特殊的人文集团,在全国政治生活中发挥重要的作用。

绍兴师爷从一个侧面反映绍兴地区文化底蕴丰富。勾践建都,兰亭书会,陆游、唐婉沈园重逢,鲁迅三味书屋求学,嵊州越剧故里,一幕幕历史沧桑都发生在这里。古韵今风,文脉永驻,是重要的依据。

(四) 温州文化与温州模式

哪里有温州人,哪里就有市场。温州模式是改革开放后最有活力的发展模式。温州模式的地域北起乐清、永嘉、瓯海,南到瑞安、平阳、苍南。温州不像苏南那样有上海的依托,不像珠江三角洲那样有港澳资金和技术的注入。温州模式的本质是放手发展民营经济。民营经济在温州占有主导地位。民营经济的推动力来自民间,来自内部,来自温州人的求实创新精神和较强的市场经济意识。

中国改革开放的许多新鲜事件出在温州:第一批专业市场;第一份私人工商业执照;第一批股份合作制企业;第一座农民城。改革开放的许多政策,不少是温州人实践在前,政府明确在后。例如,允许雇工,允许长途贩运。经过多年努力,温州成为有世界影响的轻工业产品生产基地,温州个体和私有经济开始走向世界。俄罗斯、巴西、荷兰、阿联酋等国都有温州专业市场。法国巴黎有座中国城,主要是温州人。

敢于离土离乡,敢于建厂经商,是温州农民的重要观念。温州人认为不管干哪一行,只要能赚钱,都是光荣的,认为有本事的人单独往外闯,本事不大的人跟着往外闯,没有本事的人困守在家中。从农业转入工贸业,一要技术,二要经营。温州人有纳新进取的精神,生产中的难关一个一个被攻克。苍南宜山孙阿茶在60多岁时改革再生腈纶开花机,被称为当代黄道婆。

温州人根据当地缺原料、缺市场的特点,采取拾遗补缺策略。拾遗是收旧利废,利用全国各地的废料、下脚料,发展再生行业——再生布、再生塑料、再生胶、再生毛。当年的苍南宜山就是从再生土布、再生腈纶衫起家,发展到再生地毯、花边和提花膨体纱。补缺是生产大企业不能生产、不好生产、不愿生产的小五金、小电器、小配件、小纽扣。利用大企业的边角料、小块料、零星料加工成品,填补产品缺门。乐清柳市的低压电器、永嘉的阀门、瑞安塘下的汽车配件都是这类产品。温州根据敢为天下先的精神,创造了"东方第一纽扣市场"桥头镇,"全国最大电器市场"柳市镇,"全国第一商标城"金乡镇。

进入20世纪90年代,温州迈向第二次创业。在体制中,温州从血缘和地缘关系的组合,逐步向股份有限公司现代组织形式过渡。在经营规模和技术上,由粗放型、数量型向质量型、效益型转化。质量立市,品牌兴业,温州从世界各地引进大批生产设备和检测设备,创建一批科技含量高、市场占有率大、经济效益好的名牌产品。

温州模式以及温州人的意识形态特征,与当地的环境有一定的关联。温州自然环境的第一个特点是土地狭小,境内多山,耕地短缺。整个温州地区11 783平方千米,山地和丘陵占78.3%,平原只占17.6%。人口700余万人。个别人口密集的平原,如瓯江三角洲、温瑞塘流域和鳌江江南小平原,每平方千米在2000人以上。温州全区耕地容纳不下1/4劳动力。改革开放前温州地区2/3人口处在贫困线以下。当时民间流传"平阳讨饭,文成人贩,永嘉逃难"一副悲惨景象。

温州自然环境的第二个特点是前临大海,背靠大山,远离省会杭州。在传统计划经济时期,投资由中央和省府控制。温州到杭州的公路崎岖,出差不便,加上海防前哨,国家投资少,国营企业薄弱。1950—1978年全国平均每人投资600元以上,浙江省平均每人投资240元,温州地区平均每人投资88元。温州的投资水平只相当于全国1/7。薄弱的国营经济强化了温州人自力更生观念。[1]

---

[1] 胡兆量.温州模式的特征与地理背景[J].经济地理,1987,1:19—24.

温州实施宽松政策与区位有关。离省会远,山路崎岖,交通不便,对经济发展既有弊,也有利。有利的是政策环境相对宽松,给温州模式成长提供适宜的土壤。温州模式与传统的计划经济相差极大,没有宽松的环境难以成长。温州模式是在全国政策环境还不具备、不明朗时出现的。往往不是政策明确后再干,而是先干起来,政策才逐渐认可,甚至干了很久政策还不认可。20世纪80年代初温州地区兴起十大市场,没有一个在县府所在地。因为,县府所在地政策约束相对较严。

以著名的纽扣市场为例,最初在青田县温溪镇。那里紧靠金温公路和瓯江,交通比较便利,管理也比较严格,割"资本主义尾巴"时,把纽扣商赶跑了,到山沟里的桥头镇找到新的落脚点。桥头镇的纽扣商不少来自温溪。到1998年,桥头镇引进国际先进纽扣设备,拥有750家纽扣厂,200多家拉链厂,控制全国75%纽扣产销量。以桥头镇为核心的三级产销网伸向全国、全世界:第一级产销网在桥头镇;第二级产销网在全国200多座大中城市,700多个商场;第三级产销网在海外20个国家设立营销公司。经过三十年磨炼,桥头一带生产的纽扣占全球60%。

二、上海海派文化

从20世纪30年代起,上海文化简称海派文化。

(一)东西方文化交融的移民城市

元朝至元二十七年(1290年)上海设县,属松江府。那时,松江府是文风鼎盛、经济繁荣的地方。明代科学家徐光启和纺织技术革新家黄道婆都是上海人。然而,到1840年鸦片战争前,上海还是个小县城。

五口通商后,上海成为自由港,奉行投资者平等原则,任何人不需要签证就可以登岸,国际的国内的移民纷至沓来。1900年上海人口突破100万人,1915年超过200万人。1930年上海人口达到300万人,成为次于伦敦、纽约、东京和柏林的世界第五大都市。当年上海进出船舶3700万吨,是远东贸易大港和金融中心。

上海是国际移民的世外桃源。20世纪40年代初,上海外侨总数达到15万人。1917年俄国"十月革命",数以万计的俄国贵族和资产阶级移居上海。第二次世界大战期间希特勒迫害犹太人,共有1.8万犹太人前来定居。加上原有的5000名犹太人,上海成为世界犹太人集聚中心之一。绅士风度的英国人,浪漫色彩的法国人,长袖善贾的犹太人,各展才华,上海被称作全球"冒险家乐园"。

在外商移居上海的同时,全国精英纷纷向上海聚集。精于算计的江南人、有外贸传统的广东人、吃苦耐劳的山东人和苏北人,从四面八方来到上海。1935年上海公共租界(英美两国管辖区)人口调查,浙江籍和江苏籍分别居第一位和第二位,合计占总人口66.4%,比上海原居民多3倍以上。占第四位的是广东人(见表14-1)。1936年上海华界(非租界地)江苏籍占42%,原居民不到1/4(见表14-2)。上海话由苏南话和宁波话融合形成。上海话称我是阿拉,源自宁波话;称你是侬,源自苏州话。上海原居民称我是"晤呢",现在已经听不到了。

表14-1 1935年上海公共租界人口籍贯地[①]

籍　贯	人口/千人	占比/(%)
上海	236	21.0
浙江	389	34.7
江苏	355	31.7
广东	53	4.7
安徽	31	2.8
山东	15	1.3
河北	11	1.0
湖北	10	0.9
其他	21	1.9
合　计	1121	100.0

表14-2 1936年上海华界人口籍贯地[②]

籍　贯	人口/千人	占比/(%)
上海	514	24.0
江苏	902	42.0
浙江	413	19.1
安徽	95	4.4
广东	57	2.7
河北	40	1.9
山东	36	1.7
湖北	35	1.6
其他	54	2.5
合　计	2146	100.0

① 邹依仁.旧上海人口变迁的研究[M].上海:上海人民出版社,1980.
② 同上.

上海开埠前，广州是中国主要开放口岸，粤籍商人积累丰富的国际商务经验，是上海第一批活跃的商帮。19世纪60年代，上海商界以粤籍为主。19世纪80年代起，宁波籍商人逐渐占据主导地位。在金融、外贸、航运等行业，宁波帮地位显赫。20世纪初以无锡商人为首的制造业兴起。代表是荣氏家族，拥有茂新、福新和申新三大系统21家工厂。申新系统有纺织厂9家，纱锭52万锭，布机5.3万台，职工3万余人，生产能力占全国三成。还有现代化的面粉工业。荣氏集团创始人荣宗敬自豪地说："从衣食上讲，我有半个中国。"①

殖民主义在政治和经济扩张的同时，进行大规模文化输出。早在1608年，耶稣传教士郭居静应徐光启之邀来上海传教。②1640年在上海建立教堂敬一堂。③到清康熙三年（1664年），上海有教徒4万余人，成为中国基督教的大本营。办学校是文化输出的重要手段。从开埠到1900年，西方人在上海创立学校60所。这些学校引进西方教育制度和科学技术，培养不少中国需要的科技人才和爱国者。

华洋杂处，五方混居，促进上海文化和经济繁荣。"黄浦江汽笛声声，霓虹灯夜夜闪烁，西装革履与长袍马褂摩肩接踵，四方土话与欧美语言交相斑驳，多种激流在此撞合、喧哗，卷成巨澜。"④

(二) 精明——上海人的性格特征

经历一百多年市场经济磨炼，上海人变得精明了。精明就是讲实际，讲竞争，讲效率，就是精打细算，精细估算。精明是生存的本能，是生命的自我保护，是在生活夹缝中游刃有余的技巧。精明是灵活的商业头脑，是适应市场经济和价值规律的行为准则。在上海话中有许多词汇数落不精明的人，如洋盘、戆大、阿木林、乡下人、拎不清楚、搞七念三，从一个侧面反映上海人崇尚精明，向往精明。

上海人从外商那里学习灵活的经营方式。1917年有一天，上海市民跨出家门，发现黄包车（人力车）夫全都穿上新的背心，上面绣着大大的"烤"字。原来是英美烟草公司推销烤烟型翠鸟牌香烟。出人意料的广告打开了销路，给上海人上了一堂促销课。华商福昌公司青出于蓝，第一天在报上刊登一只套红大鸭蛋，既无标题，又无说明；第二天版面是一个孩子的后脑勺；第三天

---

① 石骏.纵横宇内的苏商[M].杭州：浙江人民出版社，1997.
② 耶稣会是罗马教皇批准的教会组织.
③ 敬一堂在今南市老天主堂旧址.
④ 马逢洋.上海：记忆与想象[M].上海：文汇出版社，1996.

出现人见人爱的胖娃娃;第四天揭开谜底,刊出"祝贺早生贵子"贺词,读者才知道宣传"小囡牌"香烟(小囡意思是小孩儿)。广告迎合生子吃红蛋的民风,取得奇效。华商上海鸿翔时装公司采用精明的手段提高知名度。当英国女王伊丽莎白二世加冕时,鸿翔公司送去一套精致的礼服,复制一套在店中陈列,一时成为上海头号新闻。有些新闻媒体,以讹传讹,说成女王登基时专门向鸿翔公司订购礼服。

很多上海人不喜欢"侃大山"、神聊通宵,不喜欢连续几天陪伴外地朋友,以表示自己对友情的忠诚。"上海的文化沙龙怎么也搞不起来,因为参加者一估算,赔上那么多时间得不偿失;上海人外出即使有条件也不乐意住豪华宾馆,因为这对哪一方面都没有实际利益。"①在票价按路程计算时,向上海人询问如何搭公共汽车,会告诉你在哪一站下,还会告诉你少坐一站可以省几分钱。

对于上海人的精明,外地褒贬不一。平心而论,精明、讲实际、讲效率,是工业社会的典型心态。"时间是金钱,效率是生命",是现代文明的座右铭。从全国四面八方移居来的农民、手工艺人、知识分子,在上海这个熔炉,领悟现代文明的真谛,成了现代文明的传播者。这是上海对中国社会的最大贡献。唯有精明,才能海纳百川,有容乃大。唯有精明,才能开拓创新,追赶世界潮流。唯有精明,才能生机盎然地屹立在东海之滨。

(三) 多元和开新——海派文化的精华

多元和开新是海派文化的精华。海派一词源自戏剧中采用机关布景的开新探索,后来延伸到整个文化领域。20世纪30年代,中国有过一次关于海派的热烈争论,评述贬多于褒。沈从文对海派定义是"名士才情"和"商业竞卖"相结合。②鲁迅认为:"北京是明清的帝都,上海乃各国之租界,帝都多官,租界多商,所以文人之在京者近官,沿海者近商,近官者在使官得名,近商者在使商获利,而自己也赖以糊口。要而言之,不过'京派'是官的帮闲,'海派'则是商的帮忙而已。……而官之鄙商,固亦中国旧习,就更使'海派'在'京派'眼中跌落了。"③进入20世纪80年代,海派文化的内涵进一步拓展,可以与上海文化画等号。

海派文化的第一要点是多元。多元源自海字。海纳百川,海通天涯,上海为三教九流提供登场献技的机会。不论是地方文化,还是外国文化,兼容并包。

---

① 余秋雨.上海人,文化苦旅[M].上海:上海知识出版社,1992.
② 沈从文.论海派[N].大公报,1934-01-10.
③ 鲁迅."京派"和"海派"[M]//鲁迅.鲁迅全集(第五卷).北京:人民文学出版社,1957.

不同的地方剧种,都能自由发展。以戏曲为例,20 世纪 80 年代,上海专业剧团的剧种有沪、京、越、淮、昆、锡、滑稽、奉贤山歌七种,业余演出的剧种有扬剧和甬剧。多元共存的宽容环境是文化繁荣的肥田沃土。

上海人用洋货,念洋文,出洋留学,在洋行谋事。在 20 世纪上半叶,远东没有哪座城市可以与上海文化交流的盛况相比。这个时代的伟大人物,爱因斯坦、罗素、泰戈尔、萧伯纳、杜威、卓别林等等,都曾莅临上海。

开新是海派文化活力的体现。百余年来,中国文化界的开新,大都出自上海。绘画界任伯年以营利为目标的商业画,京剧界周信芳的机关布景,开全国新风气。1854 年上海举办城市赛马,1897 年上海举办自行车比赛,都是全国首创(见图 14-2 和图 14-3)。

图 14-2　1854 年上海跑马厅赛马
资料来源:刘善龄.西洋风[M].上海:上海古籍出版社,1999.

延纳新鲜事物,变革传统文化,是要付出代价的。20 世纪 20 年代刘海粟主持上海美术专科学校,一度试用模特儿,遭到极大非议,被控上法庭。

文化开新与技术开新密不可分。开埠以来,上海在技术开新方面紧紧跟随世界前进的步伐。中国第一座发电厂,第一盏电灯,第一条商业营运铁路,第一辆无轨电车都出现在上海。1876 年美国贝尔发明电话,5 年后上海大北电报公司首用电话。1895 年法国卢米埃尔兄弟首演电影,两年以后,上海天华茶园上演电光影戏。1903 年美国莱特兄弟飞机试飞成功。8 年后法国人环龙在上海

图 14-3　1897 年上海自行车赛
资料来源：刘善龄.西洋风[M].上海：上海古籍出版社，1999.

表演飞机，不幸坠地身亡。在法租界内辟环龙路作为纪念（今南昌路）。技术创新为文化开新提供重要的物质保障（见表 14-3）。

表 14-3　重要发明在上海的传播[①]

品　名	发　明	在上海的传播
电　话	1876 年贝尔发明 1881 年美国设电报公司	1881 年大北电报公司装 25 部电话， 1882 年大北电报公司挂牌
电　影	1895 年 12 月 28 日法国卢米埃尔兄弟首演	1897 年 7 月 27 日天华茶园演电光影戏
广　播	1906 年费森登发明，1920 年美国广播电台播音	1927 年夏上海广播电台播音
自行车	1888 年邓禄普发明充气轮胎	1897 年上海进口自行车及零配件 10 000 磅，举办自行车比赛
电　梯	1889 年发明电动升降机	1902 年道胜银行安电梯
飞　机	1903 年美国莱特兄弟飞机试验	1911 年 5 月 6 日法国人环龙表演飞机失事
无轨电车	1910 年美国发明	1914 年上海建无轨电车线

---

① 刘善龄.西洋风[M].上海：上海古籍出版社，1999.

海派文化是上海综合竞争力的重要内容。改革开放以来,上海掀起出国留学打工高潮。1983年出现赴日本热,1989年出现到澳洲热,申请人数以万计,规模之大,全国首屈一指。滚滚的出国热潮反映上海人勤劳、精明、机敏、灵活的素质,反映上海人浪迹天涯探索开拓创新的志向。上海人的先辈从四面八方云集上海滩,他们的子孙闯荡世界,开拓新生活,其精神是一脉相承的。

三、八闽文化

八闽文化又称闽文化、福建文化。唐开元二十年(732年)设福建经略使,第一次出现福建名称。福建两字是福州和建州的合称。北宋福建称福建路,下辖福、建、泉、漳、汀、南剑六州和邵武、兴化两军,共8个行政区。这8个行政区沿用到元朝,前后四百余年,简称八闽。福建的民系、民俗、方言分布,大体与8个行政区一致。

(一) 区域差异

从五代起,福建文教渐兴。五代,王审知任闽王,"建学四门,以教闽中之秀者。"宋明两朝福建是中国文化发达的省域。宋朝理学大师朱熹主持讲学。建阳麻沙书坊刻书称建本,与杭州、四川共称三大刻书坊。南宋福建有状元13人,占全国同期状元1/6,仅次于浙江占第二位。明代福建有进士2400余人,占全国1/8。

闽文化内部地域差异明显,民系、民风、语言各不相同。莆仙地区有读书习儒传统,宋明两朝极盛。至今受高等教育和留学生比例仍居全国前列。邻县福清好行贾。

福建文化的复杂性突出反映在语言上。全国汉语七大方言,在福建可以找到5个。闽方言是主干,分布在中部和东部。西南部有客家方言。西北部有赣方言。北端蒲城有吴方言。南平、长乐、武平等地有北方言岛。在闽方言中,5个亚方言的差异很大,互相听不懂。东部沿海有福州话为代表的闽东方言,莆田话为代表的莆仙方言,厦门话为代表的闽南方言。西部有建瓯话为代表的闽北方言,永安话为代表的闽中方言。有些地方,隔一道河,翻一座山,讲不同方言。有些县的地域范围内有五六种方言。由于语言分歧,全省没有一个有代表性的剧种。闽剧、莆仙戏、梨园戏、芗剧分别有固定的地域,还有二十几个小剧种(见表14-4)。

表 14-4　福建省方言区人口简表(2004 年)

方言区	人口规模/万人	占全省比例/(%)
闽方言区	3076	87.6
闽东方言亚区	1015	28.9
闽南方言亚区	1376	39.2
莆仙方言亚区	302	8.6
闽北方言亚区	204	5.8
闽中方言亚区	91	2.6
邵将方言亚区	88	2.5
客家方言区	281	8.0
赣方言区	17	0.5
吴方言区	32	0.9
北方方言区	7	0.2
混合方言区	98	2.8
合　　计	3511	100.0

福建多山(见图 14-4),山的相对高度大,坡度陡,水流湍急,内部交通不便,雨量丰沛,气候温暖,适于自给自足的农耕经济,有些地区形成世外桃源般的小盆地。不同地区的人们交往不多,安土重迁,文化和语言长期沉淀。

图 14-4　武夷山玉女峰(谢凝高)

复杂的方言是社会交往和经济发展的障碍。福建是南方诸省普通话推广较快的省区。一些工业建设项目较多,外来移民比重较大的城关地区,如三明、邵武、顺昌等市区,普通话已经成为优势语言。

长期封闭状态在一定程度上起到保护古音、古韵的功能。在福建还可欣赏到失传的元朝南剧剧目。古汉语在闽南方言中留下许多印记。闽方言人称代词"你是汝,他是伊,筷子是箸,蛋是卵,锅是鼎",都是隋唐遗音,语言的"活化石"。

八闽文化的第二个特征是外向性,富于开拓精神。背负崇山,耕田珍稀,面向大海,是文化外向性的自然基础。福建简称闽。因为气候暖湿,蛇类繁多,古越人崇拜蛇图腾。古代蛇与虫两字相通。连城和南平至今有蛇神庙和蛇王庙。今人对闽字有新解:在门里是条虫,跳出门是条龙。八闽中,外向性最强的是闽南地区。

(二) 外向的闽南文化

闽南文化区的核心是晋江流域的泉州和九龙江流域的漳州。广义的闽南包括莆仙地区。

从晋朝开始,泉州迎来大批中原移民。《太平御览》称:"东晋南渡,衣冠士族,多萃其地,以求安堵,因立晋安郡。"[①]《舆地纪胜》说:晋江"在县南一里,以晋之衣冠避地者多沿江以居,故名。"[②]作为地名的晋江和作为江名的晋江,都与晋代士族南迁有关。漳州开发盛于唐朝。唐总章二年(669年)陈政、陈元光父子曾率3600大军南下开发漳州,称开漳圣王。出发时,唐高宗颁诏书:"相视山原,开屯建堡。"次年,陈政兄弟陈敏、陈敷率3000人增援。陈元光《候夜行师七唱》第二首:"屹然一镇云霄末,渐尔群言花柳春。男生女长通蕃息,五十八氏交为婚。"至今漳州有不少庙宇奉祀陈氏父子。

唐宋以来,泉州是中国主要对外贸易口岸。南宋祝穆在《方舆胜览》中说:"诸蕃有黑白二种,皆居泉州,号蕃人巷""每岁以大舶浮海往来"。

南下的中原居民传入佛、道两教,西来的侨民传入西方宗教,在泉州地区和睦相处,泉州有"宗教博物馆"的美誉。泉州海外交通史博物馆陈列宗教石刻231方,有阿拉伯文和波斯文的伊斯兰教石刻,有聂斯脱里文、拉丁文、八思巴文的景教(基督教)石刻,还有佛教、婆罗门教、摩尼教石刻。泉州清真寺保存明朝永乐五年(1407年)碑文:"所在官员军民一应人等,毋得

---

① 太平御览(卷一七〇).
② 王象之.舆地纪胜(卷一三〇).

慢侮欺凌。敢有故违朕命,慢侮欺凌者,以罪罪之。"保护宗教信仰自由的政策十分明确坚定。

明人何乔远在《闽书·方域志》中说:"吗喊叭德(穆罕默德)圣人,门徒有大贤四人。唐武德(618—626年)中来朝,遂传教中国。一贤传教广州。二贤传教扬州。三贤四贤传教泉州。卒葬此山。"山名灵山,墓名圣墓,在泉州东湖畔,是中国最古老的伊斯兰教圣迹。1995年发现用阿拉伯文写的墓碑石,记叙:"真主赐福地,亡于回历二十九年三月。"并有三贤四贤事略。墓西有"郑和行香碑",记叙明永乐十五年(1417年)郑和第五次下西洋前来此行香,说明郑和是穆斯林。北宋大中祥符二年(1009年)在涂门街建清真寺圣友寺,仿叙利亚大马士革清真寺式样,是全国重点文物保护单位。泉州圣友寺和广州怀圣寺、杭州真教寺合称中国沿海三大伊斯兰古寺。

泉州草庵摩尼教寺是国内迄今为止所发现的最完整的摩尼教遗迹。呼禄法师在唐武宗会昌年间(842年)到福建传教,葬于清源山下。元顺帝至元五年(1339年)在华表山上建草庵,岩壁上刻有摩尼石佛。

元代中国基督教设两大教区,一个在北京,另一个在泉州。泉州保存有当年基督教徒墓葬石刻和墓碑。1844年6月美国归正会在厦门修建新街礼拜堂,是近代外国教会在中国大陆地区兴建的第一座基督教堂,称"中华第一圣堂"。

泉州清泉山有宋代雕刻道教老君像。像高5.1米,背松倚望,两眼平视,大耳下垂,意态谦恭,神采愉悦,是中国最大的道教石刻。在宋代,这里是道教圣地,有北斗殿、真君殿、元元洞等道观。

泉州开元寺始建于唐代垂拱二年(686年)。大雄宝殿石柱柱顶斗拱间有24位飞天乐伎。乐伎头戴花冠,身着薄裙,犹如天真活泼的闽南少女,既不同于敦煌飞天夸张丰腴的体态,也不同于印度仙女飘飘然的神采。

在阿拉伯人和波斯人移居闽南的同时,闽南人前赴后继向外迁移。在中国东南沿海一带,闽南人分布北起浙江舟山,东到台湾,南到海南岛,占全国海岸线一半。海南岛林姓、黄姓族谱记载祖先来自"莆田甘蔗园"。明代长乐人谢肇淛在《五杂俎》中说,漳泉人"东则朝鲜,东南则琉球、吕宋,南则安南、占城,西南则满剌迦、暹罗,彼此互市,若比邻然。"[1]至今海外华侨、华人1/3来自福建。根据语言学家邹嘉彦分析,20世纪80年代初,海外华人使用闽南话作母语的人数有500万,占使用华语作母语总人口45.7%,与粤语相等;使用闽南话为第二语言的人数350万,略低于粤语。

---

[1] (明)谢肇淛.五杂俎(卷四),地部二.

大批海外华人和华侨是闽南社会、经济和文化发展的积极因素。以教育为例,1927年晋江县120所学校中,侨办和侨助学校53所,占46%;1936年厦门39所学校中,华侨捐资助办的17所,占45%。陈嘉庚1904年开始兴建集美学校,到1927年形成各类学校12所,包括厦门水产学院、福建体育学校、集美航海专科学校、集美中学、集美小学、集美幼儿园等。1921年陈嘉庚在厦门创建第一所侨办大学——厦门大学。

第十五章 华中文化区

华中文化区包括河南、安徽、湖北、湖南和江西五省。

一、中原文化

河南省古称豫州,在九州中央,又称中州、中原。

(一) 华夏文化的重要发源地

中原是华夏文化发源地之一。从公元前 21 世纪到 1127 年北宋覆灭,3000 年间,中原是中国文化中心的重要部分。

夏王朝的主要活动地域在中原。《国语·周语上》说:"昔伊洛竭而夏亡。"《史记·吴起列传》说:"夏桀之居,左河济,右泰华,伊阙在其南,羊肠在其北。"所说的伊、洛、河、济、伊阙,都在中原。

《竹书纪年》说:"自盘庚徙殷至纣之灭,二百七十三年,更不徙都。"这个都城便是商王朝后期的政治中心安阳。安阳是甲骨文的故乡。从 1899 年起,在安阳小屯出土甲骨文 16 万余片,青铜器上万件,宫殿遗址 80 余座,发现宫殿区、王陵区、平民区、铸铜遗址、手工作坊、大型祭祀场地。安阳还是《周易》的发源地。"文王拘而演周易",3000 年前安阳羑里(古地名)是关押周文王姬昌 7 年之久的地方,羑里是中国有史可考的第一所监狱。文王在这里根据伏羲的八卦,推演 64 卦,384 爻。"一片甲骨惊世界,蕞尔一邑震寰宇。"以甲骨文、青铜器、都城建设和《周易》为代表的殷墟文化体现了中国殷商文化的精粹。

中国六大古都有两个古都在河南。洛阳是夏、商、周、东汉、西晋等九朝古都。开封是北宋、金等七朝古都。

中州学者对中国古典哲学贡献至伟。老庄学说的奠基人老子和庄子都是中州人。《史记·老子列传》记载:"老子者,楚苦县厉乡曲仁里人也。"苦县在元时并入鹿邑县。鹿邑城东有老子庙"太清宫",始建于汉。《鹿邑县志》记:"太清宫,县东十里,为老子所生之地。"《水经注》说:"庄子生于蒙,亦考城人。"1954 年考城与兰封合并,称兰考县。1956年将考城县东南部划入民权县。民权县顺河乡唐庄村有庄周墓,立有碑文。①

《晋书》说:"关西出将,关东出相""汝颍多奇士"。关指函谷关,关东指河南一带。汝和颍是河南的两条河流。② 洛阳和开封建都时有规模宏大的太学。北宋徽宗时,开封太学有学员3800人。太学生陈朝老和陈东多次上书,批评徽宗任用庸人调运"花石纲",误国误民。说明华夏学子"家事、国事、天下事,事事关心"的优秀传统渊源久远。③

嵩山是释、道、儒荟萃的地方。洛阳白马寺是中国中原第一座佛寺,建于汉明帝永平十一年(公元68年)。少林寺是佛教禅宗祖庭。天下功夫出少林。隋朝末年少林寺十三武僧协助李世民击败王世充。明朝少林武僧协助戚继光驱赶倭寇侵扰。中岳庙是道教圣地。嵩阳书院是宋代四大书院之一,是程朱理学的重要发源地。

图15-1 嵩山中岳庙(谢凝高)

后周时,一支犹太人迁到开封。金大定三年(1163年)在开封建犹太礼拜寺,称"一赐乐业"教,是以色列的译音。1605年教徒艾田中举后拜访利玛窦。利玛窦派传教士到开封考察,看到写在羊皮上的经文,确认是犹太教。利玛窦将所见情况向意大利报道,引起轰动。在长达一千多年的漫长岁月中,犹太人与当地居民和睦相处,保持宗教的独立性。直到清朝末年,犹太教徒才与当地居民通过渐进方式全部和平融合。

---

① 黄有汉.中州文化[M]//中华孔子学会编辑委员会.中华地域文化集成.北京:群众出版社,1998.
② 晋书·姚兴载记.
③ 顾宪成.无锡东林书院联.

(二) 中州区位与经济文化衰退

宋室南渡以后,特别是鸦片战争以来,河南在全国的地位逐渐下降,对全国的影响力不但赶不上东南沿海,而且赶不上四邻。东不及齐鲁,南不及两湖,北不及燕赵,与西部关中相比,也有逊色。究其原因,兴也区位,衰也区位。中原区位在两个方面制约河南的发展。

1. 中原军事地理区位

逐鹿中原,问鼎中原。中原是历史上战事最频繁的地方。中国历史上主要有两类战争,一类是外族入侵,另一类是内部分裂。无论哪一类战争,中原都是必争之地。从秦到清,中国有重要战役720起,主要发生在河南省境内的有120起,占1/6,高居首位。[①] 频繁的战事对河南省的经济和文化破坏极大。"若问古今兴废事,请君只看洛阳城。"[②] 这是北宋司马光对洛阳多次遭受兵火焚烧的感慨。为了躲避战乱,大批河南精英背井离乡,到南方安生。

2. 中原自然地理区位

河南处在黄河冲积扇的顶端。黄河从黄土高原带来大量泥沙,在这里沉淀,抬高河床,形成"地上河",频频决口,淹田毁城,淤塞水系,出现大雨大灾、小雨小灾、无雨旱灾的局面。历史上还出现人为破堤悲剧。明朝崇祯十五年(1642年)李自成围攻开封,明朝官军扒开朱家寨和马家口两处黄河大堤。河水向开封城扑来,全城37万人大部分死伤,只剩下3万余人。1938年6月,日军占领开封,进逼郑州。当时的政府下令扒开郑州北花园口黄河大堤,豫东和皖北成了荒无人烟的黄河泛滥区。黄河泛滥区有大批沼泽,滋生蝗虫,引发蝗灾。每遇大灾降临,饿殍遍野,流民四散。河南有"水、旱、蝗、汤"四害一说,汤是指驻豫军阀汤恩伯。

(三) 中州区位再现辉煌

改革开放以来,政治稳定,黄河治理,中原区位的消极面减退,积极面提升。河南是中部地区经济发展最快的省份,按GDP计算在全国的名次从第九位上升到第五位。郑州成为中国最大的粮食批发市场和第一家规范化的粮食期货市场。"郑州价格"成为全国粮油交易的指导价格,世界粮油市场的参考价格。以粮食为基础的食品加工工业,如方便面、面制速冻食品、味精等,产量都占全国首位。

---

① 台湾三军大学.中国历代战争史[M].台北:军事译文出版社,1983.
② 温国文正司马公文集(卷六),律诗一,过故洛阳城.四部丛刊,影印绍兴刊本.

继续发挥中原区位优势是中原崛起的必由之路,重要对策有三:

1. 建设便捷的交通网络,提高交通运输的硬件和软件服务水平

从不东不西不南不北的"四不",转化成通东通西通南通北的"四通"。发挥中央区位优势的范例是瑞士。位于欧洲中央的瑞士在农业社会是出雇佣军的贫困地区,现在成为最繁荣富裕的国家。主要原因是建设发达的铁路和高速公路,其由闭塞的山区成为欧洲的心脏,欧洲交通网络的枢纽。河南成为全国交通网络心脏的时候,也是河南崛起的时候。完善的交通保障是河南发展的第一要素。

2. 发掘潜在的文化资源

马说在《河南人惹谁了》一书中提到山东人充分发挥武松的名人效应[①]。山东快书《武松打虎》第一句"铛力咯铛,铛力咯铛,说一说山东好汉武二郎",不知不觉地在全国树立山东好汉形象。民族英雄岳飞是河南汤阴人,最知名的岳庙在杭州。诗圣杜甫是河南巩县人,杜甫草堂在成都。文起八代之衰的韩愈是河南孟县人,对韩愈最崇敬的是广东潮州,那里有韩江、韩祠、韩亭、韩木。苏东坡为潮州韩祠写碑:"潮人之事公也,饮食必祭,水旱疾疫,凡有求必祷焉。"[②]南宋诗人杨万里到潮州时面对韩木感慨说:"亭前树子关何事,也得天公赐姓韩。"老子和孔子是中国两位著名的先哲。对于老子故里鹿邑的研究、保护和开发远远落后于孔子故里曲阜。

3. 发展教育

目前河南省高等教育发展状况和九年制义务教育的普及状况,与人口第一大省不相称。无论是提升河南当地经济结构,还是改善出外打工就业结构,都需要文化教育的支持。

二、安徽文化·徽商纵横

安徽文化区的范围大体相当于安徽省。江西省婺源县历史上隶属徽州,可以划入安徽文化区。在自然地理上,安徽地跨长江、淮河,从北到南,有淮北平原、江淮丘陵、皖西山区、沿江平原和皖南山区五部分。以淮河为界,安徽省分别属于中国北方和南方。按照《禹贡》九州的区划,安徽省地跨豫、徐、扬三州,行政上长期分属不同的建制,内部文化差异较大。清康熙六年(1667年)设安徽承宣布政司,是安徽省建制的初始。安徽是中国中原建省最晚的地域。

---

① 马说.河南人惹谁了[M].海口:海南出版社,2002.
② 苏东坡.潮州昌黎伯韩文公庙碑.

安徽省文化史中,最具影响力的是徽商文化。明人谢肇淛说:"富室之称雄者,江南则推新安,江北则推山右。"①新安是徽州旧名,山右指山西。徽商和晋商一南一北,影响全国。东晋时期徽商在社会生活中已占一席之地,发展成一个大商帮是在明代。徽商的地域范围是明清时期徽州府下辖的歙县、休宁、婺源、祁门、黟县和绩溪六县。

徽州地处皖、浙、赣三省交汇处,是典型的丘陵山区,能供耕作的土地有限。随着人口增加,耕地与人口矛盾尖锐。山区盛产杉木、竹子、茶叶,是重要的外销商品。婺源杉木质量最好,是栋梁材。竹子漫山遍野。徽州气候湿润,高山峻岭多云雾,茶叶品质上乘。祁门红茶和屯溪绿茶称祁红屯绿,全国闻名。徽州还盛产纸、墨、砚、笔、漆器。用古松作原料制成的徽墨是重要贡品。徽州虽然在重山中,穿行山中的新安江顺流而下可以到杭州,由祁门沿阊江可以到鄱阳。依靠这些水路,徽商将家乡特产运向全国。

徽商在淮盐运销中占有优势。清光绪年间(《两淮盐商志·列传》)记载,自明嘉靖到清乾隆扬州名商80名,徽商占60名,扬州商人的主体是经营淮盐的徽商。清朝后期,徽商向金融业拓展。休宁话是江南典当业的行话,黟县话是江南钱庄业的行话。

在徽州,外出经商成为文化传统。男孩到十五六岁就要远离家乡。当地民谚:"前世不修,生在徽州,十五六岁,往外一丢。"儒贾相通和宗法色彩浓郁是徽商文化的两个特点。

徽商有较高的文化素养。宋元以来,徽州是文风炽盛的地方,人称"程朱阙里"。北宋程颐兄弟故籍河南洛阳,侨居歙县篁墩。朱熹原籍婺源,他的外公祝确是歙县富商,人称祝半州。朱熹幼年得到祝家教养。朱熹手订《文公家礼》是徽商膜拜的信条。各地徽州会馆都供奉紫阳朱公,犹如晋商会馆供奉关公。徽商致富后延聘名师,教授子弟。无论是徽州当地,还是徽商集中的扬州、南京,都有不少子弟参加科举进入仕途。根据何炳棣研究,1371年到1804年两淮盐商子弟有进士106名,大都是徽州籍人。徽商世家,文人辈出,世代簪缨。诗词、书画、金石、戏曲都是徽商的雅好。在新安理学基础上,新安画派、新安医学、徽州篆刻、徽州印刷、新安版画,相继兴起。

徽商在抑商政策和专买政策夹缝中艰难成长,凭借宗族势力与官府有多方联系。徽州子弟通过科举进入仕途,成为徽商寻求支持的重要目标。歙县在清代有大学士4人,尚书7人,侍郎21人,御史7人,内阁学士15人。按照今天的级别,有正部级以上官员54人。

---

① (明)谢肇淛.五杂俎(卷四),地部二.

徽州一带宗法制度盛行。"新安各姓聚族而居,绝无一杂姓渗入者,其风最为近古。出入齿让,姓各有宗祠统之,岁时伏腊,一姓村中千丁皆集,祭用朱文公家礼,彬彬合度。"[①]徽商大贾往往兼营坐贾和行商,需要众多人手,伙计大都是同乡族人,利用宗法思想控制,借助宗族势力建立商业垄断。徽商在购、销、运各个环节安置亲信,构筑商业网络,凭借族人乡党一致行动,降低典利,排挤本薄利高的外地商贾。会馆在徽商中发挥联络同宗同乡的纽带作用。

民居、祠堂和牌楼是徽州建筑三绝。《歙县志》说:"商人致富后,即回家修祠堂,建园第。"20世纪50年代歙县保存明代祠堂、住宅、庙寺、道观、牌楼、路亭、园林等建筑二百余处,清代建筑随处可见。由盐商鲍氏修建的歙县棠樾牌坊,十余座接踵排列,蔚为壮观。徽州民居适应当地自然环境,高峻腾飞的马头墙,逐层挑出的飞檐斗拱,形象生动的木雕、砖雕和石雕,极富文化内涵。在徽州古建中,有木的地方必有花雕。

明朝旅行家徐霞客游历黄山后说:"五岳归来不看山,黄山归来不看岳。"(图15-2)徐霞客对黄山的评价为后人赞同。

图15-2 黄山奇峰(谢凝高)

屯溪(现名黄山市)老街的保护和修复,是继承和发扬徽州文化的范例。老街经过精心修复,衬托黄山景区,成为中外游客必到的景点、影视业难得的佳处。

从整体看,安徽省北部开发较早。唐宋以后,南部的经济和文化超过北部。省名分别取安庆和徽州的第一个字,说明清初建省时,这两个地区在全省有举

---

① 赵吉士.寄园寄所寄,卷十三.

足轻重的地位。安徽省制建立后,内部经济和文化联系加强。20世纪50年代省会从安庆迁到合肥,全省交通网络形成,信息网络建立,进一步加强省内经济和文化联系。合肥崛起成为全省政治、经济和文化中心,高等学校和科研机构的聚集地。

三、江西文化·兴衰轨迹

江西文化区的范围大体与江西省一致。江西省属于鄱阳湖水系,江西文化又称鄱阳文化。唐玄宗开元二十一年(733年)将原江南道分为江南东道、江南西道和黔中道。江南西道管辖的地域基本上与江西省相当。元代正式命名为江西省。两千多年来,江西文化经历一个周期性变化:逐渐上升,达到灿烂的顶峰;然后衰落,对全国的影响明显下降。进入21世纪,又有上升趋势。

江西文化崛起经历一千年左右的历程。东晋陶渊明(约365—427)是江西第一颗冉冉升起的文坛巨星。陶渊明是江州浔阳郡柴桑县人(九江市西南约50里的荆林街),一生在江西活动。陶渊明前追屈原,后启李杜,是中国田园诗的宗师。"采菊东篱下,悠然见南山"成为中国文人品德的绝唱。进入唐代,江西在中国文坛中的地位逐步上升。《全唐诗》中,初唐和盛唐时期江西诗人寥若晨星,到了晚唐五代,有江西诗人42位,仅次于浙江,居全国第二。唐宋古文八大家,宋朝占六家。欧阳修、王安石、曾巩三家都是江西人。四川"三苏"出于一个家族。按家族计算,宋朝江西四分天下有其三。江西永丰欧阳修(1007—1072)是北宋文人的主帅。"三苏"和王安石、曾巩,有的出自欧阳修门下,有的经其举荐。宋词四大祖师晏殊、晏几道和欧阳修都是江西人,只有张先是浙江吴兴人[1](见表15-1)。

表15-1 《全唐诗》作者籍贯地变化[2]

时 期	作者人数			
	初唐	盛唐	中唐	晚唐五代
全国	150	148	277	293
北方	123	99	179	116
南方	27	49	98	177
其中:江西	0	5	8	42

明朝江西文化达到辉煌的顶峰。"翰林多吉水,朝士半江右。"江西读书人和官员可以左右朝廷。在全国科举史上,出现过江西吉安府包揽前7名的盛

---

[1] 周文英.江西文化[M].沈阳:辽宁教育出版社,1998.
[2] 同上.

事。永乐二年(1404年)甲申科状元曾启是江西吉安永丰人,榜眼和探花都是吉安吉水人。二甲第一名杨相是吉安泰和人,第二、三、四名也是吉安府人。杨相兼得会元。担任甲申科主考官和读卷官内阁大学士7名,解缙、胡广、杨士奇、胡俨、全幼孜5名都是江西人。这样光辉的记录在科举史上是独一无二的。永乐二年甲申科的盛况不是孤立的。前一科建文二年(1400年)庚辰科,状元胡广、榜眼王艮、探花李贯都是江西吉安人。二甲第一名吴溥、第三名朱培也是江西人。前6名中,江西占了5名。明朝江西有状元18名,略低于浙江省20名,与江苏省并列第二。就15世纪100年来说,江西绝对领先,全国状元34名中占了13名,江苏和浙江都只有5名。明朝江西状元一半来自吉安府,其中,最多的是吉水县。"隔河两宰相,十里五状元",是当年对吉水的赞誉。

  明朝江西文化盛况在戏剧、科技等方面也有反映。弋阳腔对全国戏剧影响深远,发源地在江西。临川才子汤显祖(1550—1616)创作的《紫钗记》《牡丹亭》《南柯记》《邯郸记》称"临川四梦",是传奇戏曲的上品。其中,《牡丹亭》"上薄风骚,下夺屈宋,可与实甫《西厢》交胜"。① 明朝末年的两部科学巨著《本草纲目》《天工开物》与江西有关。《本草纲目》于明万历二十四年(1596年)在南京刊出。初刻未工,流传不广。七年后在南昌再次刊印才得到广泛流传。说明当时江西的印刷技术在全国领先。《天工开物》作者宋应星(1587—1664)是江西奉新人。该书遵照自然规律,开发物质财富,总结农业和手工业技术。科学史家李约瑟称宋应星是中国的阿格里柯拉(西方文艺复兴时代的科学技术代表)。

  进入清代以来,江西文化在全国的地位衰退。整个清代,江西只有3位状元,与江苏、浙江比较,瞠乎其后,还低于边远的广西。衰退的趋势一直持续到20世纪80年代。江西一度是全国少有的"三无省"之一,无学部委员,无重点大学,无博士学位授予点。什么原因促使江西文化达到辉煌的巅峰,又坠落到低谷? 主要是人口迁移、经济开发、交通变化和战争破坏。这些原因相互关联,互为因果。

  江西经济开发可以从人口和田赋两方面得到佐证。北宋元丰年间江西耕地300余万公顷,接近开发的极限。宋崇宁年间江西13个州人口446万,占全国1/10。明洪武年间,江西人口增加到898万,占全国1/7,是全国人口大省。北宋崇宁年间东南各路漕运米600万石。其中江西(江南右路)120万石。② 到洪武二十六年(1393年)江西征米259万石,占全国1/10。此外,以景德镇为代表的瓷业生产,以乐平银矿为代表的矿冶业,在全国名列前茅。明初全国官营冶铁所13处,江西占进贤、新喻、分宜三处,产量占全国2/5。其中,进贤产810

---

① 周文英.江西文化[M].沈阳:辽宁教育出版社,1998.
② 宋史(一七五卷)·食货上.

吨,居全国第一。①

人口增加,经济开发,与优异的环境和区位条件有关。江西四面环山,只有北面九江有一个出口,中央是富饶的平原丘陵,"既完且富"。很长一段时间,江西在主战场以外,时局升平,人民生息繁衍。江西东控浙闽,南接粤海,有纵贯南北的交通干线穿越,顺赣江南下,经大庾岭到广州,是商贾物流必经路线。唐玄宗开元四年(716年)张九龄主持修筑大庾岭梅岭道,史称五车并行,来往称便。江西是北方望族南渡的重要归宿地。

物流的通道也是文化扩散的捷径。庐山是中原文化向南传播的重要中转站。白鹿洞书院是中国宋初四大书院之一,名士高僧,纷至沓来,讲经论道。唐朝王勃、李白、颜真卿、韩愈、白居易等名家相继在江西留下千古佳作。到了宋朝,江西有书院136所,文化扩散成燎原之势。

兴也经济,衰也经济。江西经济在全国地位的低落,是文化衰退的根本原因。经济衰退又与交通孔道转移有关。五口通商,海运兴起,江西成了偏僻的内陆。粤汉铁路贯通,南北交通干线向两湖转移。加上太平天国和第二次国内革命战争,江西是主战场,生灵和生产遭到破坏。

根据历史经验,重振江西文化,一要畅达交通,畅达信息,发挥江西在东南半壁的中枢作用,将江西建成粤、闽、浙通向内地的中转枢纽;二要振兴教育,提高江西人民的文化素质。辉煌的历史给江西留下丰富的物质遗产和精神遗产,这些遗产是江西社会发展的宝贵资源。

四、两湖文化

两湖文化又称荆湘文化,包括湖北和湖南两省。两湖是春秋战国时楚国的核心地区,楚文化的核心地区。

(一) 缤纷芳菲

春秋战国时期华夏文化南北融合,楚文化是南方文化的代表。1978年湖北随州出土的擂墩曾侯乙墓器物说明楚文化可以与黄河流域文化争相辉映。出土的全套编钟重近2.6吨,形体美观,花纹纤细,铸造精致,音质纯正,可以演奏中外名曲。尊盘用镂孔、透空、浅浮雕、深浮雕和圆雕等工艺,高低错落,层次丰富,玲珑剔透。纱、绢、绣、锦等织物和漆器也达到极高的工艺水平。美学家宗

---

① 魏伟.江西文化[M]//中华孔子学会编辑委员会.中华地域文化集成.北京:群众出版社,1998.

白华说:"楚国的图案、楚辞、汉赋、六朝骈文、颜延之诗、明的瓷器,一直存在到今天的刺绣和京剧的舞台服装,这是一种美,'错彩镂金,雕缋满眼'的美。"①

屈原《离骚》是楚文学的代表。楚地山川迤逦,民族混杂,社会色彩斑斓,生活节奏明快,在《离骚》文风上有充分反映。与温柔敦厚的《诗经》相比,《离骚》"佩缤纷其繁饰兮,芳菲菲其弥章",有升天入地的期盼,有香草美人的比拟,充满浪漫色彩。《离骚》反映楚人喜爱鲜艳色彩和纷繁装饰的审美观,在建筑上、雕塑上和绘画上都有表现。

皮黄二腔的融合是楚地对中国戏曲的重大贡献。皮黄二腔指西皮和二黄两个声腔,是京剧的基础。京剧又称皮黄戏。西皮腔在陕西一带兴起,保留秦腔高亢激昂、粗犷豪放的特色。二黄腔源自黄陂、黄冈,低迴舒缓,端正典雅,有楚歌传统。武汉三镇是九省通衢,南北商帮会馆林立,大众娱乐戏曲活跃。乾隆年间,湖北艺人融合西皮和二黄两调,形成楚调、汉调,为京剧的诞生奠定基础。"二黄之尚楚音,犹昆曲之尚吴音,习俗然也。"②京剧梨园八大家中,余三胜和谭鑫培是湖北罗田人和武昌人。③

鄂西武当山是道教名山。明永宋十四年(1416年)在1600米高的天柱峰顶建铜铸金殿,台阁式四坡重檐,供真武大帝鎏金铜像,又称金顶(见图15-3)。

(二) 九头鸟辩

武汉位于大陆中央,地势较低,冬季有寒潮侵袭,夏季有40℃左右高温。冷冬酷暑使人的性格大起大落,易怒易喜,不计前嫌,易解积怨。"天上九头鸟,地下湖北佬",讲的是武汉一带人们的性格。"九头鸟"出自《山海经》"九头凤",凤有九头,聪明,精灵,受楚人崇拜。现在人们对九头鸟的理解增加一层狂躁、好斗的意思。

根据考证,"九头鸟"一说流传开来与明朝鄂籍宰相张居正(1525—1582)辅政得力有关,没有贬义。当时有民谚:"天上九头鸟,地下湖北佬,皇帝出外游,国政代理好。"余远谋作《九头鸟歌》,讲述张居正辅政得罪权贵,被咒"九头鸟",最后两句为:"排斥权豪修庶政,乱未发生防得早。为此与人结怨多,被人诅咒九头鸟。"④

---

① 宗白华.艺境[M].北京:北京大学出版社,1987.
② 极乐世界,道光二十年(1840年)刊二黄腔剧本.
③ 张正明.楚文化卷[M]//蒋宝德.中国地域文化.济南:山东美术出版社,1997.
④ 陈远发.荆楚文化之谜[M].海口:南海出版公司,2002.

图 15-3　武当山金顶(谢凝高)

(三) 武多楚腔

"绍兴师爷湖南将""文多吴音,武多楚腔"。湖南和湖北两省人口占全国9.8%,20世纪30年代将领占全国22.4%。20世纪60年代统计的解放军和红军将领中湖南、湖北占全国47.8%。1955年,中国授衔的十大元帅,湖南有彭德怀、贺龙、罗荣桓3位;十员大将中,湖南有粟裕、黄克诚、陈赓、谭政、肖劲光、许光达6位;57员上将中,湖南有王震、邓华、甘泗淇、朱良才、苏振华、李涛、李志民、李聚奎、杨勇、杨得志、肖克、宋任穷、宋时轮、陈明仁、钟期光、唐亮、陶峙岳、彭绍辉、傅秋涛19位。1989年中央军委审定全国共有33位军事家,湘籍占14位。19世纪以来,中国有"无湘不成军"一说。

楚多武将有历史和文化方面的背景。从曾国藩操练湘军实施洋务开始,湘籍军人开始掌握清政府主要兵力。19世纪70年代关内八大总督中,湘人占5

位,统辖京津的直隶总督和统辖长江下游的两江总督都是湘人。黄埔军校地近两湖,长沙和武汉设有黄埔军校分校,为两湖青年投笔从戎创造近便条件。蒋介石组建48个军,16位军长是湖南人。两湖经济赶不上长江三角洲和珠江三角洲,相对滞后,择业的机遇相对较狭,也是两湖青年从军的一个原因。

在文化观念方面,两湖学子"喜言兵事""宁为百夫长,胜作一书生"。与多数地区主张"好男不当兵"相反,这里的顺口溜是"好男何不去当兵,好女不捏绣花针"。湘人性格刚烈,饮食尚辣。俗话说:"四川人不怕辣,贵州人辣不怕,湖南人怕不辣。"湘西苗族婚礼上男女双方都要唱辣子歌。从明末王船山提倡经世致用起,以岳麓书院为中心的湖南地区,成为革新思想的中心之一。湘人魏源与林则徐合编《海国图志》,共100卷,系统介绍国际形势,第一次提出"师夷之长技以制夷"的思想。湘人谭嗣同被梁启超称作"中国为国流血第一烈士",是革新思想的杰出代表。在戊戌变法中,湖南是唯一推行光绪帝新法的省份。1905年7月30日孙中山在东京组建同盟会,共有79人,湖南占20人。辅佐孙中山建立同盟会的黄兴,有"无公则无民国"的美誉。谭嗣同的学生蔡锷率3000滇军起义,反对袁世凯称帝,为恢复共和做出重大贡献。湘人杨度《湖南少年歌》高吟:"若道中华国果亡,除非湖南人尽死!"这首爱国热情洋溢的诗词谱上曲,作为小学音乐课教材传遍三湘。[①] 黄兴、蔡锷和杨度都是湘籍爱国人士。

---

① 明立志.天下不可一日无湖南[M]//鲁迅等著.北人与南人.北京:中国人事出版社,2009.

第十六章　华南文化区

华南文化区包括广东、海南两省和广西壮族自治区。

一、岭南文化

岭南文化区包括岭南山脉以南的广东和海南两省。唐太宗贞观年间设岭南道,岭南作为一个地域名称沿用到今天。岭南文化是以汉文化为主体,南越本土文化为基础,吸收海外文化形成的多元文化体系。

(一) 南风北渐

岭南有漫长的海岸线,有众多岛屿,是海上丝绸之路的重要起点,通向西方的捷径,得海外风气之先。中国近现代的新文化、新思潮和革新运动大都在岭南发端。百日维新、辛亥革命、北伐,岭南都有决定性的贡献。改革开放以来,广东经济迅猛发展,在全国 GDP 中的地位由第六位上升到首位。南风北渐是现代华夏文化发展的重要轨迹。岭南是南风的主要风源。南风北渐中比较重要的事件有三:

(1) 1895 年康有为和梁启超领导的百日维新,康、梁是广东南海和新会人。

(2) 1911 年孙中山领导的民主革命,孙中山是广东香山(中山市)人。

(3) 改革开放设立的 5 个经济特区中,深圳、珠海、汕头、海南 4 个在岭南。建立社会主义市场经济体制的改革措施,大都在特区试行。在人事招聘、劳务用工、土地拍卖、房地产改革、物价调控、证券开放等方面,特区都进行有益的探索。

南风北渐的后续是南风北荣。岭南毕竟位于中国一隅。新文化、新思潮和革新运动要发扬光大,必须立足上海、北京等辐射中心。广州是历史上对外贸易大港。鸦片战争上海开埠后到 1853 年,短短几年时间,上海的对外贸易便超过广州。数以十万计的粤人北上,加速了上海的繁荣。岭南维新思想家郑观应是上海的买办。岭南科学家容闳在上海经商。改革开放以来,岭南的新文化、新思想以至岭南人士大规模北进,是中国南风北渐和南风北荣的新周期。[①]

---

① 陈乃刚.岭南文化[M]//中华孔子学会编辑委员会.中华地域文化集成.北京:群众出版社,1998.

岭南本是南越各族居住的地方,山势连绵,在古代交通状况下,翻越艰难。岭南水、土、光、热和丰富的生物资源为人类生存提供优异条件。岭南气候湿热,多"瘴疠病毒"。淮南王刘安谏汉武帝远征岭南时说:"南方暑湿,近夏瘴热,暴露人居,蝮蛇蠚生,疾疠多作。兵未刃血,而病死者十之二三。"[1]直到唐代,岭南还是"恶淫瘴毒聚"的化外地方。[2]

由于环境、历史背景和语言习俗的差异,从宋元时期起,岭南形成广府、福佬和客家三大民系,有鼎足之势(见表 16-1)。

表 16-1 广东省方言区人口简表(2004 年)

方言区	人口规模/万人	占全省比例/(%)
粤方言区	4243	51.1
闽方言区	1769	21.3
其中潮州话区	(1329)	(16.0)
其中雷州话区	(440)	(5.3)
客家方言区	1727	20.8
韶关话区	116	1.4
惠州话区	42	0.5
北方方言区	291	3.5
其他	116	1.4
合　计	8304	100.0

(二) 广府文化

广州是广东的首府。以广州为中心的民系俗称广府民系。在岭南三大民系中,广府民系分布最广,影响最大。公元前 214 年秦始皇统一岭南,中原人士逐渐南下,与南越部落融合,形成广府民系。北人翻越南岭,大都取道粤北南雄珠玑巷。公元 264 年,三国吴永安七年,设广州。广州是岭南首府,简称广府,是广府一词的来历。自从唐朝以来,广州便是全国重要对外贸易中心,每年进出港域船舶达 4000 余艘。唐时在光塔路一带设立蕃坊,供外商居住,是古代的特区。坊内由外国人选出代表自行管理,可以自由传教,可以保留自己的风俗习惯。现今光塔路一带仍有阿拉伯人后裔。明清两朝实行锁国政策,广州是唯一开放口岸。岭南的新思潮、新文化,大都源自广府地区。

广府民系通行粤方言,又称广州话、白话。广州、香港、澳门都以粤语为主。

---

[1] 司徒尚纪.广东文化地理[M].广州:广东人民出版社,1993.
[2] 韩愈,泷吏[M]//全唐诗(三四一卷).北京:中州古籍出版社,1996.

粤方言成了岭南地区的强势语言,通行地域有扩张的趋势,在汉语七大方言中,影响力仅次于北方方言。目前约有5000万人使用粤方言,主要分布在广东中部和西部、广西东部。海外华侨、华人中,使用粤语人数最多。在穿越太平洋的客机上,常常可以听到粤语服务。受港澳影响,近代粤语吸收不少外来语。例如,球叫波,衬衫叫恤,出租汽车叫的士,公共汽车叫巴士。大巴、小巴、打的等词组经粤语媒介渗透到全国。①

用粤方言演唱的戏剧称粤剧、广府戏。田汉称赞粤剧"热情如火,缠绵悱恻"。周恩来赞美粤剧是"南国红豆"。② 粤语小曲声腔婉转、曲调悠扬。广府民乐称广东音乐,节奏明快,音色清脆,气氛热烈,被誉为"透明音乐"。③

吃在广州是人们对粤菜的认同。广州人喝茶,聚朋会友,洽谈生意,都上茶楼。"一盅两件",论大事,叙旧情,抒胸臆,怡然自得,乐在其中:一盅是一杯茶,两件是两式精美的点心。离退休老人爱光顾茶楼,风雨无阻。不论是雕梁画栋的古典式茶楼,还是富丽堂皇的现代化酒家,都备有各式精致茶点。

广府人聚居的珠江三角洲和西江两岸,低洼积水。人们因地制宜挖泥筑塘,垒土成基。鱼塘养鱼,基上种桑、种蔗、种果,称桑基鱼塘、蔗基鱼塘、果基鱼塘。基塘系统耕作方式能充分利用土地资源,开展多种经营,带动丝织、制糖等产业,是符合生态原则的科学耕作方式。

广府建筑艳丽活泼。广州陈家祠是广府建筑的代表。全祠三轴三进,厅堂用品字形花屏门间隔,整座建筑浑然一体。石雕、砖雕、木雕、陶塑、泥塑、铁铸、门画、壁画布满厅堂廊庑,绚丽多姿,有典型的南国气氛。砖雕水浒聚义厅场面宏大,气势宏伟,英雄好汉造型互异,疏密相当,是岭南艺术的杰作,也是中国清代雕塑的奇葩。

(三) 潮汕文化

潮汕文化又称福佬文化。"福佬"是福建佬简称。秦统一岭南前,潮汕地区闽越族与闽南民情相通,语言相近。唐末至两宋,从中原迁居福建的先民辗转进入潮汕平原。

潮汕人勤劳刻苦,有较强的竞争力和团结力。在经济活动中,潮汕人精于农艺,巧于工艺,善于经商,向外拓展。

---

① 李燕,司徒尚纪.港澳文化在珠江三角洲的传播及其影响分析[J].热带地理,2001,21(1):27—31.
② 《广东百科全书》编委会.广东百科全书[M].北京:中国大百科全书出版社,1995.
③ 郑刚.岭南文化向何处去[M].广州:广东旅游出版社,1997.

1. 精于农艺

潮汕人以精耕细作著称。潮汕是全国典型的地少人稠地区,每人平均耕地只有 0.02～0.03 公顷。勤劳的潮汕农民根据当地的气候条件,总结出科学的耕作制度,充分利用每一寸土地,提高复种指数,俗称种绣花田。潮安在 20 世纪 50 年代是中国第一个亩产粮食双千斤县。成批潮汕老农到南方十三省传授潮汕经验,推动农业增产。潮汕老农成为闻名遐迩的光荣称号。

2. 巧于工艺

"心灵手巧"是人们对潮汕手工艺的评价。由于人口密集,劳动力富裕,潮汕手工艺以精细入微见长。陶瓷、木雕、潮绣和抽纱最具盛名,潮绣和抽纱是潮汕妇女的重要副业。潮汕工艺美术在中原文化传统基础上,受到西方文化的渗透,特色浓郁。

木雕是潮州工艺的代表,有沉雕、浮雕、透雕和圆雕等手法。广州美术馆收藏的人物博古纹神龛(见图 16-1)精雕细刻,玲珑剔透,是潮州木雕的精品。神龛高 50 厘米,宽 30 厘米,深 19 厘米,两扇门正面由雕刻作品 12 方组成。打开扇门展现雕刻作品 12 方。中央一方有山水庭院,桥塔楼阁,有人物数人,正在打扫庭院,准备迎接贵宾。

图 16-1　人物博古纹神龛(广州美术学院收藏)

3. 向外拓展

潮汕是著名侨乡，潮籍华侨、华人、华裔近800万人，加上港澳地区百万潮汕人，大体与潮汕本地区的人口相等。"有海水处就有华侨，有华侨处就有潮人。"傍山面海、人多地少、贸易发达是潮汕人外迁的地理和社会背景。潮州有民谚："无奈何，打起包裹过暹罗（泰国）。"潮汕人是在生活逼迫下"过番"到南洋谋生，浪迹天涯，四海为家，顽强拼搏，勤劳致富，也为侨居国的繁荣做出贡献。香港首富李嘉诚，泰国金融家陈弼臣、郑午楼等，都是潮籍人士。

潮州方言是闽南方言的一支，主要连片分布于广东省东南部以及港澳、东南亚潮籍华侨中。历史上潮籍人顺海而徙，在雷州半岛和海南岛定居，在那里形成闽南方言岛。

"谈潮必谈茶"，潮汕人喜欢饮工夫茶，讲究品茶，"宁可三日无米，不可一日无茶"。工余饭后，围坐喝茶；用心劳神，冲茶细斟。清人翁辉东说："潮人习尚风雅，举止高超，无论嘉会盛宴，闲处寂居，商店工场，还是街边路侧，豆棚瓜下，每于百忙当中，抑或闲情逸致，无不借此泥炉砂铫，擎杯提壶，长斟短酌，以度此快乐之人生。"①饮工夫茶用古色古香的茶具，称"烹茶四宝"：① 容水200毫升左右的赭褐色扁形烧水壶；② 小巧玲珑的小风炉；③ 容水50多毫升的紫砂茶壶；④ 容量4毫升的4只小茶杯。工夫茶选用乌龙茶中珍品，取山泉或深井水。工夫茶的"茶经"是"离炉七步，淋盖刮沫，高冲低斟，关公巡城，韩信点兵"。离炉七步冲茶，开水温度适宜。淋盖是为保持茶温；刮沫是去茶叶杂味；高冲是开水撞击茶叶，使茶味迅速释出；低斟茶香不致逸散，避免溅起泡沫。斟茶时抖动手腕在杯上巡回斟滴，使茶汁色香均匀，杯杯如一。一杯在手，先闻其香，一口饮完，甘醇浓郁。喝工夫茶重礼仪：第一巡茶请长辈或德高望重的客人先饮；喝茶间来了贵客要换茶叶重新冲；喝完茶轻放茶盅，不出声音。秦牧说："喝茶喝得那样认真，那样精益求精，几乎登峰造极的，照我看来，潮汕着实名列榜首而无愧。"②

潮州菜是粤菜中最有风味的一个品系，"清、淡、巧、雅、味、色、形、名俱美"。汤和蘸料是潮州菜的特色。一般宴席有2～3道汤。每道菜有不同的蘸料，咸甜酸辣，各得其所，与主菜相得益彰。潮州各式小吃也别有风味，获多项"中华名小吃"荣誉。

潮汕地区有名目繁多的祭神拜祖先活动，有活跃的民间戏剧演出。重大节日，一村同时可演三四台戏，有连续演一个月的。节日期间，大型伴乐游

---

① （清）翁辉东.潮州茶经·工夫茶[M]//黄挺.潮汕文化源流，附录.广州：广东高等教育出版社，1997.

② 秦牧.中国茶道[M]//汕头市旅游局编.食在潮汕.广州：广东旅游出版社，1989.

行"游锣鼓"走村串巷,目不暇接。上演潮剧、皮影戏、木偶戏、秧歌舞、赛花灯,形成独具一格的文化氛围。

(四) 客家文化

在岭南,客家文化中原色彩最浓。客家先民来自中原。历史上客家先民经历五次大规模迁移(见表16-2):前三次是北方向南方垂直迁移;后两次是由南方向西南、华中的水平迁移和返回迁移,同时迁向海外。

表16-2 客家人五次大迁移概况[①]

次 序	时 代	原 因	起 点	到 达 点
第一次	东晋、隋、唐	外族入侵	并州、司州、豫州、青州、徐州	远达江西中部、太湖流域,近达颖、淮、汝河一带
第二次	唐到五代	安史之乱、黄巢起义	河南西南部、江西中部、安徽南部	远达广东惠州、韶州,福建宁化、汀州、上杭、永定,近到江西中部、南部
第三次	宋到明初	金元南侵	闽西、赣南	广东东部和北部
第四次	清康熙、乾隆、嘉庆	客家人口繁殖,向人少田多地区迁移	广东东北部、江西南部	四川、台湾,广东中西部,湖南、广西
第五次	嘉庆以后	粤中土客械斗,调解后政府协助外迁	粤中	远到海南岛、海外,近到粤西、广西

第一次南迁触发点是晋怀帝永嘉四年的永嘉之乱,延续到南北朝,前后二百余年。当时,北方汉族与匈奴、羯、鲜卑、氐和羌五族战争频繁。"洛京倾覆,中州仕女避乱江左者十六七。"[②]中原先民由三条路线南迁:西路称"秦雍流入",陕西、甘肃和山西一带顺汉水南下,经洞庭湖、溯湘江、过桂林,到珠江流域;中路称"司豫流入",河南、河北一带沿汝河,下长江,进江西,到粤闽赣;东路称"青徐流入",山东、苏北和皖北一带沿淮河,过长江,到苏南、浙江、福建。

第二次南迁触发点是唐天宝年间安史之乱,延伸到五代。北方先民继续沿着上述三条路线南下,纵深到达梅州、汀州一带。

第三次南迁高潮是宋朝的靖康之难。北宋《太平寰宇记》和《元丰九域志》两书成书相差一百年,这一百年间梅州客户增加17倍,客户占全体人口的比例

[①] 张廷兴.方言趣谈[M].济南:山东教育出版社,1999.
[②] 谭其骧.晋永嘉丧乱后之民族迁徙[J].燕京学报,1934,15.

由不到 1/4 增加到一半以上(见表 16-3)。靖康之难,宋都南迁临安,上层人士悉数迁向江南。经历第三次南迁,客家在东南的集聚地域基本形成,客家方言在汉方言中的地位也基本确立。

表 16-3　北宋梅州客户增长表

年　代	太平寰宇记	元丰九域志
主户/户	1201	5824
客户/户	367	6548
合计/户	1568	12 372
客户/(%)	23.4	53.8

资料来源:嘉应州志·方言.

南迁时,先集中在粤、闽、赣交界地带,然后逐渐向内地蔓延。史籍记载,多数客家人在宋末元初迁入粤北、粤东。"无山不住客,无客不住山。"客家人到广东时,自然条件较好的平原、三角洲已被广府民系和福佬民系占据,晚到的客家人只能开发山区。东江流域是广东客家人的大本营。

粤闽山区土地贫瘠,客家人口增加,求生不易,清朝初期有"湖广填川"和"迁海复界"两大移民举措,引起客家先民第四次大迁移。明末清初,四川连年战火,户口凋零。康熙晚期,清政府组织大批客家人内迁四川。顺治十八年(1661年)清政府推行海禁政策,东南沿海 30 里到 50 里禁止百姓居住,形成无人区。1684 年开禁,以客家人为首的内地贫困居民大批迁入沿海一带。珠江三角洲和香港新界客家人大都在这一时期迁入。

同治六年(1867年)清政府组织珠江三角洲一带客家人向粤西高州、雷州、海南岛和广西迁移。触发原因是广东西路当地原居民和客家人连续 12 年大规模械斗,死伤五六十万人。这是客家人第五次大迁移。

在第四次和第五次大迁移期间,客家人大批迁到台湾和海外。估计台湾有 400 万人说客家话。

客家文化的特点是群体观念强,宗族观念浓,重视文化教育,有坚韧不拔的创业精神。

1. 群体观念强,宗族观念浓

客家人是中原望族南迁,"以郡望自矜",不忘先祖荣耀,续修家谱,聚族而居,修建规模庞大结构特殊的聚落。"有村必有围,无围不成村。"在梅州一带,客家民居的主要形式是围屋,以宽敞的厅堂为中心,由通廊联络,中轴对称,主次分明。客家围屋后部有马蹄形"围龙屋"。大型围龙屋可住一二百户,院落层层,蔚为壮观。逢年过节,客家人在围屋醒目处贴有堂联,慎终追远,不忘先祖。

"宁卖祖宗田,不忘祖宗言。"强烈的宗族色彩使得客家方言代代传承。客家话比较接近中原古汉语,保留不少中州古音,例如黑叫"乌",中午叫"昼",灌溉叫"沃",木柴叫"樵"。

长途辗转,风餐露宿,高山峻岭,瘠薄险要,培养了客家人团结互助精神。"无畛域之见,有友助之美。"旧时客家山区遍设凉亭,向过往客人施茶。如今海外客家籍华人、华侨,有较强的凝聚力,"崇正会"等联谊组织比较普遍。

2. 重视文化教育

客家先民多"衣冠望族",有较高文化素养。后人秉承"重教化,扬家声"的传统,尊师重教,崇尚读书。客家有童谣:"蟾蜍罗,咯咯咯;唔读书,无老婆。"1748年河北通州人王之正知梅州,在《梅州志》中说:"士喜读书,多舌耕,虽穷困至老,不肯辍业。"1904年梅州黄遵宪引进西方教育,筹建师范学校,推动客家教育事业。在尊师重教习俗熏陶下,客家地区历代英才辈出。清朝梅州有翰林18位,在交通闭塞的岭南是很可贵的。辛亥革命前后,孙中山、廖仲恺、邓演达、邹鲁、张发奎、陈铭枢、陈济棠等客家人在政治舞台上有不可磨灭的影响。郭沫若称赞梅州"文化由来第一流"。

3. 有坚韧的开拓创业精神

客家人经过辗转迁徙到达岭南,落籍闭塞贫困山区,艰苦的环境磨炼出勤奋耐劳、自强不息的品格。青壮年大多外出谋生,到海外创业。别的民系不愿干的职业,客家人干得很起劲。过去广州的理发师几乎全是客家人。现在广东各地的石匠、钟表匠等手工艺者大都是客家人。[①]

客家文化中有"男读女耕"的分工传统。妇女承担田间和家务劳动,是社会生产主要力量。客家妇女没有缠足习惯,天足对客家人的健康是有益的。究其原因:一是历史——缠足风起于南唐,当时客家正在第二次大迁移过程中,缠足不便长途跋涉;二是社会——客家妇女不分贵贱,又耕又织,田头灶头,无一不能,样样都精,没有天足无法应付。妇女天足是客家人勤奋耐劳的重要表现。旧时,在客家地区相亲,要挑大脚女孩,大脚表示能劳动。

"二次葬"在广东比较普遍,客家地区尤其盛行。第一次葬比较简朴。第二次葬是隆重的长久性埋葬。"二次葬"习俗在客家盛行与历史背景有关。光绪年间的《嘉应州志》说:"流移转徙之不常,恐去而之他乡,故相传为捡骸之法,以便带欤。"[②]在迁移未定的情况下,采用"二次葬"可以在新居附近选择祖坟。

---

① 司徒尚纪.广东文化地理[M].广州:广东人民出版社,1993.
② 光绪.嘉应州志(卷八)·风俗.嘉应州即梅州.

二、八桂文化

古代传说中月宫有八桂树。桂林山水和月宫一样美丽,人们常用八桂称桂林。桂林历代是广西首府,八桂被用来泛指广西。秦始皇三十三年(公元前214年)统一岭南,在岭南设桂林郡、南海郡和象郡。桂林郡全部和象郡小部在广西境内。元顺帝至正二十三年(1363年)在湖广行省南部设广西行中书省,是广西省名的起始。从宋朝起就有"桂林山水甲天下"一说(见图16-2和图16-3)。

图16-2 阳朔兴坪(吴良镛)

广西桂林有山水甲天下美誉。桂林石灰岩层最厚处达4622米,一般厚2500~3000米。桂林年平均温度18~19℃,年降水量1900毫米,石灰岩溶蚀较快,形成山、水、洞一体的奇观。

广西是中国少数民族人口最多的省级行政区,除壮族和汉族以外,有瑶、苗、侗、仫佬、毛南、回、京、彝、水、仡佬等民族。八桂大地保留不少古朴自然的

图 16-3　桂林漓江象鼻洞（谢凝高）

社会形态。以婚姻形态为例，唐代以前，田林、隆林、西林、凌云、环江等地盛行母系社会，至今还保留"不落夫家"和"两边走"等母系社会痕迹。"不落夫家"是结婚后长期住在娘家。"两边走"是双方居住均等，男方先到女家住段时间，女方再随夫入居男家。大新县有些集市称老婆圩、妇女圩，反映在母系社会女方掌握家庭财产的支配权。①

八桂人民喜爱唱歌。集会时唱聚歌，行路时唱踏歌，欢乐时唱喜歌，忧伤时唱悲歌。老年人喜欢唱劝讽谑时歌，青年人热衷唱恋爱传情歌。歌圩是八桂壮乡人们在特定的时间、地点举行节日聚会唱歌活动的形式。《龙州县志》记载："每场聚集人众不下千人""唱和竟日"。八桂有一位歌仙刘三姐，是唐朝人。"如今八桂成歌海，都是三姐亲口传。"在桂北，"元宵和中秋举行歌圩，传说是刘三姐的生日和成仙日"。②

八桂各族人民自汉唐时起，便采用"干栏"式建筑。壮语"干"是上面，栏是房屋，干栏是"上面的房屋""人栖其上，牛、羊、犬、猪畜其下"。③ 干栏所用材料，

---

① 盘福东.八桂文化[M].沈阳：辽宁教育出版社,1998.
② 广西歌圩资料集.
③ 太平寰宇记.

山区以木为主,下垫大石,平坝多砖石结构,牢固、耐火。

程阳风雨桥和马胖鼓楼是国内外知名的侗族风格建筑,都是国务院公布的第一批国家级重点文物保护项目。程阳风雨桥在三江侗族自治县林溪河上,长64米,桥上有5座亭阁,用木柱支架,横梁斗拱,层层叠起,像凤凰展翅。亭阁间有长廊连接,廊上雕梁画栋,光彩夺目,桥面两边设栏杆和木板凳,供行人休息。马胖鼓楼位于三江侗族自治县马胖寨,楼高14米,九层檐面,层层叠起。檐顶有仙鹤、葫芦、金瓜装饰。四根杉柱直撑楼顶,桁梁斗拱,雕龙刻凤,描花饰锦。这两座建筑都用榫眼相接,纵横交错,不用一钉一铆。①

壮乡爱生食,生鱼和羊、鸡、鸭的血都是佳肴。三五斤的大鱼,剥皮去骨,切成薄片,拌上香油、盐、葱、蒜、姜、醋、酱油等,片刻即食。宰杀禽畜时,将血放在碗、盆里,用盐搅拌,倒入炒熟的肝、肺、时菜,搅拌后,便可上桌食用。

中原文化最早由湘江、漓江一线传入岭南。桂林是通向中原的门户,是广西文化启蒙最早的地区。有科举以来,广西共出8位状元,6位是桂林人。桂林是两广状元最多的地方。嘉庆年间,临桂(今桂林)人陈继昌在乡试、会试和殿试中,连连夺冠,是清朝两位三元之一。

---

① 盘福东.八桂文化[M].沈阳:辽宁教育出版社,1998.

第十七章　西北文化区

西北文化区包括三秦文化区、甘陇文化区、宁夏回族文化区和新疆文化区。

一、三秦文化

三秦文化区相当于陕西省。项羽进关中后,分别封雍王管咸阳以西,塞王管咸阳以东,翟王管陕北,史称三秦。

(一) 陕西十大怪

陕西的自然环境和人文环境南北差别很大,陕南、关中和陕北分别属于长江流域、八百里秦川和黄土高原。关中是陕西社会、经济和文化活动的中心。外地人到陕西,一般先到关中,感受关中地域文化,梳理归纳为十大怪,称陕西十大怪。确切地说,陕西十大怪是关中十大怪。

"面条像腰带,烙饼赛锅盖,泡馍大碗卖,碗盆难分开"都是饮食文化,有自然环境和社会历史的烙印。

关中是小麦产区,面条和烙饼是大众主食。关中人爱吃又粗又长的面条。最长的手擀面约1米长、3厘米宽,长而不断,宽而不厚,筋韧可口,吃起来有筋性。一根面条可以用2两面。饭量小的人一根面条可以吃饱。擀面用2米长、1米宽、10厘米厚的河渠柳案板,1米多长的枣木擀面杖。擀面杖竖起来几乎有一人高。女孩子到7岁,做娘的开始传授擀面技能。西府一带新媳妇过门第二天举行擀面仪式,展示新媳妇的才艺。这种面条下锅时有乒乓响声,俗称梆梆面。"油泼辣子梆梆面,越吃越美赛神仙。"在关中农民心目中,油泼辣子梆梆面是美味佳肴(见表17-1)。

当地把烙饼叫锅盔。著名的乾县锅盔直径约70厘米,厚10厘米,中间低凹,周边微凸,看起来像倒扣着的锅盖(见图17-1),吃时要张大嘴,不自觉地瞪起大眼,又称瞪眼锅盔。烙制乾县锅盔要用特大号铁锅。锅盔水分少,松软,便于携带,便于保存。

表 17-1　陕西十大怪及其环境①

民　俗	环　境
面条像腰带	麦区以面食为主
烙饼赛锅盖	反映粗犷豪放的性格
碗盆难分开	反映简朴的饮食习惯
泡馍大碗卖	受游牧民族饮食影响
板凳不坐蹲起来	餐间扎堆聊天
帕帕头上戴	代替帽子，一帕多用
姑娘不对外	乡里观念重
房子半边盖	节省木料
皇上两行埋	九代古都
唱戏大声吼起来	如黄河奔腾，如华山雄伟

图 17-1　锅盔像锅盖②

　　泡馍、饺子宴和仿唐菜是西安饮食三绝。饺子是北方大众食品。在九朝古都西安，品种繁多，加工精细。仿唐菜是唐都遗风。泡馍用牛羊肉浓汤泡制，是汉族与草原游牧民族饮食文化交融的印证。

　　吃梆梆面和泡馍都要用大碗。大碗的碗口直径六七寸，最大的有 1 尺，一

---

① 黄留球.秦文化卷[M]//蒋宝德.中国地域文化.济南：山东美术出版社，1997.
② 惠焕章.关中百怪[M].西安：陕西旅游出版社，1999.

碗可以盛1斤米饭,俗称老碗、海碗。农村用的是粗瓷素面大碗。城市泡馍店用的是细瓷套花大碗。进了泡馍馆,男女老幼,一视同仁,人人拿只带彩大碗。大碗在手,一碗便饱,省时省力(见图17-2)。

图17-2 老碗小盆分不开[①]

板凳不坐蹲起来,家家吃饭蹲门外。关中人的蹲功奇佳。听报告,看演出,一蹲几个小时,纹丝不动。上至白发老翁,下至黄口小儿,都觉得蹲着吃饭舒服。农村用饍时,人人端个海碗,门口、树下、场边一蹲,边吃边聊,古今趣闻,山南海北,政治风云,经济信息,无所不谈,俗称老碗会。家中凳椅平时不用,全家团圆、红白喜事、妇女奶婴,偶尔坐坐。

关中一带手绢叫帕帕。帕帕头上戴是关中服饰习俗。男人帕帕用白粗布制成,必要时可以捆东西当腰带。女子帕帕色泽较深,正方形,可以戴在头上,也可以当围脖。帕帕可以防风、防沙、防尘、防晒、保暖,一帕多用,经济实惠。

姑娘不对外,"有女莫嫁外地客,有男莫娶外地女"是关中农村的择婚原则。这里有自给自足农耕社会的封闭性,也有关中人心目中的优越感。关中人认为左邻右舍,都不如关中富庶。农村婚嫁,近不出村,远不过七八里。男方提亲,女方第一句话问家在哪里。女儿走娘家,一般不用骑驴,抬腿就到。美术界有一说法:"描关中人容,临始皇兵俑。"秦陵兵马俑造型凝聚,形态传神,刻画入微,气势博大,具有浓郁的秦风和强烈的写实性。关中人婚嫁半径小,遗传变异慢,容貌与兵马俑相似:大个,前额饱满,眉骨隆起,鼻阔近于嘴,腰长过于腿。[②]愣娃站成排,关中小伙站在一起就像兵马俑的列阵。

唱戏大声吼起来,说的是秦腔爱演花脸大净戏,俗称黑头戏。唱声如吼,发自肺腑,磨烂喉咙。关中地区有一段顺口溜:"八百里秦川黄土飞扬,三千万人

[①] 惠焕章.关中百怪[M].西安:陕西旅游出版社,1999.
[②] 贾平凹.关中论[M]//鲁迅等著.北人与南人.北京:中国人事出版社,2009.

民吼叫秦腔。调一碗黏面喜气洋洋,没有辣子嘟嘟嚷嚷。"这是当地民俗的生动写照。

(二)皇上两行埋

房子半边盖,皇上两行埋,是关中建筑文化的特色。

关中农村,厢房大都半边盖,成直角三角形状的单面斜坡和单面门窗。半边盖的厢房背靠高墙,冬挡寒风,夏遮阳光。厢房半边盖可以节约檩梁和青砖。砌墙时只用少量砖砌地基,用土坯一砌到顶。背墙与宽厚的院墙兼用。土坯墙托重功能小,难以撑起双面房顶。半边盖房顶用较细的椽木。在林木稀缺的关中,盖双面房顶用大型檩梁造价昂贵。

关中是中国文化的重要发源地,是历史上建都时间最长的地方。公元前1059年周人从岐山东徙,定都沣河西岸的丰邑,是建都的起始。西周、秦、西汉、前赵、前秦、西魏、北周、隋、唐10个朝代在这里定都。王莽新朝、汉更始帝刘玄、赤眉刘盆子、东汉献帝、西晋愍帝、大齐黄巢都有短暂时间在长安定都。前后建都时间达1133年。[①] 宫殿楼阁大都毁于战火,帝皇陵墓是留下的重要遗产。

黄帝部落,在姬水一带居住,死后葬于桥山。黄帝陵在桥山之巅。桥山脚下黄帝庙内有黄帝手植柏,周长10米,游人瞻仰,崇敬之情油然而生。从周文王姬昌起,关中埋着有名有姓的皇帝72位。"南方才子北方将,陕西皇上埋两行。"汉朝和唐朝皇陵一南一北,平行展开。汉陵在咸阳原上,偏南。从溪河畔阳陵到兴平茂陵,绵延百里,埋9位皇帝。陵旁有皇亲国戚功臣元勋墓。汉武帝茂陵旁冠军侯霍去病墓前有造型完美的雕塑十余尊,古朴生动。唐陵偏北,从蒲城唐玄宗李隆基的秦陵到乾县唐高宗李治武则天合葬墓乾陵,首尾300里,埋帝皇18位。礼泉县唐太宗李世民昭陵前的6匹石刻骏马按太宗生前南征北战坐骑雕成,是中国雕塑艺术的极品。

秦始皇陵及其附属的兵马俑是"世界第八奇迹"。三座兵马俑坑内有车兵、骑兵、步兵7000余件,战车130辆,战马600余匹。兵马俑大小与真人相仿,按军队编阵排列,气势磅礴,有浓郁秦风。在艺术上,兵马俑是一代绝塑。在学术上,兵马俑是世界最大的地下军事博物馆。

改革开放以来,陵墓成为旅游的热点。关中农妇学几句半洋半土的外语,在陵墓前向外宾兜售手工艺品。"帝王陵前追老外"成为20世纪末陕西

---

① 朱士光.西安建都朝代新论[M]//北京大学历史地理研究中心.侯仁之师九十寿辰纪念文集.北京:学苑出版社,2003.

出现的怪现象。①

法门寺建于东汉桓灵期间(147—189年),称关中塔庙始祖。1986年4月3日清理法门寺塔基时发现千年地宫和佛祖指骨舍利,惊动海内外。

伸手摸秦砖,抬脚踢汉瓦。古都风韵留下灿烂的文化遗迹,也留下深厚的文化氛围。西安和咸阳附近密集分布近百所科研院所,包括全国唯一的农业高新技术产业示范区。西部大开发的大浪中,"蹲着的兵马俑站起来了,快步走了"。② 关中是西部大开发的重要辐射中心。

二、甘陇文化

甘陇文化区包括甘肃省甘南藏族自治州以外的大部分地区和青海省东北部。秦(公元前279年)置陇西郡,甘肃简称陇。元时设甘肃行省,取甘州(张掖)和肃州(酒泉)各一字。东西方文化交流通道河西走廊和以敦煌为代表的石窟文化是甘陇文化的两个亮点。

甘肃省像个葫芦,从东南向西北直线距离约1400千米,横卧在丝绸之路上。丝绸之路在黄河以东有四条通道:

(1) 回中道。沿渭河,经陇县、泾川、平凉,过六盘山,在靖远过黄河。

(2) 陇关道。从陇县西行,过陇关,经略阳、通渭,到兰州,过黄河。

(3) 路南道。沿渭河,经天水、临洮,北上兰州,过黄河。

(4) 灵武道。经灵武,过黄河。

这四条通道,到武威后合成一条道路,经张掖、酒泉,到敦煌,构成约600千米走廊。走廊南有祁连山和青藏高原,北有龙首山和戈壁大漠。到敦煌后,丝绸之路又一分为三,有北道、中道和南道。敦煌是丝绸之路上"咽喉之地"。③

甘肃有"石窟之乡"的美誉。石窟33处,分敦煌、河西、陇中、陇南和陇东五个石窟群(见表17-2)。甘肃多石窟除了位于东西文化交流通道的区位,还与当时的历史背景有关。佛学东传,河西是讲佛译经重地。魏晋名僧月氏人竺法护先后在敦煌和酒泉译经,有30余人。北魏初年,敦煌佛寺林立。盛唐时有佛寺16所,僧尼900余人。④ 从汉朝王莽起,河西是割据偏安的地方。"天下扰乱,唯河西独安。"⑤统治河西的王朝崇儒重文。西凉建立之初,在敦煌"立泮宫,增

---

① 惠焕章.关中百怪[M].西安:陕西旅游出版社,1999.
② 吴永国.蹲着的兵马俑要站起来[N].人民日报,2000-01-06.
③ 隋书·裴矩传.
④ 敦煌资料(第一辑).
⑤ 后汉书·孔奋传.

高门学生五百人"。"中州避难来者日月相继。"①《资治通鉴》说:"永嘉之乱,中州之士避地河西,张氏礼用之,子孙相承,衣冠不坠,故凉州号为多士。"张氏是前凉统治者张氏父子。

表 17-2　甘肃省石窟分布②

石窟群	石　窟
敦煌石窟群	①莫高窟 ②西千佛洞 ③东千佛洞 ④榆林窟 ⑤水峡口岸 ⑥五个庙 ⑦一个庙
河西石窟群	①文殊山 ②昌马 ③马蹄寺 ④金塔寺 ⑤天梯山
陇中石窟群	① 寺儿湾 ② 法泉寺 ③ 炳灵寺
陇南石窟群	①水帘洞 ②拉梢寺 ③千佛洞 ④显圣池 ⑤木梯寺 ⑥法镜寺 ⑦禅殿寺 ⑧八峰崖 ⑨麦积山 ⑩仙人崖 ⑪大象山 ⑫华盖寺
陇东石窟群	①庆阳北 ②泾川南 ③王母宫 ④合水 ⑤石空寺 ⑥石拱寺

敦煌"前阳关而后玉门,控伊西而制漠北",南有三危山、鸣沙山,北有大漠,坐落在党河冲积平原上。唐代李吉甫说:"敦,大也,以其广开西域,故以盛名。"③敦煌石窟从前秦建元二年(366 年)开始修建,直到 1935 年,绵延 1600 余年,现存洞窟 492 个。在洞窟中发现遗书 5 万余卷,记载史学、宗教、科技、医学、文学等方面的宝贵资料。研究敦煌文化的敦煌学成为世界性的学科。

甘肃社会和文化走过曲折的历程。这一历程反映人类交通技术的变迁,从以陆路为主,到以海运为主,再回归到陆路运输兴盛。丝绸之路曾经带动甘肃社会和文化的繁荣。随着海运日益发达,甘肃成为边缘和闭塞的地方,社会和文化发展相对滞后。现代化铁路运输网和高速公路网兴起,欧亚大陆桥开通,丝绸之路再现风采,推动甘肃走向世界。丝绸之路积淀的文化遗产是甘肃发展的宝贵资源。享誉世界的《丝路花雨》歌舞剧是以敦煌为背景,以石窟壁画为楷模,进行艺术再创造的成果。

甘陇文化区是多民族地区。回族、撒拉族、东乡族、保安族等民族笃信伊斯兰教。伊斯兰教文化对本区民俗民风有深刻影响。"东有温州,西有河州。"临夏回族自治州首府临夏市回族自古有经商传统。这里古称河州,"旱码头,大市场,回民行商遍天下"。改革开放以来,临夏回民发挥经商特长,长途贩运,将临夏市建成西部地区茶叶、皮张、羊毛、木材的重要集散地。

---

① 晋书·张轨传.
② 刘建丽.甘肃文化[M]//中华孔子学会编辑委员会.中华地域文化集成.北京:群众出版社,1998.
③ 李吉甫.元和郡县志,卷四十.

三、宁夏回族文化

宁夏在战国时开始设行政区。秦惠文王(公元前337—前310年)设乌氏县(今固原南)。秦昭襄王三十五年(公元前272年)设北地郡。境内有秦昭王(公元前306—前251年)时修建的长城,宁夏"有汉武帝开凿的汉延渠,又称光禄渠,有唐朝修建的唐徕渠"。史称"因渠以溉,水舂河漕,用功省少,而军粮饶足"[1]"灵武兵食完富"。[2] 安史之乱时,唐太子李亨驻守灵武,灵武成为平定内乱的根据地。

公元1038年党项族李元昊在兴庆(银川)称帝,国号大夏,史称西夏。西夏传十世,历时190年,疆域东达黄河,西抵玉门,南到萧关,北控大漠。银川西郊贺兰山下有西夏历代帝王陵墓。在东西4000米、南北10 000米地域内,有帝王墓8座,官戚墓70余座。墓区有大量石雕、西夏文残碑。

1227年元灭西夏。元至元二十五年(1288年)设宁夏行省,开始有宁夏地名。宁夏是中国回族主要聚居地,1958年10月成立宁夏回族自治区。

回族先民迁居宁夏的历史可以追溯到唐朝。公元645年唐太宗在灵州(灵武)会见来自西域的穆斯林部族首领。会见后,在灵州一带设特别州府,让他们定居。元朝初年,有大批穆斯林随蒙古军队东来,编成"探马赤军",在宁夏一带驻防,称"回回"人。至元十年(1273年)"探马赤军,随地入社,与编民等"。忽必烈的孙子阿难答信奉伊斯兰教。他就任安西王时,统领的15万军队,一半是穆斯林。这些驻军在宁夏定居,繁衍后代。

回族信仰伊斯兰教。有几十户回民居住的地方就有清真寺,请教长主持宗教活动,形成回族教坊小区。在教坊制度影响下,回族地域分布有"大分散,小集中"的格局。[3]

回民团结互助,礼貌好客,酷爱清洁。客人进门,端出盖碗茶和瓜子招待。盖碗茶由盖子、托盘和茶杯三件瓷器组成,称"三泡台"。杯内放茶叶、花生、芝麻、红枣、核桃仁、白糖、柿饼、桂圆等,称"八宝茶",饮来清香可口,沁人肺腑。回族菜肴别具风味。清真全羊席从羊头到羊尾,做成九道菜肴,是回族厨师烹饪技艺的结晶。

注意环境卫生和个人卫生是回民的优良文化传统。回族居住的村庄和院落打扫得干干净净。井有井盖。提井水的水桶用纱布盖着或者反扣着,防止尘土进去。回民经常沐浴洗涤,洗涤时不用死水用流水。汤瓶是回民必备的洗涤

---

[1] 后汉书,卷八十七.
[2] 资治通鉴,卷二一八.
[3] 李红雨,王天津.宁夏文化[M]//中华孔子学会编辑委员会.中华地域文化集成.北京:群众出版社,1998.

用具。传说汤瓶名称与唐玄宗有关。唐玄宗为了答谢回民对平息安史之乱的贡献,命宫匠制作精美大壶赠送给宁夏的穆斯林首领,当时称"唐瓶壶",后来转称汤瓶。回民尚白,认为白色圣洁真诚。头戴白色无檐小帽是回民的标志。坎肩是回民喜爱的服饰。回族先民喜爱骑射,习武时坎肩通风透气,不碍手脚。妇女戴披肩盖头。年轻姑娘戴金边绿色盖头,秀丽清新。中年妇女戴黑色盖头,庄重肃穆。老年妇女戴白色盖头,稳重虔诚。

同心一带回民有经商传统。改革开放以来,同心回民走南闯北,发展商贸。同心人收购羊绒的足迹遍布整个西北和西藏,还深入蒙古和中亚。同心流通的羊绒占全国一半左右。

四、新疆文化

新疆维吾尔自治区是多民族分布区。雄伟的天山山脉横贯中央。南疆的典型文化是维吾尔族绿洲文化。北疆的典型文化是哈萨克族草原文化。

(一) 四大文化体系的汇流地

维吾尔古代称畏兀儿,本意是"团结""联合""同盟"。季羡林说:"世界上历史悠久、地域辽阔、自成体系、影响深远的文化体系只有四个:中国、印度、希腊、伊斯兰,再没有第五个;而这四个文化体系汇流的地方只有一个,就是中国的敦煌和新疆地区,再没有第二个。"[1]

新疆成为四大文化体系的汇流地得惠于优越的大陆位置。新疆位于欧亚大陆的心脏。四大文化体系分别出现在欧亚大陆的四隅:中国文化出现在东隅;印度文化出现在南隅;阿拉伯伊斯兰文化出现在西南隅;希腊罗马文化出现在西隅。欧亚大陆多高山、荒漠和寒冷森林,能够相互沟通的三条丝绸之路都经过新疆:第一条沿着天山北麓;第二条沿着天山南麓,塔里木盆地北麓;第三条沿着昆仑山北麓。丝绸之路是四大文化体系交往的主要通道,是文化传播和交流的大动脉。经济、宗教、音乐、艺术的传播,离不开这三条通道。法显和玄奘到印度取经,马可·波罗东行,走的都是丝绸之路。维吾尔族生活栖息在丝绸之路上,在继承和发扬本民族文化的基础上,从汉文化、印度文化、希腊文化、伊斯兰文化中汲取营养,形成丰富多彩、独具特色的文化。

新疆气候干旱,地广人稀,戈壁阻隔,沙漠掩埋,保存了数量可观的古代遗迹,是考古研究的宝地。大批古城遗址,古墓干尸,石窟岩画,草原石人,都是珍贵的史实资料。

---

[1] 季羡林.敦煌学、吐鲁番学在中国文化史上的地位和作用[J].红旗,1986,3.

根据 Gm 血清分析和墓葬发现,新疆维吾尔人和哈萨克人都有黄种和白种混合的特征,既有蒙古人血清因子,又有高加索人血清因子(见表 17-3)。近期发掘的 3000~4000 年前九座古墓反映当时新疆人种的复杂性。纯蒙古人种只有罗布泊突厥墓一座。纯印欧人种只有塔什库尔干墓、洛甫山普拉丛葬墓和古墓沟古墓三座。其余都是黄、白混葬墓,印欧人种有来自印度、阿富汗的地中海人种,来自高加索的典型白种人,来自中亚阿姆河和锡尔河两河流域的白种人。从整体上看,东部黄白混合的状况比较显著,西部来自印度的地中海人种占优势。

表 17-3 新疆出土人种类别[①]

古 墓		蒙古人种/(%)	印欧人种/(%)			
			合计	地中海人种	高加索人种	中亚两河人种
东部	哈密马不克古墓	66	34		34	
	罗布泊突厥墓	100				
	古墓沟古墓		100		100	
	楼兰古墓	10	90	90		
	米兰古墓	20	80	18	32	30
北部	阿拉沟丛葬墓	12	88	25	38	25
	昭苏土墩墓	25	75			75
南部	塔什库尔干墓		100	100		
	洛甫山普拉丛葬墓		100	100		

新疆与汉文化的交流可以追溯到 3000 年前,《尚书》《竹书纪年》《山海经》《穆天子传》《楚辞》等古代著作中出现的流沙、大荒、昆仑、不周山等地名。1969 年安阳殷墟妇好墓出土的玉器大部分来自新疆于阗(今和田一带)。新疆阿拉沟出土的环状贝,七角井出土的红珊瑚来自东海。在殷商时期新疆和中原的交往相当频繁。[②]

新疆文化的综合性,在宗教上反映最明显。历史上维吾尔族人信仰过原始宗教、萨满教、祆教、道教、摩尼教、景教和佛教,最后,大多信奉伊斯兰教。维吾尔族人对太阳、月亮和星辰的崇拜反映原始宗教的观点。民间驱邪、治病、解梦和相面时跳"皮尔洪"舞,源自萨满教的跳神舞。民间文学中只要说某人"变成一只鹰飞走了",表明这个人死了。它的根源是萨满教灵魂附体的观念。结婚时新郎和新娘要跳过火堆或者绕过火堆,以避邪气,可能是祆教,又名拜火教的

---

① 寿蓓蓓.采访中国社会科学院:楼兰古国里的白种人[N].南方周末,1999-09-24.
② 薛宗正等.中国新疆古代社会生活史[M].乌鲁木齐:新疆人民出版社,1997.

遗风。公元 5 世纪时道教在南疆维吾尔先民中传播。吐鲁番和哈密都有道教文物出土。摩尼教在 762 年成为回鹘汗国的国教。吐鲁番的摩尼寺院中发现摩尼教的壁画和经文。作为基督教的一支,景教也在新疆留下遗迹。景教教堂中发现有突厥文书写的"福音"书,发现欢迎基督进入耶路撒冷城的复活节壁画。①

佛教在新疆传播的时间最长。新疆两千年的文字记载史,佛教占有一千多年。龟兹、于阗、高昌是佛教活动中心,留下辉煌的佛教石窟艺术,出现过鸠摩罗什、佛图澄、裴慧琳等佛学大师。法显在《佛国记》中描述和田:"人民殷盛,尽皆奉法,以法乐相娱。众僧乃数万人,多大乘学。"玄奘在《大唐西域记》中描述库车:"伽蓝百余所,僧徒五千余人,习学小乘教。"南疆是佛教传向中原的中间站。佛教的佛字是和田话的译音。

伊斯兰教在 9 世纪开始传入新疆,15 世纪成为维吾尔和哈萨克等民族全民信仰的宗教。维吾尔人大多数信奉逊尼派,部分信奉苏菲派和什叶派。伊斯兰教对现代维吾尔文化烙印最深。②

(二) 南疆维吾尔族绿洲文化

绿洲是维吾尔人休养生息的据点,是维吾尔文化的自然环境基础。维吾尔绿洲文化有深厚的草原文化背景。天山以北和新疆周边地区有广阔的草原,有许多游牧民族。维吾尔先民来自漠北。公元 740—840 年维吾尔人在漠北草原建立回鹘汗国。公元 9 世纪中叶回鹘汗国覆灭,维吾尔人大举西迁,主力越过阿尔泰山,进入天山南北麓,从游牧生活过渡到定居的农耕生活。草原背景的绿洲文化在维吾尔人的生产活动、性格、服饰和音乐等方面都有反映。

坎儿井是新疆人民开发绿洲的创举(见图 17-3)。坎儿井由暗渠、竖井、明渠、涝坝四部分组成。暗渠是坎儿井主体工程,在戈壁滩几十米的地层中开挖,可以防止地下水在流动时蒸发。竖井在施工时可以向外送土,建成后可以通风清淤。暗渠出口处叫龙口。龙口以下是明渠。明渠较短,末端流向涝坝。涝坝是蓄水的水池。涝坝出口有闸门,可以调节灌溉农田的水量。地下水在涝坝中暴晒增温,再灌溉农田,有利作物生长。涝坝在村庄旁,周边绿树成荫,池中鱼鸭游弋,是夏日纳凉休憩的场所,农家乐的资源。③

---

① 新疆社会科学院考古研究所.新疆考古三十年[M].乌鲁木齐:新疆人民出版社,1983.
② 拓和提.维吾尔历史文化研究[M].北京:民族出版社,1995.
③ 钱云,金海龙.丝绸之路绿洲研究[M].乌鲁木齐:新疆人民出版社,2010.

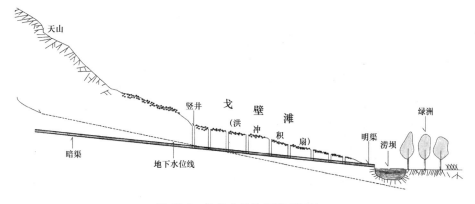

图 17-3　坎儿井结构示意（钱云）

维吾尔人吃苦耐劳、苦中取乐、互助互爱的传统作风与绿洲环境关系密切。走出绿洲,是广阔的大漠,风沙弥漫,冬季严寒,夏季炎热,干旱缺雨,日照强烈。玄奘的描写是:"沙则流漫,聚散随风,人行无迹,遂多迷路。四远茫茫,莫知所指,是以往来者聚遗骸以记之。""乏水草,多热风。风起则人畜昏迷,因以成病。"①一边是黄沙,一边是绿浪,一边是悲愁,一边是欢欣。严酷的周边环境、强烈的景观对比,造就绿洲文化具有相反相成的两个侧面,造就绿洲人民深沉、豁达、坚韧的性格。

艰苦的自然环境要求人们互相照应。在大漠中,碰到一个人感到格外亲切。"交个朋友吧,交个朋友,有一个馕也要掰成两半一起吃。"维吾尔人的谚语说明绿洲人民具有热情好客和礼貌待人的传统。

绿洲人对音乐歌舞有特殊的爱好(见图 17-4)。在茫茫大漠中,人们要驱散苍凉的愁云,最好的伴侣是音乐歌舞。哭也是歌,笑也是歌。舞蹈有移颈摇头等特殊动作,表现内心的情感。大地给维吾尔人的音乐歌舞以营养,也给维吾尔人的音乐歌舞打上烙印。这就是一个"朦"字,包含着苍凉和幽怨的情调,抒情和缠绵的韵味。在维吾尔诗歌中,人类在大自然前是渺小的,犹如来去匆匆的过客。毛拉比拉利的诗句:"在这个人世间,我是个流浪汉。唯有流浪汉才会为我心酸。"②阿图什民歌:"阿图什遍地是石滩,石滩上长出粮食片片,似那河里的渠水匆匆流过,那就是我们的青春年复一年。"③在维吾尔音乐作品中,几乎看不到赞颂太阳的词句,反映这里的日光资源过于充分。相反,常见的赞颂对象

---

① (唐)玄奘.大唐西域记(卷十二),萨旦那国大流沙河以东行程.
② 毛拉比拉利.且比亚特木卡姆(第二卷),西热甫.
③ 阿图什民歌,苦难的孩子玩吧.

是月亮,是星辰,是泉水。①

图 17-4　欢乐的家庭小宴——1979 年古尔邦节,喀什②
资料来源：洪炉.战争人[M].北京：解放军文艺出版社,2014.

　　维吾尔人最爱绿色,兼爱蓝和红。绿是绿洲的色彩。在茫茫大漠中,举眼望去全是灰色和黄色,只有绿洲孕育生机。在沙漠和干旱地区诞生的伊斯兰教崇尚绿色,进一步提升了维吾尔人民对绿色的崇敬和喜爱。伊斯兰教将蓝色代表上天,爱蓝也有宗教色彩。爱红反映热情奔放的性格。绿用翠绿,蓝用碧蓝,红用鲜红。这是维吾尔民族的色彩观,是维吾尔民族的审美观。

　　南疆气候温和,少雨雪,居民建筑除顶棚使用少量木材外,四壁多用土坯砌成,房顶平坦,留有天窗。喀什民居室内布置比较讲究,墙壁常施石膏花,墙顶有石膏花和木雕花,地面铺有艳丽的地毯。和田民居顶盖设木棂花侧窗,通风采光。走进维吾尔村落,可以看到纵横的沟渠,成荫的果木。跨入维吾尔庭院,院内搭着葡萄棚,屋前屋后栽着桃、杏、苹果、桑等果木,绿荫遮阳,鸟语花香,流水潺潺。

　　吐鲁番盆地位于海平面下 155 米,夏季炎热,称"火洲",冬季寒冷,气候十分干燥。居民营造地下或半地下式的土拱平顶房屋。夏天高热难耐时,地下凉爽,冬天寒冷时,地下温暖。院中引进渠水,宅间有天棚或葡萄棚覆盖的过厅。天棚一般高出屋面,与屋面相接处有木棂窗或透空花墙,可以进风,可以避日。

---

① 周吉.论绿洲音乐文化.音乐文化博览[M].北京：中国文联出版公司,1988.
② 洪炉,中国作家协会、中国美术家协会和中国新闻工作者协会会员,中国传记文学学会理事.

新疆的清真寺兼容阿拉伯和维吾尔风格,多采用平顶或穹隆圆拱顶的廊柱结构,圆形拱顶,高耸尖塔,绿色或蓝色廊柱,藻井图案和三面回廊。墙壁、房顶、房檐、廊柱,有各式图案和花卉,配有阿拉伯经文。[①] 菊花、梅花、牡丹花、玫瑰花是常采用的花卉。

色彩鲜明、花卉点缀是维吾尔服饰的特征。妇女衣服的领口、袖口、胸前、肩部、裤脚都绣花,喜爱佩戴耳环、手镯、项链等饰物。男子的衣服也绣满花。绣的内容是绿洲花卉和作物,如桃花、李花、石榴花、棉桃花、麦穗、葡萄、豆角、石榴、桃子等。图案在写实的基础上,概括夸张,生动形象,显示维吾尔族妇女心灵手巧的艺术才华。

维吾尔族男女老幼都爱戴绣花的四楞小帽。和田小花帽口大顶小,直径约8厘米,像一只碗扣在头上,远看像一朵鲜花。每逢喜庆佳节,歌舞盛期,人们都要戴上精制的小花帽。

新疆自古产丝绸。著名的艾代来斯绸又称和田土花绸,采用纯丝织成,色彩艳丽,图样粗犷。用艾代来斯绸缝制的筒裙是维吾尔族妇女的盛装礼服。着绣花衣,穿绣花鞋,扎绣花巾,背绣花袋,戴绣花帽,加上砌成带花纹的墙,雕有花饰的门窗,挂着花壁毯和铺着花地毯的居室,栽满花卉的庭院,走进维吾尔人的世界,犹如进入花的海洋。

自然环境和历史背景造就维吾尔族饮食文化的四大特色品种:① 馕;② 羊;③ 茶;④ 果。

馕是干旱环境的上佳主食,含水分少,不怕干,不发霉,可以存放月余,干透后,泡水就软。出门远游,背一袋馕,遇水有火,一泡一烤,就可以吃。在无水无火的沙漠中,只要埋在沙窝里焐一会儿,就变得酥软可口。馕的品种繁多,有肉馕、馅馕、旅行馕、南瓜包谷馕,还有直径约50厘米大如车轮的库车馕。

受环境和宗教影响,维吾尔菜肴离不开羊。烤全羊是传统佳肴。在乌鲁木齐、喀什、和田等地的巴扎(集市)上,可以闻到烤全羊的香味。烤羊肉串是著名风味小吃,随着改革开放的浪潮传遍全国。维吾尔人爱吃的抓饭、拉面和汤面都离不开羊肉和羊肉汤。清炖羊头、清炖羊蹄是常见的菜肴。

茶是维吾尔人最喜爱的饮料。宁可一日无粮,不可一日无茶,一日三餐离不开茶。客人来了,先要敬茶。一般由女主人将茶碗放在托盘里端上。民间办喜事和丧事,茶叶和馕是互相赠送的礼品。茶成为维吾尔人生活用语的重要组成部分,请客说成"给一碗茶",参加订亲宴会叫"让喝茶",吃早饭的时间说成"喝茶时间",十几分钟时间说成"煮开一壶茶水的时间"。茯砖茶(黑茶)便于运输,不易变质,是过去维吾尔人饮用的茶种。随着交通运输业的发展、人民生

[①] 齐清顺,巴哈尔古丽.维吾尔族[M].乌鲁木齐:新疆美术摄影出版社,1997.

活水平的提高,红茶、绿茶和花茶等品种开始进入平民家庭。维吾尔人饮茶的方式很多,在不同的场合分别饮用清茶、香茶、奶茶和炒面茶。①

新疆适宜瓜果生长,有瓜果品种 100 多个。一年中有 7 个月可以吃到鲜果,冬季还有核桃、枣类和干果。哈密瓜含糖率高达 15%,是世界著名果品。库尔勒香梨既甜又香,多汁鲜嫩。新疆葡萄栽种面积约占全国 60%。吐鲁番无核白葡萄鲜果含糖率达 20%,绿色葡萄干含糖率高达 57%。新疆蔬菜较少,瓜果成了蔬菜的代用品。葡萄干和杏仁是做抓饭的原料。葡萄、桑葚、苹果、海棠、杏、梨、草莓、樱桃可以加工成果酱长年食用。夏季常用瓜果代饭,用瓜果就馕吃。冬季常用干果、杏仁、葡萄干就馕吃。维吾尔人每人每年食用干鲜瓜果 100 千克以上,是全国之最。

喀什是维吾尔族古老的交通、经济和文化中心。清朝时,喀什按音译,名喀什噶尔。丝绸之路进入塔里木盆地后分成南北两路:南路经罗布诺尔、米兰、且末、和田;北路经吐鲁番、焉耆、库车、阿克苏。这两条通道在喀什交汇,翻越帕米尔高原,分别通往印度、阿富汗、波斯和中亚各国。喀什是东西方文明交流的十字路口。

(三) 北疆哈萨克族草原文化

在北疆民族中,有代表性的是哈萨克族。在北疆文化中,有代表性的是哈萨克草原文化。哈萨克原意是避难者、自由人。历史上哈萨克人由于政治原因,有几次长距离的迁移。哈萨克人爱鹰。几个世纪以来,哈萨克人世代相传用猎雕狩猎。猎雕和骏马是哈萨克猎手最亲密的伙伴。

牧区房屋以毡房为主。毡房分上下两部分。上部圆弧形,圆顶是屋顶,开有天窗。下部圆柱体,用草原上特有的红柳木做骨架,用白色毡子围成。房内布置讲究,人称是草原上的"白宫"。冬天哈萨克牧民搬到朝阳的半山坡或者河谷地带居住。在那里,有石块、土坯筑成的四方平顶屋。20 世纪 90 年代末,牧区定居房占总户数 85% 以上。

在林区,房屋用木料构成,可以看到一幢幢别致的哈萨克木屋。木屋从顶到墙,全用木块错落镶嵌,不用一枚钉子。房内四壁围挂深色绸缎,上面刺绣哈萨克民族风情的图案,也挂狼、狐狸等兽皮,地上铺着花毡。②

哈萨克人热情好客。哈萨克人常说:"祖宗的遗产中一部分是留给客人的。""只要沿途有哈萨克,哪怕你走一年路,也用不着带一粒粮、一分钱。"来了

---

① 中央民族大学突厥语言文化系.突厥语言与文化研究[M].北京:中央民族大学出版社,1997.
② 茆永福.新疆绿洲文化卷[M]//蒋宝德.中国地域文化.济南:山东美术出版社,1997.

远方客人,晚上少不了宰羊招待。马肉是哈萨克饮食的上品。来了尊贵的客人,牧民会挑选膘情上好的两岁马驹,烹调"全马席"待客。

哈萨克族喜爱歌舞。唐朝中原盛行的胡旋舞来自西域康居。康居就是今天的哈萨克。清人魏源在《圣武记》中说:"哈萨克左部游牧逐水草,为古康居。"哈萨克人自认为是鹰的传人,酷爱鹰。《鹰舞》模拟鹰的雄姿,风格淳朴热烈,是哈萨克的传统舞蹈节目。

哈萨克青年的体育娱乐活动大都与马有关。马背上摔跤、叼羊和"姑娘追"是哈萨克喜爱的竞技。参加叼羊的人数不限,分成两队。一队要叼,一队不让叼,争夺激烈。"姑娘追"在夏季喜庆节日举行,男的骑马在前跑,女的骑马在后面追,是哈萨克青年谈情说爱的最佳机遇。

第十八章 西南文化区

西南文化区包括重庆市、四川省、贵州省、云南省、西藏自治区和青海、甘肃两省的藏族分布区。

一、巴蜀文化

巴蜀文化包括重庆市和四川省除甘孜、阿坝藏族自治州以外的大部分。公元前2700年,四川盆地西部以成都为中心有个蜀国,盆地东部以重庆为中心有个巴国。宋真宗咸平四年(公元1001年)置益、梓、利、夔四路。元时设四川行省,简称四川省。

西晋蜀郡江原(崇州市)人常璩(291—316年)在《华阳国志·蜀志》中概括巴蜀人的主要特征是:① 多斑彩文章;② 尚滋味,好辛香;③ 君子精敏,小人鬼黠;④ 多悍勇。历史跨越了1700年,这些特征仍有现实意义。

(一) 天府之国,多斑彩文章

四川是个封闭的盆地。北有险要的剑门,与中原栈道相通。东有著名的长江三峡,出三峡才能到达楚地。险峻的蜀道对当地的历史、政治、经济、文化留下深刻的烙印。

四川盆地有温暖湿润的亚热带气候,有紫色母岩风化发育成的土壤,是农耕社会的理想环境。1986年广汉市出土的三星堆文物说明古蜀国(公元前2700—公元前900年)文化灿烂。出土青铜人高260厘米,是全球最古老高大的铜像。青铜神树高达4米,铸造水平超过同时期的殷商铜器。秦昭王时蜀郡太守李冰修都江堰。史载:"蜀守冰凿离碓,辟沫水之害,穿二江成都之中。此渠皆可行舟,有余则用溉浸,百姓飨其利。"[①]"水旱从人,不知饥馑,时无荒年,天下谓之'天府'也。"[②]

---

① 史记·河渠书.
② 全汉文,卷五十二.

肥田沃土是文学艺术繁荣的基础。汉朝五大辞赋家,巴蜀占三。唐宋八大家,巴蜀有三。从司马相如、杨雄、李白、苏东坡,到现代的郭沫若、巴金,巴蜀文人如群星灿烂。

四川盆地是南方石刻艺术的中心,有高或长超过10米的大佛19尊,人称"大佛之乡"。乐山大佛高71米,世界第一(见图18-1)。大佛耳长7米,耳朵眼中可以并立2人。远看"山是一尊佛,佛是一座山"。这些大佛雕于唐宋两朝。当时佛教盛行,四川经济富庶,盆地多砂岩丘岗,便于雕塑。

图 18-1　乐山大佛(谢凝高)

(二) 尚滋味,好辛香

丰富的农产资源和特殊的气候环境形成独具一格的四川饮食文化。

川猪是四川富饶农产资源的代表。几十年来,川猪一直稳坐全国产量的头把交椅。近年出栏生猪约占全国1/9,占全世界1/20。川猪长盛不衰与川人吃苦耐劳有关。"富不丢书,穷不丢猪。"川人不把喂猪当成额外负担。收工回家,沟边一把菜,山上一捆叶,添添就喂。男人外出打工,家里妻儿老小,捎带就把两三头猪给喂大了。

盆地潮湿多阴雾。成都是全国日照时数最短的大城市。唐朝两位文学大师有蜀犬吠日的描述。韩愈说:"蜀中山高雾重,见日时少;每至日出,则群犬疑而吠之也。"[1]柳宗元说:"仆往闻庸、蜀之南,恒雨少日,日出则犬吠。"[2]

好辛辣是巴蜀饮食特色。辛辣有祛风降湿功能,可以帮助消化,增进食欲,加速血液循环。辣椒、胡椒和花椒,称三椒,是川菜不可或缺的调料,形成丰富的味型。发源在重庆海棠溪古桥头的火锅称天下第一锅。川酒历史悠久,口感上乘。1979年评选全国八大名酒,川酒有五粮液、泸州老窖特曲和剑南春三品。

"君子精敏,小人鬼黠。"把人区分为君子和小人反映封建社会的等级观。剔除等级观,实质是诙谐乖巧。幽默灵巧的川剧充分反映川人在这方面的特性。

(三) 悍勇和勤奋

既险塞又富裕的四川盆地是封建割据首选之地。"天下未乱蜀先乱,天下已治蜀未治。"频繁的战事造成川人悍勇的性格。川军善战,古今闻名。诸葛亮在《隆中对》中说:"益州险塞,沃野千里,天府之土,高祖因之以成帝业。"[3]宋孝宗淳熙二年(1175年)四川有264万户。蒙古铁骑横扫欧亚大陆,在川受阻达52年。统帅蒙古大汗蒙哥汗在合川东渡乡钓鱼城战死。到元至元十九年(1282年)全川只剩12万户。明末四川又遭战乱。到清顺治十八年(1661年)只剩16 096丁。两度大规模战乱,生灵涂炭,靠移民恢复家园,主要从湖北、湖南、江西、广东迁入,史称"湖广填川"。受大规模移民影响,四川方言同属北方方言系统,比较容易沟通。

战时悍勇,和平时期转化为勤奋。改革开放以来,四川外出打工人数剧增。除了人多地少的压力,川人脑子灵活,吃苦耐劳,适应能力强是重要一条。农家子弟中学毕业后,第一选择是外出打工,一为挣钱,二为开眼界。川军出川如大江东去,滔滔奔涌,势不可挡。除了每年得到数以百亿计的劳务收入,打工青年回乡,带来新的技术和观念,推动乡镇企业和小城镇发展。

四川盆地自古分巴蜀两大地域。巴文化的中心是重庆,蜀文化的中心是成都。气候方面,重庆夏季酷热,成都夏季凉爽。地形方面,重庆山高路不平,成

---

[1] (唐)韩愈.与韦中立论师道书.
[2] (唐)柳宗元.答韦中立论师道书.
[3] 三国志·蜀书·诸葛亮传.

都一马平川。"重庆娃崽拳头硬,成都妹子嘴巴甜。"性格方面,重庆人辣火朝天,成都人委婉平和。语言方面,重庆话铿锵有力,得阳刚气;成都话低沉细软,有吟唱味。饮食方面,成都多精巧的小吃,赖汤圆、担担面全国闻名;重庆爱吃大型的火锅。

二、黔贵文化

秦时,贵州东部属黔中郡。贵州简称黔。公元974年,土籍首领普贵领矩州(今贵阳一带)归顺宋。宋太祖说:"惟尔贵州,远在要荒。"第一次出现贵州名称。

大山对贵州文化有深刻的影响。贵州地处中国地形的第二阶梯,云贵高原的东斜坡地带。地势西高东低,地面崎岖破碎,地貌类型复杂,喀斯特地貌发育典型,73%的面积分布有石灰岩。贵州是全国少数几个没有平原和大型盆地支撑的省区之一。山峦密布、山高坡陡,山地占全省土地面积的87%,丘陵占10%,坝子只占3%。

(一) 大山文化的特征

黔贵文化可简称大山文化,具有强传承性、多民族性和复杂性等特征。

1. 强传承性

"山高皇帝远",贵州文化受外界干扰较少,具有强传承性,保留许多历史久远的原生态文化。瑞典资助建立的贵州六枝长角苗生态博物馆是保存原始文化的一例。万物有灵的原始宗教信仰在贵州有广泛的影响,至今不少民族对一树一石,顶礼膜拜,视为神灵。

"傩"原是驱逐鬼妖的祭祀仪式,源远流长,2700年前在中原盛行。宋以后,"傩"在中原地区消失。在贵州一带继续流行,逐渐由舞蹈向戏剧发展,娱神与娱人相结合,宗教与艺术相结合,形成傩戏。贵州汉、苗、布依、侗、土家、彝、仡佬等民族都有自己的傩戏。铜仁地区有傩堂班子480多个,傩堂戏艺人5000多人。1991年铜仁市建立第一家傩文化博物馆。[1]

2. 多民族性

大山阻隔民族的交融。贵州是一个多民族聚居的地区,有黔东南、黔西南、黔南等3个自治州、11个自治县。少数民族人口占全省总人口的34.7%。贵

---

[1] 黄涤明.黔贵文化[M].沈阳:辽宁教育出版社,1998.

州文化的第二个特征是多民族文化。在贵州,风俗、饮食、建筑(见表 18-1),都有多民族的特色。节日有苗族"四月八"、土家族"赶年"、布依族"六月六"、彝族"火把节"、仡佬族"吃新节"等。文学艺术方面,有侗族《秦娘美》、布依族《蔓萝花》,有名扬海外的贵州侗族"大歌",有安顺蜡染、大方漆器、牙舟陶器、玉屏箫笛。

表 18-1 贵州省主要民族建筑形式

民　族	形　式	位置、条件
汉　族	一明两暗的三开间	依山傍水、平地
壮、侗族	竹木结构两层:下层饲养牲畜、堆杂物,上屋人居	省境南部,在河谷平坝建寨
苗、瑶族	利用地势,靠山建成半边吊脚楼,一半是地基,一半是楼板	居山区依山坡
彝　族	泥土板筑,以保暖为主,通风条件差	省境西北部高寒冷地区
侗　族	鼓楼,彩绘花桥	省东南部,河谷平坝

3. 复杂性

贵州山区,社会经济有立体差异。山顶、山腰、山脚的民俗、民风各不相同。住在山区的"高山苗"和住在平坝的"河边苗",文化习俗不相同,经济水平也有差别。

贵州开门见山。山是贵州的文化符号,是不屈不挠、勇武奋发的精神。山养育了贵州人,创造了丰富多彩的民风、民俗和情趣各异的文化结晶。山区灌溉用的筒车、水车、渡槽等点缀了贵州的风光画面。就连服装式样的选择取舍也表现出与大山区的协调。黔桂边界的"白裤瑶"男装,裤脚紧在膝部,裤裆宽松,小腿缠上裤筒和绑带,与荆棘丛生、草茂林密的环境协调,成为狩猎采集文化的组成部分。雷山县高坡苗,妇女短裙下缠长长的裹腿,裙外前后有长及膝下的围腰,适应崎岖险阻、布满荆棘的高山环境。

(二) 文化交融

贵州文化发展史是中华文化传入与贵州当地文化融合的历史。西汉有盛览向司马相如学赋的记载。东汉有尹珍向武陵郡太守习图纬之学,归黔教授。历史上不少文化名人派遣、贬谪到贵州,讲学授业,著书立说,捐资办学,对贵州文化发展,做出重大贡献。唐朝诗人王昌龄和明朝学者王阳明是其中的代表。

王昌龄(698—757 年),字少伯,京兆长安(今西安市)人,开元十五年(727

年)进士,天宝七年(748年)贬龙标尉,在龙标七年,又称王龙标。龙标在贵州黎平西北,曾建有王昌龄祠。

王阳明(1472—1529年),名守仁,字伯安,号阳明,世称阳明先生,明代著名哲学家、教育家、文学家和政治家,明弘治十二年(1499年)进士。王阳明在京城任刑部主事、兵部主事等职,正德三年(1508年)谪居贵州修文龙场驿,居住三年。王阳明与当地苗、彝、布依、仡佬等民族交往,沟通感情,建立友谊。少数民族帮助王阳明办起龙冈书院。龙冈书院既是王阳明讲学的圣地,也是王阳明悟道的场所。他的"心学"体系,是在龙场逐步形成的。

抗日战争时期,贵州是大后方。沦陷区大批文化机构迁入贵州(见表18-2),许多文化名人到贵州暂住,促进了贵州文化教育事业的繁荣。

表18-2 抗战时期内迁贵州的高等院校[①]

校 名	迁入时期	迁入地址
浙江大学	1939年冬	总部在遵义,分部在湄潭、青岩
大夏大学	1937年	贵阳花溪区
	1944年冬	赤水县
湘雅医学院	1938年	贵阳市
广西大学	1944年10月	榕江县
交通大学唐山工程学院	1939年2月	福泉市
之江大学工学院	1943年	贵阳花溪
陆军军医学院	1938年	安顺县
陆军兽医学院	1939年	安顺县
广西桂林师范学院	1938年夏	福泉市
乡镇学院	1938年夏	惠水县
江西中正医学院	1937年	镇宁县

20世纪60年代建设"三线",从华东、东北、华北迁入大批技术人员、管理人员和工人,是中华文化对贵州扩散的又一次高潮。以遵义为例,吸纳沿海一带先进文化后,融合成丰富多彩的新文化体。在遵义干田坝一带以061基地工厂和长征基地为核心形成上海城,关塘一带以天津仪表厂为核心形成天津城,火车站一带以大连医学院内迁为核心形成大连城,南门城关以第七冶金建设公司为核心形成武汉城,舟山桥以铁合金厂为核心形成吉林城。上海流行的服装,几天以后,便可以在遵义街头看到。遵义红花岗区人均国内生产总值在省内独占鳌首。移民文化凝聚成的遵义成为向大西南辐射现代文明的支点,成为振兴贵州的枢纽。

---

① 贵州省地方志编撰委员会.贵州省志·教育志[M].贵阳:贵州人民出版社,1990.

（三）区域特征再认识

一说起贵州，人们自然就会想起谚语"天无三日晴，地无三尺平，人无三分银"。

历史上，贵州封闭、落后、贫穷，山高路险，土地贫瘠，晴少雨多，民不聊生，被喻为蛮荒之地。进入新世纪，贵州发生了翻天覆地的变化，社会面貌改善，经济实力增强。贵州的天已不是过去的"天无三日晴"，贵州的地已不是过去的"地无三尺平"，贵州的人已不是"人无三分银"。有道是：

天无三日"晴"，风光无限天予情；

地无三尺"平"，资源富集地不贫；

人无三分"银"，文化兴黔人有灵。

1. "天无三日晴"，指贵州气候多阴雨天气

原因是热带大陆气团在滇黔边界与来自北方的冷气团相遇，形成著名的云南气候锋——昆明准静止锋，位置大致在昭通—威宁—兴义一线。锋面两边气候和景观迥然不同。锋面以东贵州高原冬季阴雨连绵。典型植物是马尾松，典型土壤是黄壤。锋面以西云南高原，冬季晴朗，典型植被是云南松，典型土壤是红壤。① 夏季来自孟加拉湾的暖湿气流和来自太平洋的东亚季风给贵州带来充足的雨量。随着全球的气候变化特别是全球的气候变暖，贵州的气候也发生了一些变化。主要是雨水相对减少，气候更加宜人，全省像座大花园。夏秋是贵州最舒适的季节。夏天高温30℃左右，只有两三天。秋天，秋高气爽，既没有云南常见的秋风，也不像北国一样草木早黄。冬春是贵州较潮湿的季节。过去冬天不是降雪就是阴雨，常有贵州人称为"桐油凌"的冻雨。现在雨雪天气相对减少，冻雨少见。春天，过去常常春寒料峭，梅雨连绵。梅雨可能连绵数日也可能连绵数十日，下雨天有"下雨当过冬"的感觉。现在梅雨天气相对减少，难见连绵细雨，常见明媚春光。

2. "地无三尺平"，指贵州山高沟深、田疏地少

"地无三尺平"带给贵州的是交通不便，土地贫瘠。由于地形切割，工程地质和水文地质复杂，贵州修建铁路、公路和机场等基础设施的成本比全国平均高40%左右。同样的投资额在贵州形成的实物量要比全国平均少三分之一。同时，也应该看到"地无三尺平"带给贵州的还有丰富的资源。

全省水力理论蕴藏量 1874×10^4 千瓦，可开发的水力资源 1683×10^4 千瓦，水电蕴藏量居全国第六位，落差大、开发条件好的河段较为集中。探明的煤炭

---

① 任美锷.中国自然地理纲要[M].北京：商务印书馆，1985.

保有储量是长江以南各省储量之和,煤质好,品种全,分布集中。

贵州探明储量的矿产有 73 种。其中,储量在全国占前五位的 23 种。矿产保有储量潜在经济价值 2.9×10^4 亿元,居全国第八位。铝土矿保有储量居全国第二位,磷矿和重晶石保有储量居全国首位,锰、锑、碘、镓、铅、锌、黄金、冰洲石等矿产也有较好的开发前景。贵州有大型电解铝生产基地和磷矿及磷化工基地。

生物资源方面,贵州有药用植物资源 3700 多种,国家珍稀濒危保护植物 70 余种,有银杉、桫椤等国家一级保护植物,有杜仲、天麻等珍贵中药材。天麻、杜仲、黄连、石斛、吴茱萸是贵州"五大名药",银杏、魔芋、猕猴桃、灵芝等绿色生物产品具有规模。贵州烤烟、油菜、油桐、茶叶、生漆等农作物在全国占有重要的位置,是全国四大烤烟产区之一、四大柞蚕产区之一。以国酒茅台和黄果树香烟为代表的烟酒工业久负盛名。以神奇制药、银杏天宝为代表的生物制药工业声誉鹊起。

旅游资源方面,贵州"山川秀丽、气候宜人、冬无严寒、夏无酷暑"。喀斯特地貌造就了贵州神奇的"山、水、湖、洞"景观。"贵州龙"和"穿洞人"的远古神秘,夜郎文化和夜郎遗迹的奇情妙趣,苗、布依、侗、彝、水、回、仡佬、壮、瑶等少数民族的奇异风情,展示了贵州文化的深厚底蕴。贵州西北部的百里杜鹃林,每届阳春成为花的海洋,荟萃世界上主要的杜鹃品种,是罕见的天然大花园。"山、水、湖、洞"的自然景观各具特色,黄果树瀑布的滂湃飞流,梵净山的亘古生态,织金洞的深穴奇观,红枫湖的波光涟漪,风光无限,美不胜收。"红崖天书"的远古信息,"老"汉族的"屯堡"生活,苗族、布依族的悠扬山歌和侗族大歌的多部和声,遵义"会址"的革命传统,丰富的旅游资源是发展旅游业的良好基础。经过多年的开发,贵州旅游业已有了一定的基础。

3. "人无三分银",意指贵州经济落后,人民贫困

纵向比较,贵州的经济发展还是比较快的,从 1978 年起全省基本上是一年上一个台阶,与沿海发达地区的差距逐步缩小。"夜郎自大"和"黔驴技穷"是两句广为流传的成语,约定俗成的内涵都有闭塞和落后的贬义。对于这两个成语的全面理解有助于对贵州的再认识。

"夜郎自大"出于《史记》。汉元狩元年(公元前 122 年),汉使王然于、柏始昌、吕越人等奉命到滇探寻通往身毒(印度)的道路。返途经过夜郎。《史记》中有一段记载。"滇王与汉使者言曰:'汉孰与我大?'及夜郎侯亦然。以道不通故,各自以为一州主。不知汉广大。"[①]这段文字有两层意思。一层是求知,滇王与夜郎王向汉使者求知,是积极的。另一层是不知,在交通不发达的古代,滇王

---

① 史记·西南夷列传.

和夜郎王没有到过汉朝，不知汉朝地域广大。后人只择其一面，加以发挥，赋予骄傲自大、不自量力的内容。

史实说明，滇王询问汉使在前，夜郎侯询问汉使在后。《黔贵文化》一书提问"缘何只有夜郎自大？"[①]这是汉语成语大都采用四字结构，读来上口，"滇自大"三字是不上口的。

"黔驴技穷"出自唐代大文学家柳宗元(773—819年)的散文《黔之驴》。文中所说的驴不是贵州土生土长的牲畜。在《黔之驴》中，柳宗元写道："黔无驴，有好事者船载以入。至则无用，放之山下。虎见之，庞然大物也，以为神，蔽林间窥之。"说明驴是从别处运来的外来户。从柳宗元的《黔之驴》演变为成语"黔驴技穷"有误用的成分。如果能多用几个字把内容表达得更完整些，应该是"北驴不识黔虎威"。

唐代黔州在今贵州省东北、湘西和重庆市东南一带，与目前贵州省域有很大区别，柳宗元被贬到的永州是现在的湖南零陵，邻近湘西黔州地界，所以写了这段小品。后来，贵州省将"黔"字接收为自己的简称，人们就将黔州与贵州画等号了。

三、滇云文化

云南古有滇国。汉武帝时在祥云、弥渡一带设云南县。相传是见到彩云南现取名云南。元时设云南省。

地形崎岖是文化多样性的自然背景。西部德钦梅里雪山高6740米，四季积雪。东南部河口县海拔只有76.4米。在西部横断山脉中有世界著名的金沙江、澜沧江和怒江三江并流，最窄处相距76千米，入海口相距3000千米以上。在三江并流区旅行，远远看到对面汽车行驶在曲折的公路上。等自己搭坐的汽车爬下山坡，驶过大桥，登上初前所见的地方，足足用去2个小时。公路边竖着一批"此处附近没有医院""事故多发地"牌子，见了心惊。

滇云大地是中原汉文化与东南亚文化、印度文化相互交融的地方。在中越和中老边境跨界居住着傣、苗、哈尼、拉祜、仫佬等民族。在中缅边境跨界居住着傣、景颇、阿昌、傈僳、佤等民族。族源相同，宗教信仰相通，都以稻耕为生，和平相处，交往频繁，形成文化上的亲缘性。

---

① 黄涤明.黔贵文化[M].沈阳：辽宁教育出版社，1998.

(一) 云南十八怪

滇云文化可以从云南十八怪谈起。中国多数地区在列数怪异的风俗文化时，一般数到八，或者数到十。唯有云南，要数到十八，称云南民俗十八怪（见表18-3）。云南奇风异俗繁多，在外地人看来奇怪的事实在太多。

表 18-3　云南民俗十八怪简表

民　俗	说　明
山间铃响马帮来	马帮曾是崎岖山地的主要运输方式
袖珍小马有能耐	小马能适应艰险的山道和环境
火车没有汽车快	山路崎岖，火车线路延展较长
石头长到云天外	岩溶地貌鬼斧神工
山洞能跟仙境赛	洞内怪石嵌空，玲珑斑斓
姑娘四季把花戴	低纬度高原气候，常年鲜花怒放
常年都出好瓜菜	气候适于四季长瓜果
鸡蛋用草拴着卖	利用当地资源保护易碎商品
摘下草帽当锅盖	草编锅盖形如帽，蒸食有清香
竹筒能做水烟袋	毛竹和烟叶资源丰富
蚂蚱能做下酒菜	气候温和，草木深深，昆虫肥美
四季服装同穿戴	气温年差小，四季服装差异小
过桥米线人人爱	稻米加工的风味食品
米饭饼子烧饵块	方便携带的米制食品
种田能手多老太	妇女勤劳，担负农耕重活
娃娃出门男人带	男人料理家务，照看孩子
有话不说歌来代	山区各民族热爱歌舞，性格开朗
东巴文化名在外	纳西族东巴文化国际知名

崎岖的地形制约交通发展。"山间铃响马帮来""袖珍小马有能耐""火车没有汽车快"（见图18-2），讲的是交通方面的怪事。

马帮曾经是云南运输的主要方式。马帮文化是云南传统文化的重要组成部分。赶马人在贩货时，结伴成帮，俗称马帮。大型马帮有二三十人，赶着100多匹马、骡。走在马帮最前面的是体型高大的骡子，称头马，颈部挂两个大铃铛；二马颈部挂12个小铃铛圈。铃声是马帮的信号。山路狭窄，赶马人听到前面有铃声，可以及早避让，双方得以平安通过。马帮长年累月在山间跋涉，常遇匪患和自然灾害，是一个艰辛的职业。有首赶马调说："石榴开花红又红，有女莫嫁赶马人。吃饭好像饿死鬼，半年一载才回门。"

图 18-2　火车没有汽车快①

云南马个体较小,能驮货攀登山路。崎岖的山路,饲料供应困难,适合袖珍小马繁育。

1910 年竣工的滇越铁路是云南第一条铁路。为了减小弯道半径,节约投资,线路采用 1 米宽的米轨。米轨铁路每小时平均速度 35 千米,加上铁路对坡度要求较严,线路延展较长,线路距离往往比公路长。火车与平行的汽车比,速度较慢。从昆明到开远,米轨铁路运行 8 小时,公路运行 5 小时,修成高速公路后只要 3 小时。②

"石头长到云天外""山洞能跟仙境赛",是岩溶地貌奇观。路南石林峭石插天,莽莽苍苍(见图 18-3),"有的如一柱擎天,有的如古塔群立,有的如灵芝菌集,有的如屏风隔扇"。③"石头长到云天外""山洞能跟仙境赛"是自然造化。每年农历六月二十四日火把节,彝族支系撒尼青年男女在石林间、仙洞口"阿细跳月"。伴着明快的芦笙,联袂把臂,婉转盘旋,翩翩起舞,尽情欢歌,通宵达旦。"阿诗玛"的爱情传说进一步使石林人性化。云南还有元谋土林、陆浪沙林,色彩艳丽,蔚为壮观。

复杂的地形,多样的气候,是动植物繁衍的理想天地。云南是中国动植物品种最丰富的地区。全国 3 万种高等植物,云南可以找到 17 000 余种,占全国 62.9%。云南有脊椎动物 17 000 余种,占全国 58.9%,鸟类品种占全国 60%,爬行动物品种占全国 42%。

"姑娘四季把花戴""常年都出好瓜菜",说的是丰富的植物资源,特别是花卉资源。云南大部分地区宜栽花。以昆明为例,海拔 1895 米,夏无酷暑,最热

---

① 昆武.云南十八怪[M].北京:晨光出版社,1995.
② 张宇丹.云南十八怪录踩[M].昆明:云南人民出版社,1999.
③ 谢凝高.中国的名山[M].上海:上海教育出版社,1987.

第十八章 西南文化区

图 18-3　云南路南石林（谢凝高）

月平均 19.9℃，冬无严寒，最冷月平均温度 7.8℃。云南是花的世界，报春花、玉兰花、杜鹃花、山茶花，相继盛开，满山遍野，五彩缤纷。爱美的少女四季都有鲜花可戴。改革开放以来，云南成为中国鲜花出口基地。昆明东南 20 千米的呈贡县斗南村出现全国最大的花街，全村 200 公顷田地全栽鲜花。

"鸡蛋用草拴着卖""摘下草帽当锅盖""竹筒能做水烟袋"，是云南人民对植物资源的巧妙利用。鸡蛋是易碎商品，在地形起伏坡度较大的地方，用草将鸡蛋拴着卖，便于顾客携带，不易破损。用草编成的锅盖状如草帽，煮饭有青草香味。云南盛产好烟，竹制水烟筒可以保持烟叶的香醇。

云南山高林深，昆虫肥大。蚂蚱可以炸食，焦黄酥脆，也可腌制，泡制药酒。因此，有"蚂蚱能做下酒菜"一怪。

"四季服装同穿戴"是服饰对气候的反映，在昆明一带比较典型。走在街上，可以看到身穿不同季节服装的人群。青年人体质好，爱俏，穿得单薄，女孩子露着腿。老年人怕寒，穿得厚实，又是夹袄，又有棉衣。同时，一年内温差变化不大，衣服没有明显的换季时候，四季衣服都放在外面，必要时拿起来就穿。

"过桥米线人人爱""米饭饼子烧饵块"，是特色饮食文化，都是大米加工的风味食品。过桥米线不炒不煮，在汤中一烫便熟，片刻就吃。汤用鸡、火腿、猪骨熬成，汤上罩一层鸡油，保持汤的高温。吃时将生猪肉片、鸡肉片、火腿、豆腐皮、豌豆尖放进汤中，将米线涮过食用。据传，过桥米线是蒙自一妇女为丈夫送饭时悟出的方法。丈夫在城中考秀才，送饭要走过一座桥，只有采用这样的方法，食用时才能保持米线的新鲜口味。米饭饼子在当地叫粑粑。饵块是用蒸熟的米饭舂揉成块的粑粑，是著名的年货，可煮、可炒、可卤、可烧,吃法多样。

"种田能手多老太"(见图18-4),"娃娃出门男人带",讲的是家庭劳动分工。中华儿女有勤劳品德,云南各族妇女尤其突出,农耕重活都可胜任。妇女担负重体力劳动后,看管孩子等家务落到男士身上。

"有话不说歌来代",云南人民,特别是少数民族,酷爱歌舞。隔山相望歌对歌,相会下山又爬坡。云南地形破碎,深谷纵横,用歌代话比较快捷。洱海西山白族地区人称"跳不完的西山舞,唱不完的西山歌"。

图18-4 种田能手多老太①

(二) 人类文化博物馆

云南省是中国三个少数民族人口超过1000万人的省(区)之一,共有25个民族,其中,15个民族是云南省特有。无论从社会结构、语言或者从文字、音乐遗产考察,云南都是人类文化博物馆。

在中华人民共和国成立初期,云南各民族处在不同的社会发展阶段。傈僳族、佤族、景颇族、布朗族、怒族、德昂族、基诺族和独龙族8个民族还保留部分原始公社社会形态。傣族、布朗族、拉祜族保留有母系社会的残迹。怒江傈僳族有原始社会性质的村社组织,土地伙有,共同耕作,盖房互助,债务共负,杀猎共食,煮酒共饮,路不拾遗,夜不闭户。在傈僳族地区,如果人带的东西过重,把它挂在树上或者放在路边,压上一块石头做标记,回头来取,东西准在。

居住在滇南的哈尼族创造了著名的梯田文化。梯田大的1公顷(10^4平方米),小的一件蓑衣可以盖住,层层叠叠,从山脚排到山上。哈尼族的衣食住行,节日庆典,审美意向,都与梯田有关。寨子建在山中,上有森林,是清洁生活用

---

① 昆武.云南十八怪[M].北京:晨光出版社,1995.

水的来源,下有梯田,可以充分利用水资源,提高肥力,形成一个自净的生态系统。

"东巴文化名在外",纳西族的东巴文化在国际上享有很高的知名度。东巴是纳西族信仰的原始宗教巫师,是纳西文化的主要创造者和传承者。纳西族人口30万人,分布在滇北丽江一带。纳西文化有东巴文、纳西古乐和母系社会三绝。

人类文字发展经历刻木记事、图画文字、表意文字和拼音文字等阶段。东巴文兼有图画文字和表意文字特征,有1300多个单字,可以写诗作文,表达细腻感情,记录复杂事物,是目前世界上唯一仍在使用的图画文字。纳西语称东巴文是"森究鲁究",意思是木石标记,见木画木,见石画石。东巴文以经文为主,又称东巴经文。东巴经文写在用棉花制成的硬纸上,纸长23～29厘米,宽8～9厘米,文字横写,每页3行,包罗舞蹈、物产、战事等内容,是纳西文化的百科全书。美、德、法、日等国都有学者研究东巴文,有《纳西语英语百科词典》等专著出版。

纳西古乐保存不少唐宋宫廷曲牌和道教洞经。白沙细乐相传是元朝忽必烈赠给纳西头人麦良的酬谢。纳西古乐幽远深沉,典雅曼妙,深受中外游客喜爱,多次出国演奏。人称"不听纳西乐,不算游丽江"。[①]

泸沽湖畔纳西族摩梭人至今保留母系社会制度,仍有走婚制的习俗,属于对偶婚的早期形式,妇女继承财产,主持家务,抚养子女。

丽江是纳西族居住中心,是中国两座世界文化遗产古城之一。世界上大多数建筑文化遗产是为皇家、贵族、宗教修造的宫殿和寺院,丽江古城是为纳西族群众建造的,至今还在为百姓的生活和生产服务。

四、藏文化

藏文化区包括西藏自治区,青海省大部分,四川省西部,甘肃省西南部,云南省西北部。藏文化区面积206万平方千米,占全国陆地面积21.5%,是全国面积最大的文化区。

藏民族是世界上宗教色彩最浓的民族之一,藏文化的各个方面都有藏传佛教的烙印。藏传佛教主旨慈悲和谐,关爱生命是藏民族崇高的价值取向和精神财富。

---

① 白庚胜.云贵文化[M]//蒋宝德.中国地域文化.济南:山东美术出版社,1997.

(一) 高原环境和藏传佛教

青藏高原平均海拔4000米以上,有8000米以上高峰6座,7000米以上高峰50座。进入藏文化区,处处可以感受到雪域高原的踪影。高原环境和藏传佛教是西藏景观的两个主要脉络。

青藏高原离太阳最近,有湛蓝的天空,有妩媚的日光、月光和星光。这天空,这光芒,蕴涵着崇高、博大、神奇和强韧。藏民的衣食住行和文化艺术,都受高原环境的影响。藏族舞蹈,比较平缓,身体重心起落幅度较小,比较适合高原缺氧气候。藏族民歌激越嘹亮,"像高原上的天空一样洁净明亮""像高耸的雪山一样直刺苍穹,响彻高山草原"。[1] 赞美太阳和雪山是歌词的主要内容。

公元7世纪松赞干布时期,佛教传入西藏,与当地本教融合,形成藏传佛教。从1284年起藏传佛教出现活佛转世制度,形成政教合一的封建农奴社会。佛教寺院是最高权力机构和经济实体。20世纪50年代民主改革前,寺院占西藏土地面积39.5%。民主改革后,藏传佛教对西藏的社会、经济和文化仍有深远影响。四大皆空、生死轮回、因果报应等佛学哲理是藏族群众思想和行为的准则。礼佛、转经是藏族民俗文化的主要内容。包括牧区帐房在内,家家都有礼佛供案。

供奉佛陀的寺院、经堂、塔林是西藏建筑景观的中心。唐卡、堆绣、佛龛、法器是西藏工艺美术的重要形式。在西藏,到处都有佛陀安详的笑容、佛经动人的故事。藏传佛教对西藏社会的巨大影响还可以从喇嘛的数量得到佐证。1999年西藏人口256万,有寺庙和宗教活动场所1700多处,僧尼4.6万多人。[2]

在西藏,高山和嵌在山间的湖泊大都有宗教色彩,称神山圣湖。阿里普兰县的冈仁波齐峰和玛旁雍措湖是神山圣湖之一。山高6714米,是冈底斯山主峰。湖面海拔4588米,面积412平方千米,湖水清澈,透明度达14米。藏族原始的本教、藏传佛教和印度教都奉这山这水是宇宙中真正的天堂,是极乐世界,认为圣水是胜乐大尊赐给人间的甘露,可以洗涤心中的烦恼和孽障。每年有无数中外信徒,不远千里前来朝圣,转山转湖。有的信徒叩着长头,历时一年以上。

藏族群众既要适应环境,又受到环境的感应,受到环境的锤炼。大地和宗教造就藏族群众纯真、开朗、坚毅的民风。

---

[1] 章采烈.中国文娱特色旅游[M].北京:对外经济贸易大学出版社,1997.
[2] 中华人民共和国国务院新闻办公室.西藏文化的发展[M].北京:新星出版社,2000.

与世隔离的辽阔大地,培养藏族群众纯真的情怀、知足的性格。他们认为自己拥有的,是世界上最美好的。有人说,藏族是不着急的民族。空气稀薄又缺氧的高原环境,想急也急不起来。苦寂的岁月,甘心皈依佛陀,佛陀给予无穷的希望。人要经历劫难转世,拥有无限的时间,还着急什么？纯真是藏族民风的第一个特征。

神奇瑰丽的大自然,坦荡透明,一望无际,是美丽和纯洁的综合。藏族群众置身其间,心灵净化,胸襟开阔,祥和宁静,不知还有什么可争的。豁达开朗是藏族民风的第二个特征。

藏族常年与严酷的大自然搏斗,形成坚韧不拔和刻苦耐劳的精神。勤奋坚毅是藏族民风的第三个特征。

（二）奇特的文化景观

西藏文化景观有三个特征：强标志性、超稳定性和神秘性。独特的自然环境,世界上独一无二的转世活佛,造就藏文化景观的强标志性。任何一幅西藏图片,不必写标题,一眼就可以识别。成群的牦牛,灿烂的金顶,神秘的天葬,闪亮的服饰,鲜艳的女装,大红的袈裟,沉浑的梵音,粉香的糌粑,等等,都是西藏独有的。独特的自然环境、社会环境和宗教制度,从客观上阻隔了西藏和外界的联系,使得藏文化有超稳定性。在印度失传的梵文佛经,包括贝叶经卷,在藏文化区可以找到。印度和中亚失存的古代艺术风格,在藏文化区得以保存。

1. 文艺景观

英雄史诗《格萨尔王传》内容浩瀚,称"世界史诗之王"。经过 20 余年收集整理,有 130 多万行,1500 多万字。史诗真实地反映吐蕃王朝崩溃后 300 余年西藏的经历,是西藏社会、战事、宗教和习俗的百科全书。史诗故事生动、朴实、优美,深受藏族群众喜爱,传播到蒙古、伊朗、中亚、匈牙利等地。经整理后史诗用藏、汉、蒙文刊印,译成英、日、法、俄、印度、土耳其等语种出版。

"衣着美丽手击鼓,童男少女歌且舞,又扮牛虎狮子形,头戴面具舞吉祥。"这是公元 779 年《吐蕃王统世·明鉴》对藏族歌舞的描写。藏族男女老少都能歌善舞,藏戏自始至终伴有歌舞。头戴面具使演员感情程式化,通过图案和色彩表达不同的身份角色。藏戏的内容有原始本教的祭祀跳神仪式,佛教的舞蹈仪式,人、神、鬼同台出现。藏戏以天为幕,以地为台,随时随地可以上演,观众席地而坐,随意围观。

从摩崖刻画算起,西藏壁画有 2000 多年历史。寺院大殿,目之所及,布满精绘细描的壁画。当地生产的石青、石绿、大红、朱砂等矿石是上好颜料,色彩鲜艳,遮盖力强,经久不退,金线勾勒,富丽堂皇。内容以宗教故事为主,也有历史传说、日常生活。密宗神殿和威猛的护法神等内容赋予画面森严感。布达拉宫《顺治皇帝会见五世达赖》画和日喀则德庆坡章《八思巴去蒙古朝见忽必烈》画是珍贵的史料，见证中华多民族一统的场景。

唐卡是用彩缎、刺绣、织锦、缂丝、贴花制成的卷轴画，有鲜明的民族特色和浓郁的宗教色彩(见图18-5)。民间把唐卡挂在居室或毡房上方，是全家的精神中心。寺庙用展开式唐卡，大小与晒佛场相仿。平时藏在寺中，遇到雪顿节由众多喇嘛抬到晒佛场展示，供信徒膜拜。布达拉宫唐卡高50米。青海黄南藏族自治州热贡是唐卡的制作中心。

图18-5　唐卡轮回图

资料来源：马军，黄莉.西藏扎嘎里艺术[M].拉萨：西藏人民出版社，2008.

2. 节庆文化

藏族节日有宗教节日和民俗节日两类。民俗节日也有宗教色彩。

藏历新年是最隆重的节日。从藏历十二月初起，人们便开始忙碌过年。除夕晚上，家家户户把房屋内外打扫干净，室内铺上新"卡垫"，正屋佛龛前叠放油炸果子、水果、酥油、盐块。大年初一，全家一早起来点燃供灯祭神灵。大家按辈序排位坐定，共饮新年第一杯酥油茶，互敬糌粑和青稞酒。随后，到左邻右舍祝贺，各家男女青年，手拿糌粑，提上青稞酒壶，进门就说："吉祥如意，幸福圆满，主妇富态，贵体安康，愿来年福绥欢聚。"客人向全家人敬酒，主妇向客人回敬茶酒。

藏历六月三十日雪顿节是西藏历史悠久的传统节日。在藏语中，"雪"是酸奶，"顿"是宴，雪顿节是吃酸奶的节日。汇演藏戏是雪顿节的主要内容，各地文艺团体在拉萨罗布林卡汇演，祝贺节日。演出时间延续一个半月，形成规模宏大的戏剧节。

藏历七月六日到十二日是沐浴节。节日期间，城镇乡村，全家出动，带上家中所有该洗的东西，纷纷来到河边和池塘旁，洗澡、洗衣，尽情嬉戏，举行野宴。藏族民间认为初秋的水有七大优点：① 甘；② 凉；③ 软；④ 清；⑤ 不臭；⑥ 饮不损喉；⑦ 喝不伤腹。

赛马和射箭是西藏人民爱好的体育活动。赛马节的发源地在江孜地区，已有500余年。最负盛名的赛马节在藏北羌塘地区。每年藏历七月底、八月初赛马节，举行盛大的物资交流会。

望果节是藏族人民庆祝丰收的节日。藏语中"望"是田地，"果"是转圈，望果是转地头。拉萨、日喀则、山南等农区每年农作物成熟时举行望果节。节日里，男女老少身着新装，抬着用青稞、麦穗搭成的丰收塔，敲锣打鼓，唱着歌儿，排队绕田边地头转圈，举行丰盛的郊宴。

天葬是藏族的民俗。佛教的"生死轮回说"解除了藏族人民对死亡的恐惧。佛教认为人死后根据今生的行为决定来世是否进入天界，或者进入地狱，活着的人要把亡灵送入轮回的轨道，天葬是活着的人帮助死者进入轮回的方式。

3. 饮食文化

酥油、茶、糌粑、青稞酒和牛羊肉是藏族的主要食品。

酥油从牛羊奶中提炼。藏族蔬菜和水果的消费量较少，茶是获取维生素C帮助肉食消化的主要饮料，一日三餐离不开茶。酥油茶是酥油和茶水搅拌成的热饮料，茶汁较浓，能够生津止渴，御寒助消化。喝酥油茶是藏族饮茶的主要方式。

青稞是高原上的主要作物。炒熟的青稞磨成粉，制成糌粑，是藏族的主食。食用糌粑时，加上酥油拌茶，非常方便。高原气压低，水的沸点也低，如果要时时煮蒸不容易做成熟食。过年过节,迎送宾客,操办婚事,搬迁新居,都离不开"切玛"。"切玛"用糌粑、酥油和白糖拌合而成,象征丰收。

青稞酒用青稞酿制,酒精度较低,是藏族喜庆佳节的饮料。如果你到藏族家中做客,主人一般请你喝"三口一杯"青稞酒。倒满酒先喝一口,添上;再喝一口,再添满;再喝一口,再添满。喝完三口,添满三次,最后满杯喝干。"三口一杯"表示主人的深情厚谊。

藏族喜欢吃手抓牛羊肉和风干牛羊肉。风干肉是在隆冬季节把牛羊肉切割成条状,挂在阴凉处,让它自然冰冻风干,除去水分,保持鲜味。次年开春时,风干肉是鲜美佳肴。

4. 服饰文化

藏族对色彩的偏爱在服饰上有充分的反映。高原温度较低,盛夏季节,夜间也很凉爽。暖色给人以温馨感。藏族喜爱红黄暖色装饰,用黑蓝冷色相辅,对比鲜明。

藏袍右衽大襟,长袖宽领,飘带扎腰,有三个功能。① 适应温度变化。夜间严寒,双手藏在袖中将全身包住。日出增温,右袖脱下搭在肩上,方便劳作。中午炎热,双袖脱下,围在腰间。② 可当旅行袋。长袍提起,腰部扎紧,可以放置什物。③ 可作舞装。藏袍放开,长袖飞扬,即兴歌舞。女式藏袍配镶边装饰,加彩色超长袖翻领衬衫,劳作时卷起袖口,舞蹈时水袖翻转,像行云流水。

装饰是藏族服饰文化特色。藏族群众认为把崇拜的信物带在身上,可以抵挡邪恶,驱除病魔。一到节日,他们全身缀满发饰、帽饰、衣饰,有金银的,珠宝的,象牙的。脖子上挂满长短不一的念珠和项链,琳琅满目。耳环和戒指是藏族群众喜爱的饰物,妇女不分老幼,个个都戴,不少男人也喜欢佩戴耳环。

哈达是生丝织品制成的礼巾。献哈达是藏族最常见的礼节。藏文中,"哈"是口,"达"是马,献哈达相当于献一匹马。节庆、婚事、朝佛、拜见尊长、迎送宾客,都要敬献哈达。黄、红、绿色哈达用于宗教仪式。白色哈达象征纯洁、吉利、忠诚、友情,是一般常用的礼品。

5. 建筑文化

西藏寺庙集建筑、雕塑、绘画于一体。早期寺庙大都建在交通便利的河谷平原,如桑耶寺和大昭寺等。后期寺庙一般选择陡峭山坡,依山而筑,便于守卫。寺庙墙厚基固,不对称布局,殿宇连绵,巍峨耸峙,显示佛法庄严。

寺庙结构的基础是藏式碉楼,厚墙窄窗,平顶阳台,同时融入汉式风格。修建布达拉宫时,清康熙派110位汉满工匠进藏协助。有些寺庙主体建筑上有汉式大屋顶,称"歇山顶",外形轻巧。

佛教"三界"说是寺庙布局的指导思想。上层"天界",设神佛灵塔,是高层施政、诵经和起居处;中层"人界",是一般行政和基层僧侣活动场所;底层"地界",是监狱、军队和仓库用地。西藏产砂金,不少寺庙屋瓦镏金,称金顶。寺庙周边有经幡、法轮柱(经柱)、玛尼轮(经轮)、喇嘛塔。加上焚香煨桑、转经朝佛、磕长头,组成浓郁的宗教色彩景观。

(三) 文化的地域差异

藏文化区地域辽阔,交通不便,文化的地域差异明显。差异主要表现在农区和牧区间。从元朝起,在行政区划上大体形成卫藏、安多和康三部分。藏语是汉藏语系藏缅语族中的一支。藏语的方言区与历史上形成的三大区域基本一致。① 卫藏方言区。位于西藏自治区的中部和西部,拉萨和日喀则是卫藏方言的中心。② 康方言区。又称康巴方言区,位于四川省西部,西藏自治区东部的昌都和那曲两个地区,云南省西北迪庆藏族自治州。③ 安多方言区。位于青海省和甘肃甘南藏族自治州。卫藏方言和安多方言差别较大,两者几乎听不懂。康方言介于卫藏方言和安多方言间。卫藏方言普遍采有敬语。安多方言和康方言比较直率豪放,一般不用敬语,即使用敬语,也不很标准。在三个方言区内部,还有语音上的差别。例如,智避村在拉萨河对岸,离拉萨很近,那里说话的声调与拉萨有很大区别(见表18-4)。

表 18-4 卫藏方言、康方言和安多方言比较

意 义	卫藏方言	康方言	安多方言
姑娘	bu mo	na mo	xi mo
你	ráng	qù	quo
走	zhuó	zuó lì	juo

农区和牧区发辫的差别比较明显。牧区妇女将头发梳成许多根小辫,然后将松耳石、玛瑙、珊瑚、琥珀等饰物固定在发辫上。男子习惯将发辫盘在头上,辫梢加红色短线。康巴男子发式粗大,显得魁梧。藏北和康区男子还喜欢挎腰刀。牧区几乎顿顿吃肉,干脆把刀插到腰间,还可以作装饰物。雅鲁藏布江流域广大农区妇女,一般只梳两根辫子,在发辫中加两种颜色的短线搭配,平时盘在头上,也可垂在身后。农区男子的发式同康区男子比较,显得小巧些。

农区居民以碉楼为主,依山而建,向阳近水源,多石木结构。垒石为基,上砌土坯,略成梯形。屋顶平坦,内部用柱支撑,外观浑厚朴实,端庄古雅。居室朝向东或南,西面和北面不开窗,或者开小窗。碉楼一般分两层,底层是牧畜圈和储藏室,层高较矮,二层居住。藏区少雨,屋顶夯平,可以散步眺望,设焚香台和经幡台,企望与天接近。外墙外窗加黑色边套,挑出小檐,外悬红、白、蓝三色

短帘,藏语叫夏木布,象征吉祥。干旱少雨、不怕雨淋是帘布挂在外面的自然背景。

牧区典型的民居是帐篷,又称藏式毡房,结构简单,支架容易,便于拆迁。毡房用高约 2 米的木杆作框架,四周用牦牛毛绳牵引,用牦牛毛毡覆盖。除两小片毡布可以活动,其余都严密缝实。一片活动的毡布是门。另一片活动的毡布是篷顶,白天掀起,采光、通气、放烟,夜晚和雨雪放下。毡房外是棚圈,用石块、草坯或牛粪垒成矮墙。帐与棚间拉绳挂幡。风吹幡响,起到自动诵经的功能。如今牧民大都在环境较好的地区定居,夏季到水草丰沛的山区放牧时才住帐篷。

1951 年 5 月西藏和平解放以来,特别是 1959 年民主改革以来,西藏的社会、经济、文化发生根本变化。西藏完成封建农奴制度向社会主义制度的跨越,政教合一向政教分离跨越。历年中央财政补贴占西藏财政收入 90% 以上,国家向西藏农牧民提供免费医疗服务。1985 年起对重点中小学在校生实行"包吃、包住、包穿"政策。京、津、沪、鲁、苏、浙、闽、粤、川 9 省市在 20 世纪 80 年代和 90 年代援建西藏 75 个项目。2000 年牧区普及三年义务教育,农区普及六年义务教育,主要城区普及九年义务教育。[①]

奇特的自然和人文景观,是西藏社会发展的宝贵财富。西藏有第一批国家重点文物保护单位 21 处。位于定日县和定结县的珠穆朗玛峰自然保护区是全球登山运动和科学考察的圣地。西藏是地球少数几个保留人迹罕至无人区的地方,加上浓浓的宗教色彩,西藏成为旅游者的乐园,探险家、旅游家和科学家接踵而至。西藏东南部和云南西北部、四川西南部联合建设了规模宏大的中国香格里拉生态旅游区。

随着现代航空和公路交通的畅达,青藏铁路通车,随着电子通信的普及,藏文化区与祖国其他地区的联系日益频繁,西藏成为中国与南亚各国交往的捷径。交通和通信便捷化从根本上改变西藏的闭塞状态,推动西藏社会和文化的繁荣。

---

① 中华人民共和国国务院新闻办公室.西藏文化的发展[M].北京:新华出版社,2000.

第十九章 港澳文化区

一、香港文化

香港是国际金融中心、贸易中心,同时也是东西方文化的融合点,生命力旺盛的文化中心。

(一) 文化的辐射力

"香港是文化沙漠",20 世纪 70 年代外地人有这样认识,许多香港人也持同样观点。这一观点是不全面的。按照社会系统论观点,文化是上层建筑,与经济基础密不可分。能够支持经济繁荣的香港文化,必定有旺盛的生命力。作为一个国际大都会,香港经济上有强大辐射作用,文化上的辐射力也不可忽视。

香港面积虽小,人口不多,却是世界四大影片制作中心之一,四大印刷中心之一,人均报刊发行量世界第一。1960 年 11 月 1 日香港《天天日报》发行世界第一份彩色报纸。新建的香港文化中心和香港艺术中心达到国际先进水准。

香港每年举办的艺术节和电影节是展示本地艺术和国际优秀艺术的盛会。香港每年可以制作近千部电视剧、近百部电影,1988 年创造年产 139 部影片的记录。以李小龙为代表的"功夫片"引起全世界的关注,成为沟通东方和西方认知的桥梁。许多西方人通过"功夫片"认识中国,认识中国文化。2002 年美国《人物》杂志选出当今全球 100 位最佳影星,成龙是亚洲地区唯一入选的影星。有的学者认为香港是"文化输出城"。[①]

(二) 国际性·商业性·法治性

香港文化最鲜明的特点是国际性、商业性和法治性。

[①] 侯军.金耀基眼里的香港文化[M]//苏伟光,杨宏海主编.内地—香港:比较文化的视野.北京:人民出版社,1999.

1. 国际性

香港是东西方文化的接触点,是国际文化的橱窗。香港不断举办国际性的电影节、艺术节、舞蹈节、时装节,是全球精英展示交流的重要场所,每年接纳千万计的境外游客。香港的物质文化、制度文化、行为文化和意识文化都有东西融合的印记。

香港建筑有两座标志。一座是华人建筑师贝聿铭设计的中国银行大厦,形象简洁。另一座是英国建筑师福斯特设计的汇丰银行大厦,是后现代主义的代表作,被评为"全球(20世纪)80年代建筑的榜首"。风格迥异的两座建筑并行矗立是香港物质文化国际性和多元性的标志。大屿山旁既可以看到世界最大的露天铜佛,也可以看到代表美国文化的迪士尼乐园。

香港是世界著名的美食城。香港食品节、兰桂坊狂欢美食节、波士调酒比赛等处处展示饮食文化的国际水准。在香港可以品尝美国肯德基家乡鸡、澳大利亚牛肉、法国蜗牛、日本鳗鱼,也可以品尝内地鲁、川、苏、粤各式佳肴。

香港有10余所神学院、20余所教堂,传播基督教和天主教,各有20余万信徒。还有更多的市民信奉佛教和道教。财神是最受市民欢迎的行业保护神,处处可以看到财神的踪迹。

英语长期是香港的官方语言。用英语执教的中学多于用母语执教的中学。港人三成以上可以熟练地掌握英语。优异的英语基础是港人与国际文化接轨的工具,是香港社会生命力的重要保障。

价值观和道德观是香港文化的核心。港人继承了中华文化爱国爱家的传统。维系人际交往的家族文化是香港社会行为的规范。"和为贵"的中华文化传统是指导港人行商的准绳之一。港人在商务上出现纠葛时,喜欢用协商谈判的方式和解,不像西方社会事事诉诸法庭。香港是一座社会救助事业兴盛的城市、义工活动普及的城市。

2. 商业性

香港文化的土壤是典型的市场经济。居民大部分来自内地,进入香港后要为生计拼搏。香港的文化活动只有少数能得到政府赞助,大部分以商品形式进入市场。在自由竞争原则下,文化活动必须自我赢利,重视功利。香港报纸载有大量"马经""波经""股经",简称"三经"。马经讲赛马,全盛时有30份马经报纸,在世界上独一无二;波经讲踢球,来自英语译音;股经讲股票。作为自由港,香港电影市场向美国片、欧洲片开放。港人最喜欢的还是港产影片。香港有"亚洲好莱坞"的美誉。如果没有商业精神,港产片是站不住脚的。

在功利背后可以看到效率,看到勤奋,看到拼搏。"短、平、快"是香港商业文化的具体表现。

"短"是指短小精悍。电视节目大都是板块式的综合栏目。报纸副刊,包括著名作家的专栏,大都是千字左右的短文。香港报上每天刊登千字文1500篇以上,总字数超过百万。

"平"是指平民化。香港是藏龙卧虎的地方,有不少具有国际水准的学者。香港文化主体是平民文化、大众文化和流行文化。电视、电影、流行歌曲、大众报刊是香港平民文化的四大支柱。文艺有政治功能、教育功能,还有消闲功能。消闲功能包括娱乐功能、审美功能、实用功能、健身功能等方面。平民化的香港文艺消闲功能突出。文学作品、艺术演出、影视制作迎合市民消闲需求,形式上力求通俗易懂,一目了然,一笑了之,极少玄虚晦涩。人们紧张地劳作后,观赏平民文化,博得一笑,功莫大焉。

"快"是指节奏快、更替快。港人走路快,办事快,吃饭快。快餐店、特快冲印、特快化妆随处可见。在香港一周可以摄制一部电影片。为了与市民的兴趣和热点协调,香港文艺代有高峰,年有新意,推陈出新,与时俱进。

"短、平、快"是香港文化生存的基础。"短、平、快"不免泥沙俱下,也常有世人瞩目的精品。[1] 表演艺术家英若诚说:"大土才能大洋,大俗才能大雅。"平民文化与高雅文化间的界线,通俗文化与严肃文化间的界线,毕竟是相对的。香港产生大批"短、平、快"作品的同时,也有以梁羽生、金庸著作为代表的长篇武侠小说,以梁凤仪著作为代表的大幅商战小说。按照在华人世界的流行广度,金庸的武侠小说可以与《红楼梦》媲美。抗日战争期间,茅盾、郭沫若、夏衍等一批文化精英云集港城,香港成为当时全国的文化中心之一。[2]

3. 法治性

市场经济是法治经济。香港市场经济的基础是法治,文化的基础也是法治。法治性渗透在香港文化的各个方面。首先,香港特区政府、企业、社区都有完整有效的管理制度,在不少领域达到国际领先水准。其次,法律、规则详细、稳定和透明,法律和规则具有权威性,港人要熟知法律和规则。根据法律和规则办事,可以预期结果,可以自主创意,自我负责。

二、澳门文化

在东西方文化交流中,澳门有过卓越的贡献。从16世纪中叶到鸦片战争300年间,澳门是东西方文化和经济交流的窗口。

---

[1] 王逢文.岭南文化卷[M]//蒋宝德.中国地域文化.济南:山东美术出版社,1997.
[2] 夏春平.香港文化色彩[M].北京:龙门书局,1997.

澳门是一座接近华南腹地的良港。"澳"的意思是泊口、港湾;"门"是当地与对岸隔海相望形成的峡门。湾内水静如镜,盛产蚝,又称蚝镜澳。

国际商品贸易兴起后,由于葡萄牙人的请求和明政府的许诺,澳门成为第一个允许外国人居留的港口。在闭关的明朝和清朝前叶,澳门是唯一洞开的大门和远东的贸易中心,垄断了从马六甲经中国到日本长崎的贸易,控制了大部分到马尼拉的贸易。① 澳门运往南洋和欧洲的货物有丝绢、瓷器、茶叶、黄金、麝香等。从马六甲运来的有胡椒、象牙、檀香、棉花、工艺品等。澳门运往日本的主要是丝绸,从日本长崎运回的主要是白银。烟草、辣椒、菠萝等农作物经过澳门传入内地。

圣保罗学院(The University College of Saint Paul)1594年成立,是中国第一所西式大学,也是远东的第一所西式大学。学院以1308年创建的葡萄牙科英布拉大学为楷模,结合中国的需要设汉语、拉丁语、音乐等人文学科,数学、天文、物理、医学等自然学科,以及哲学、神学等学科。学院从1597年起可以授予博士学位。②

学院前身是座学校,1581年利玛窦(1552—1610)曾在这里学习汉语。利玛窦精通中文,熟悉东方文化习俗。他儒服汉礼,与中国文化界、政界、平民融合,成为东西方文化双向交流的楷模。康熙曾规定:"西洋人自今以后若不遵利玛窦的规矩就不准在中国住""不会中国的话,教他们在澳门学中国话语"。③ 中国官方在任用圣保罗学院的毕业生时,按学位授官。学院培养了汤若望(1592—1666)、南怀仁(1623—1688)、徐日升(1645—1708)、朗世宁(1688—1766)等文化交流大家。他们将国外天文、地理、几何、测量、水利、火器等方面的科学知识介绍到中国。利玛窦与徐光启、李之藻合著有《乾坤本义》《几何原理》《测量法义》《同文算指》《坤舆万国全图》等影响深远的著作。汤若望协助明皇朝改正历法。"1641年11月崇祯帝亲临观看汤若望测验日蚀,计算吻合,乃决定采用新历法。"④同时,他还带来了西方音乐、绘画、医学,以及望远镜、三棱镜等仪器。⑤ 学院成立时,澳门在道义上是中国领土的一部分,在法律上也是中国领土的一部分。当时,明、清政府在澳门有行政、司法、海关等权利。1572—1849年,澳门葡人每年向中方缴纳515两白银地租。在中国领土上建立的为传播东西方文化做出贡献的学院,理应载入史册,成为中国教育发展的一页。

---

① 何芳川.澳门与葡萄牙大商帆:葡萄牙与近代早期太平洋贸易网的形成[M].北京:北京大学出版社,1996.
② 多明哥(Domingos Mauricio).澳门,远东的第一所大学[M].里斯本,1968.
③ 刘羡冰.汉语精英与文化交流[M].澳门:澳门基金会,1994.
④ 付衣凌.明史新编[M].北京:人民出版社,1993.
⑤ 杨允中.澳门与现代经济增长[M].澳门:澳门经济学会出版社,1992.

以澳门为基地的传教士对中国传统文化有较深的造诣。金尼阁、郭纳爵、殷铎泽、宋君荣等翻译四书五经,韩国英译介《本草纲目》。由于他们的努力,中国古典哲学中的民主思想融入欧洲民主革命的思想体系。达尔文在《人类的由来》一书中提到《本草纲目》的地方有 100 多处。

在城市景观上,澳门兼有欧洲地中海式的景观和中国南方城市的景观。16、17 世纪,基督教发展很快,城市建设带有浓厚的宗教色彩。商业区、教堂、居住区和一些公共设施的建筑有地中海沿岸文艺复兴时期风格。教堂(见图 19-1)、市场、放射性道路以广场为中心交叉。围绕广场有高密度居住建筑群。澳门的炮台、大三巴、大堂前和顺风堂、花王堂有欧化景观。在宜安街一带是具有中国特色的华人区。各种建筑是坡屋顶、青砖墙、木制结构、双开的窗户等典型中国建筑,在功能上居住和商业混合。这里街道没有规则,比较狭窄,是具有生命力的商业中心。

图 19-1　1834 年澳门圣保罗教堂[①]

---

① 〔英〕钱纳利绘.教堂 1563 年建,1835 年 1 月火灾烧毁[M]//刘羡冰.双语精英与文化交流.澳门:澳门基金会,1991.

澳门有一个特殊的社会群体——澳门葡萄牙人。葡萄牙人在澳门有复杂的联姻关系,称土生葡人。他们兼容中葡文化,渗透印度、马来西亚、帝汶色彩,扎根澳门,对澳门有归属感。他们会说中葡双语,在葡文学校上学,有些家庭送子弟到葡萄牙深造。他们喜爱红墙粉壁、拱窗长廊式的葡式建筑,珍惜在澳门留下的葡萄牙文化古迹。他们信奉天主教,有自己的节庆日。天主教子夜弥撒,午夜报佳音,鱼贯游行,全城洋溢在欢乐气氛中。①

---

① 施白帝.澳门土生:一个身份问题[J].澳门研究,1993,9:127—131.

第二十章　台湾文化区

明代安平一带土著称台窝湾人,他们最早与汉人接触。这是台湾一名的由来。

一、居民的内部差异

台湾居民大体有三部分:第一部分是少数民族,占总人口2%;第二部分是第二次世界大战前移入的汉族,约占总人口2/3;第三部分是第二次世界大战后移入的汉族和一些少数民族,约占总人口3/10。[①]

在第二次世界大战前迁入台湾的汉族中,福建人最多,占83.1%。其中,泉州占44.8%,漳州占35.1%,汀州、福州和龙岩占3.2%。广东人第二,占15.6%,主要来自梅州、惠州和潮州。其余各省占1.3%。泉州移民主要在明朝末年随郑成功迁入,占据沿海肥沃平原。漳州移民稍晚,分布靠内。客家人更晚,聚居在接近山区的地方。"海口多泉,内山多漳,再入与生番毗连,则为粤人。"[②]第二次世界大战后迁入台湾的汉族来源地较广泛,主要分布在以台北市为中心的大中城市。

台湾少数民族自北向南分布着泰雅人、赛夏人、布农人、曹人、鲁凯人、排湾人、阿美人、卑南人、雅美人。他们的差异表现在三个方面。

第一,语言不同。分别属于汉藏语系和南岛语系,互相听不懂。

第二,来源地不同。关于少数民族的来源,有西来说,来自祖国大陆,也有南来说,来自东南亚。

第三,风俗文化不同。少数民族的族群意识很强(见表20-1)。聚族而居,聚族迁移,风俗习惯区别明显。泰雅人和赛夏人文身黥面。泰雅人、赛夏人和布农人有打牙习俗。阿美人和卑南人保留母系社会的烙印。阿美人从母名,财产由母传女。卑南人财产传长女[③]。

[①] 吴壮达.台湾的开发[M].北京:科学出版社,1958.
[②] 姚莹.东瀛记事·鹿港防剿始末.
[③] 张崇根.台湾文化卷[M]//蒋宝德.中国地域文化.济南:山东美术出版社,1997.

表 20-1　台湾少数民族分布情况

族　群	人口规模/万人	分　布
泰雅	10.7	北部山区
赛夏	0.6	西北部山区
布农	4.9	中部山区
曹	1.0	阿里山区
鲁凯	0.9	中南部山区
排湾	8.4	南部山区
阿美	16.9	东部沿海
卑南	1.1	台东海岸平原
雅美	0.5	兰屿岛
合　计	45.0	

资料来源：胡友鸣,马欣来.台湾文化.沈阳：辽宁教育出版社,1998.

二、中华文化是台湾文化的根基

　　大陆汉民入迁台湾的历史可以追溯到三国时期。吴黄龙二年(230年),孙权派将军卫温和诸葛直"远规夷州,以定大事"。[①] 汉代和三国时期台湾称夷州。日本考古工作者曾在台湾发现三国时期指掌型古砖。隋唐时,大陆与台湾来往频繁。台湾当地人称汉人为"唐人",称内地为"唐山"。[②]

　　台湾有76个堂号记录祖辈来源地。56个堂号郡望在黄河流域山东、山西、河南、河北、陕西、甘肃六省。台湾汉人中占多数的福建移民自称河洛人,祖先来自黄河洛河一带,姓氏结构与福建相似。台湾八大姓与福建八大姓完全相同,排列顺序小有错位。以台湾陈姓为例,两大来源都可以追溯到中原。开漳圣王又称陈圣公、圣王公,是唐总章二年(669年)奉命开拓漳州的河南光州固始人陈政和陈元光父子。福建漳州将陈氏父子奉为开漳圣王神灵祭祀。台湾有开漳圣王庙53座。另一支重要的陈姓可追溯到河南颍川陈邕,受宰相李林甫排挤,迁到福建同安。后人陈永华随郑成功入台,被称为入台陈氏的始祖(见表20-2)。

[①] 三国志·吴书,卷五十八.
[②] 朱景英.海东札记,卷四,清乾隆刊本.

表 20-2　台湾和福建八大姓在人口中的比重

顺　序	在人口中占比/(%)	
	台　湾	福　建
1	(陈) 12.21	(林) 14.80
2	(林) 8.55	(陈) 14.01
3	(黄) 6.69	(张) 6.61
4	(李) 5.23	(王) 5.07
5	(王) 4.38	(吴) 4.99
6	(张) 4.32	(黄) 3.89
7	(吴) 3.92	(刘) 3.58
8	(刘) 3.47	(李) 3.31
合　计	48.77	56.28

台湾的佛寺道观源自祖国大陆。最大的佛寺台北万华龙山寺由晋江安海龙山寺分灵,供奉观音。台湾泉州籍移民建 440 多座龙山寺,把观音作为故乡神明的代表。道教三奶派在明朝万历十八年(1590 年)由漳州传入。受内地三教合一观的影响,台湾佛寺中供奉道教诸神,道观中供奉佛教诸神,孔庙中供奉佛道诸神。福建民间三大俗神在台湾都有传播。由湄州分灵的海上保护神妈祖最受崇敬。台湾妈祖信徒占人口 1/3,有 800 座妈祖庙。每逢农历三月二十三日妈祖诞辰,台湾人民成群结队跨洋过海,到湄州妈祖庙隆重拜祭。临水夫人和保生大帝是福建另外两大著名俗神。临水夫人陈靖姑是民间妇女儿童保护神,在台湾有 67 座分庙。保生大帝吴真人是民间医神,在台湾有 142 座分庙。广东客家籍聚居地建有 236 所三山国王庙,祖庙在广东揭西县河婆镇玉峰山下[①](见表 20-3)。

表 20-3　闽台寺庙和神祇联系表

福　建	台　湾
佛寺	
晋江安海龙山寺	龙山寺 440 多座,台北万华、艋舺和鹿港三寺香火最盛
福清黄檗寺	台南燕子矶黄檗寺

---

① 胡友鸣,马欣来.台湾文化[M].沈阳:辽宁教育出版社,1998.

续表

福 建	台 湾
民间神祇 　湄州妈祖 　福州临水夫人 　同安保生大帝	 主祀妈祖庙 800 座 台南临水夫人庙 67 座 保生大帝庙 142 座
民族英雄 　开台始祖郑成功 　开漳圣王陈政和陈元光父子	 各种祠庙 140 座 奉祀庙宇 53 座,台中北屯和台北内湖香火最盛

台湾的地方戏根在祖国大陆。歌仔戏又名芗剧,随郑成功传入。1928 年台湾歌仔戏"三乐轩"班回闽南演出,受到欢迎。布袋戏(木偶戏)由平和县安厝乡暗径村林观逊艺人传入。①

台湾的古建筑风格与闽粤相似,雕梁画栋,金碧辉煌,美轮美奂。房檐梁柱,门窗隔扇,处处雕有花鸟虫兽、仿古人物和神话故事。

郑成功经营台湾时兴办书院,教化当地居民。从清朝康熙三十九年(1700年)起,各府县遍建文庙,尊奉先师孔子。光绪二十二年(1896 年)台湾有书院 44 所。台湾学子参加科举考试,先后录取文进士 36 位,武进士 12 位,文举人 304 位,武举人 270 位,有 3 人荣升翰林院,3 人得钦赐翰林衔。

三、传统与现代相结合的台湾文化

台湾的初等教育在 20 世纪 40 年代已有基础。1960 年初等教育全面普及,1968 年实施 9 年免费义务教育。1980 年 96% 小学毕业生升入初中,初中教育全面普及。1995 年台湾开始推行 12 年免费义务教育。

分析台湾教育与经济的关联有三个特征:① 教育是提高就业人员素质的基础;② 教育发展与就业人口素质提高有 10 年以上时间差,台湾就业人员的素质在 1975 年明显提高,经济发展高峰 10 年后到来;③ 教育发展后,先是受教育人员取代未受教育人员,然后是高教育程度人员取代低教育程度人员。②

推动台湾教育发展的动力主要有两个:

(1) 崇学的儒家思想根深蒂固。教师在台湾有较高的地位,学生尊敬教师

---

① 林其泉,柯远扬.台湾文化[M]//中华孔子学会编辑委员会.中华地域文化集成.北京:群众出版社,1998.
② 李诚.人力资源,台湾经验四十年.台北:天下文化出版社,1991.

风气在台湾很盛。根据调查,大学教授在各类职业中的社会地位居第二位,处在顶层,中学教师和小学教师分别居 12 位和 16 位,处在中线以上。[1]

(2) 教育投资报酬率高。台湾择业自由,通过竞争机制形成"高教育程度—高生产率—高薪酬"的良性循环。1972 年台湾中等教育的投资报酬率是 12.7%,高等教育的投资报酬率是 15.8%。1988 年公立大学的投资报酬率是 12.1%,私立大学的投资报酬率是 10.5%。[2]

中华传统文化与国际现代文化相融合是台湾文化的重要趋势。在宗教方面,道教和佛教在台湾都有一定空间。人们在繁忙之余,企望修身养性,企望长寿,求助于道教理念。在忙碌的现代生活中,人们要寻找一个清静的精神家园,进行内心修养,求助于佛教教理。从 1961 年到 1975 年,高雄市佛光殿整整用了 15 年时间,兴建了一座高 40 米的大佛。[3]

台湾是中国唯一直接面向太平洋的地方。站在台湾东海岸,可以观赏太平洋的惊涛骇浪。台湾文化既有中华传统文化的根基,又受美国、日本等文化潮流的影响,在时尚化和商品化方面,比较成熟。

大陆文艺底蕴深厚,气势恢宏,与台湾文化有强互补性。大陆的戏曲、电视剧、民乐、文物等深受台湾人民喜爱。一部电视剧《雍正王朝》救活一个电视台成为台湾传媒界的佳话。《康熙王朝》拍摄完毕时,出现台湾多家电视台争抢播放权的盛况。[4]

两岸文化交流的浪潮汹涌澎湃,加深了两岸人民的认同感,推动了中华文化的共同繁荣。

---

[1] 文崇一,张晓春.职业声望与职业对社会的实用性[C].台北:台湾经济研究所,1979.
[2] 李诚.人力资源[M]//高希均,李诚主编.台湾经验四十年(1949—1989).台北:天下文化出版社,1991.
[3] 林其泉,柯远扬.台湾文化[M]//中华孔子学会编辑委员会.中华地域文化集成.北京:群众出版社,1998.
[4] 吴亚明.大陆文化在台湾[N].环球时报,2002-07-29.

下 篇 ｜ 全球视野下的中国文化

第二十一章 文明古国比较

四大文明古国中,埃及、巴比伦、印度的文明都中断了,只有中国文明绵延。通过比较,可以发现中国文明绵延的原因。

一、埃及和巴比伦

埃及和巴比伦有相似的地理环境,都位于交通廊道上,小而富饶,无险可守。富饶和良好的通达性,吸引强敌入侵。无险可守,地域狭小,缺乏纵深,民族和文化更替成为常态。

(一) 小而富,廊道无险

埃及国土面积约100万平方千米,95%是沙漠和半荒漠。可供耕作的土地集中在尼罗河三角洲和尼罗河谷。三角洲面积约2.4万平方千米,尼罗河谷长约1350千米,宽3~16千米,面积约1.6万平方千米,合计约占国土面积4%。

巴比伦位于幼发拉底河和底格里斯河两河流域下游,是最肥沃的冲积平原,可耕种面积约4万平方千米。巴格达源自波斯语,意思是"神的赠赐",是强敌争夺的目标,帝国皇冠上的明珠。

廊道区位是人口、文化、宗教流动必经之地,也是军事活动必经之地。埃及是亚洲和非洲陆地的唯一接合部。巴比伦是西亚的十字路口,从希腊、罗马到波斯、印度经过巴比伦,从阿拉伯半岛北上也经过巴比伦。

埃及和巴比伦周边没有高山屏障,大都是低平的荒漠。巴比伦周边最高的山丘不超过300米。强敌进攻,经过一两个战役,整个地区就会沦陷。海斯在《全球通史》中说:"如果接连遭到几个荒歉的季节,牧草和谷物全部受害,那么一些凶猛的、饥饿的部落人员就会从阿拉伯迁徙到叙利亚、埃及和美索不达米亚一带。""美索不达米亚是一块富饶的、无险可守的土地,因此,不断被敌人从东、西、北三方入侵。一些城市兴起又没落了;一种语言和另一种语言融合了;一个国王打倒另一个国王。"[①]埃及和巴比伦政权像走马灯一样,你方唱罢我登场。

---

① 〔美〕海斯,穆恩,韦兰著.全球通史[M].冰心,费孝通等译.北京:红旗出版社,2015.

(二) 埃及文化转型

埃及是地中海航行的重要起点。法国拿破仑侵占埃及时,在日记中提出三个目的:① 开辟新殖民地;② 通过埃及开辟中东市场;③ 经过埃及通向印度。第二和第三两个目的反映埃及的廊道功能。

埃及古文明在公元前5000年出现,称巴达里文化。公元前2686年埃及出现王国,建造金字塔、神庙等建筑。公元前670年埃及被亚述人征服,公元前525年被波斯人征服。随后,马其顿亚历山大、罗马帝国、拜占庭帝国、阿拉伯人、土耳其奥斯曼帝国相继统治埃及,分别带来波斯文化、希腊文化、基督教文化和伊斯兰文化(见表21-1)。埃及的名称Egypt来源于希腊语,是希腊人对埃及古都孟菲斯神庙Aigyptos的读音。

表 21-1　埃及年表

时　期	年　份	融入文化
王朝时期	公元前5000—公元前2686年	法老文化
王国时期	公元前2686—公元前525年	法老文化
波斯王朝	公元前525—公元前332年	波斯文化
马其顿托勒密王朝	公元前332—公元前30年	希腊文化
罗马帝国	公元前30—395年	基督教文化
拜占庭帝国	395—641年	基督教文化
哈里发王朝	641—1250年	阿拉伯,伊斯兰文化
马木路克王朝	1250—1517年	突厥,伊斯兰文化
奥斯曼帝国	1517—1798年	土耳其,伊斯兰文化
法国占领	1798—1801年	
阿里王朝	1805—1882年	
英国统治	1882—1922年	

资料来源:王海利.埃及通史[M].上海:上海社会科学出版社,2014.

历史上埃及文化发生两次重要转型。

第一次,公元前332年亚历山大征服埃及,埃及文化向希腊化转型,希腊语成为官方语言。希腊语与本土语言融合形成科普特语。希腊的服饰、戏剧向埃及传播。新建的亚历山大城是世界著名的文化中心。地理学之父埃拉托色尼任图书馆馆长和研究员长达52年。他第一次采用地理学名词。他通过对西埃尼(阿斯旺附近)和亚历山大方尖塔阴影差测得地球圆周长度是25 000英里(实际长度是 24 860 英里,约 40 008.3 千米),将地球划分成一个热带、两个温带和两个寒带。① 欧几里得在这里写成 13 卷几何学。阿基米德在这里发现浮力定理。②

第二次,公元 642 年阿拉伯人征服埃及,埃及阿拉伯化,阿拉伯语成为埃及全民语言,开罗成为伊斯兰文化三大中心之一。科普特语逐渐被阿拉伯语替代,到 16 世纪科普特语完全湮灭。基督教在埃及保存下来。至今埃及有 10%人信奉基督教,称科普特正教。③

(三) 巴比伦文化更替

巴比伦文明是两河流域文明的一个阶段,时间在公元前 1900 年到公元前 1600 年。巴比伦文明的主人来自叙利亚一带,讲闪米特语。在巴比伦文明前,两河流域有更古老的苏美尔文明。苏美尔文明出现在公元前 4000 年到公元前 2700 年。苏美尔人建造可住 5 万人的城市,使用楔形文字,建立人类最早的学校和图书馆,教授语文、数学、音乐、生物、天文等课程。苏美尔文字刻在泥板上,烧制后可长期保存。

公元前 1595 年赫梯人占领两河流域,巴比伦古文明时代宣告结束。然后有亚述人、波斯人、蒙古人、阿拉伯人先后占领两河流域。公元 7 世纪初,阿拉伯人兴起,阿拉伯帝国政治中心从麦加迁到巴格达。1584 年起土耳其人建立的奥斯曼帝国统治两河流域。萨默维尔说:"在美索不达米亚,政治格局永远是变动的。各种文化崛起,然后又衰落,有时迅速,有时缓慢。在它们变弱的时候,其他文化就会强大起来取而代之。"

(四) 失落的文字

外敌入侵,埃及和巴比伦使用文字的人流失,文明自然中断。古埃及文字和古巴伦文字是近代西方学者破解的。

1797 年,随从拿破仑进军埃及的一批学者发现罗塞塔石碑。石碑上刻有希腊、古埃及圣书体和古埃及世俗体三种文字。三种文字书写相同的内容成为破解古埃及文字的捷径。1822 年 2 月法国人商博良(Jean Francis Champollion)破

---

① 〔美〕普·詹姆斯等著.地理学思想史[M].李旭旦译.北京:商务印书馆,1989.
② 〔美〕海斯,穆恩,韦兰著.全球通史[M].冰心,费孝通等译.北京:红旗出版社,2015.
③ 王海利.埃及通史[M].上海:上海社会科学出版社,2014.

解古埃及文组字规律,发现古埃及象形文字中有表意和表音功能,轰动学术界。① 原来石碑上记载的是公元前196年祭司写给托勒密五世的颂词。商博良编了一本《埃及语法》,成为研究古埃及文的主要工具书。②

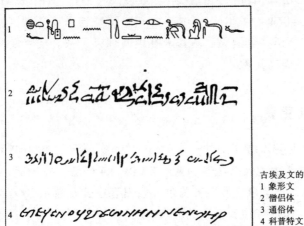

古埃及文的不同书写体:
1 象形文
2 僧侣体
3 通俗体
4 科普特文

图 21-1　古埃及文的不同书写体

资料来源:〔美〕莱斯利(Lesley),亚京斯(Roy Adkins)著.破解古埃及[M].黄中宪译.北京:三联书店,2016.

苏美尔人于公元前3200年创立巴比伦古文字,称楔形文字。书写时用芦苇杆在泥板上刻划,每一笔头宽尾长。泥板炼制后可以长期保存。公元前2003年苏美尔文明没落,语言和文字都被遗忘。1843年美国人罗林森破译苏美尔楔形文字。破译的依据是贝希斯顿碑文用巴比伦文、埃兰文和古波斯文歌颂大流士战功。罗林森首先解读古波斯文,对照解译巴比伦楔形文字。有一块泥板讲述苏美尔第一任国王埃塔纳的传说。公元前2800年埃塔纳统治苏美尔基什城邦,证明楔形文字有五千年历史。

二、碎片化的印度

地域上的印度是一片辽阔富饶的土地,气候处在热带季风区。与中国比较,印度的干湿季节变化更加强烈。每年6月到9月是雨季。南半球东南季风

---

① 商博良(1790—1832),法籍,埃及学奠基人.
② 〔美〕莱斯利(Lesley),亚京斯(Roy Adkins)著.破解古埃及[M].黄中宪译.北京:三联书店,2016.

越过赤道,转为西南季风,带来印度洋湿润空气和充沛雨量,雨季占年降水量90%左右。10月到次年5月是旱季。喜马拉雅山挡住了北方的冷空气,使得印度旱季温度较高,常常出现40℃以上的高温。印度北部印度河流域到恒河流域连成一片大平原,面积约75万平方千米,比我国华北平原和松辽平原加在一起还大。印度南部的主体是德干高原。德干高原平均高度600米,比较平坦。母质是玄武岩风化的黑土,富含钾、钙、铝、镁等元素,适宜种植棉花等作物。德干高原西侧的西高止山平均高度900米,高原东侧降到400米。沿印度洋和孟加拉湾有沿海平原。印度领土51.6%是耕地,耕地面积约23亿亩,居世界第二位,仅次于美国。

政治上的碎片化和文化上的断续化是印度的特征。

(一) 历史上印度是地域概念

印度有两个不同的概念。一个是地域概念,另一个是国家概念。历史上印度是地域概念,不是国家概念。印度一词来源于印度河,梵文称 Sindhu。最早将河名转称地域名是公元前5世纪波斯人攻占印度的时候。按照波斯语发音称 Hindu。伊斯兰文化进入印度后,称 Hindustan。英国人进入后选用 India。汉语中用印度名称从玄奘开始。玄奘在《大唐西域记》中说:"详夫天竺之称,异议纠纷,旧云身毒,或曰贤豆,今从正音,宜云印度。"

印度作为一个国家的概念是近代逐渐形成的。印度宪法中写明国家原名波罗多。波罗多是古印度众多国家中的一个国家。美国历史学家罗斯金说:"在其大部分历史中,印度不是一个国家。它的族群和地区多样性明显。""每一个地区都居住着众多不同的民族。"[1]印度历史学家认为:"将整个印度融为一个国家"是英国人。英国人建立"铁路、邮政、电报、货币、盐务管理",建立"印度文官制度、印度警察、印度稽核与会计制度、各省的行政制度,特别是税务和司法制度,构成了一种行政机构体系"。[2][3] 尼赫鲁将代表作定名《印度的发现》。二千多年前,中国的存在就成为共识,没有再发现的必要。

印度的地域概念和国家概念并存容易产生认识上的混乱。印度国名源自印度河,印度河的主干并不在印度共和国,在巴基斯坦。印度有世界古文明,这个古文明的主要分布地区不在印度共和国,在巴基斯坦。

---

[1] 〔美〕罗斯金著.国家的常识[M].夏维勇等译.北京:世界图书出版公司,2013.
[2] 〔印〕潘尼迦(K.M.Panikhar)著.印度简史[M].简宁译.北京:新世界出版社,2016.
[3] 潘尼迦是印度第一任驻华大使.

(二) 断续的历史

印度最早的文明是哈拉帕文明,从公元前 2800 年到公元前 1600 年持续 1200 年。这段文明史在印度的文献中湮没了。很长一段时间,人们认为印度文明从公元前 1500 年雅利安人进入印度开始,是外部移植的文明。1856 年英国人修建印度铁路时,在印度河流域拉哈尔附近哈拉帕村发现遗址。1921 年考古证实遗址是古城市。后来陆续发现同一时期遗址 250 余处,散布在印度河流域一带 130 万平方千米范围内,称哈拉帕文明。规模最大的是摩享佐-达罗(当地语言是死丘),位于印度河下游巴基斯坦拉尔卡纳县南。印度古老的哈拉帕文明有 500 个象形文字,至今没有人破译(见图 21-2)。哈拉帕文明的主人是达罗毗荼人。达罗毗荼人目前分布在印度南部。

图 21-2　哈拉帕文字

纵观印度历史,能够统一大部分领土的只有孔雀王朝、笈多王朝和莫卧儿帝国鼎盛阶段。公元前 1500 年雅利安人从中亚进入印度,统治印度北部,出现 16 个强盛的奴隶制国家,史称"十六雄国"。公元前 326 年到公元前 184 年,雅利安人建立的孔雀王朝是印度历史上第一个相对统一的帝国。孔雀王朝信奉佛教。孔雀王朝衰落后,印度再次分裂。公元 320—550 年建立的笈多王朝是印度第二次相对统一时期。笈多王朝是印度人建立的第一个王朝,也是最后一个王朝。笈多王朝衰落后,印度进入漫长的分裂时期,史称黑暗的 800 年。800 年期间有阿拉伯人和突厥人的入侵,建立过苏丹国,传入伊斯兰教。1526 年蒙古人帖木儿的后代巴布尔从中亚进入印度,建立莫卧儿帝国,是印度第三次相对统一时期。

外敌能够轻易入侵的重要原因是印度内部分裂。公元前 327 年 5 月,马其顿亚历山大翻越兴都库山进入印度。当时,统治印度西北一带的波斯帝国开始瓦解,许多小国互相征战。亚历山大军队到达安比国都塔克西拉城时,国王敞开城门迎接,宰了 3000 头牛、10 000 只羊,慰劳大军,派 5000 士兵帮助征战。

如果说埃及和巴比伦无险可守,印度则是有险不守,洞门大开。中国修建长城防御外族入侵,印度为什么没有长城一类防御工事?印度北有喜马拉雅山天然屏障,东方缅甸、泰国是农耕民族。外族入侵主要来自西北方向,翻越兴都库什山,经过开伯尔隘口。古代雅利安人、波斯人和希腊人,后来阿拉伯人、突厥人、蒙古人,一拨一拨从这里进入印度。把开伯尔隘口一带守住,可保安定。然而,在开伯尔隘口一带没有防御工事。

修建长城需要两个条件,一是国家统一,举全国的物力和人力;二是政局稳定,经年累月,持之以恒。这两个条件印度都不具备。

(三)民族结构与种姓制度

印度斯坦族占印度人口46.3%,人口在2000万人以上的民族有10个(见表21-2),还有几十个人口较少的民族。

表21-2 印度十大民族占全国人口比例

民　族	人口占比/(%)	民　族	人口占比/(%)
1. 印度斯坦	46.3	6. 古吉拉特	4.6
2. 泰卢固	8.6	7. 坎拿达	3.9
3. 孟加拉	7.7	8. 马拉雅拉姆	3.9
4. 马拉地	7.6	9. 奥里雅	3.8
5. 泰米尔	7.4	10. 旁遮普	2.3

资料来源:中华人民共和国外交部网站,2015-10-20.

印度多语竞争,多语并存,全国有近2000种语言,有文字的语言50种。宪法规定:"官方语言是印地语。经法定程序批准后,各邦可以使用地方语言。"以印地语为母语的人口占全国人口1/3,法定联邦官方语言22种。中央政府重要文件用22种语言刊印。邦政府文件用两种以上语言刊印。1956年印度调整行政区划,语言同一性是重要原则。调整后出现泰卢固语的安得拉邦,卡纳达语的卡纳塔卡邦。语言邦是语言民族主义的产物。1963年印度实行《官方语言法》,简称三语方案:印地语地区学校学习印地语、英语和一种印度地方语言;非印地语地区学校学习本地语、英语、印地语。泰米尔纳德邦、西孟加拉邦、卡纳达卡邦抵制三语方案。泰米尔纳德邦曾经为语言矛盾发生大规模群众示威。

复杂的语言、民族、宗教关系互相交织加剧印度社会矛盾。印度1947年独立以来,有三位国家最高领导人死于枪杀。1948年1月30日,印度国父甘地被印度教极端主义者枪杀,原因是不满甘地提倡民族和解。1984年10月31日英迪拉·甘地总理被信仰锡克教卫兵枪杀。[①] 1991年5月21日拉吉夫·甘地被泰米尔极端组织杀害。[②]

雅利安人进入印度后,逐渐形成种姓制度。种姓制度称瓦尔那(Varna),梵文瓦尔那是"色""质"。雅利安人肤色白,当地原住民肤色黑。种姓制度把人分成四等:① 婆罗门,神职人员;② 刹帝利,统治者,武士;③ 吠舍,商人、农场主;④ 首陀罗,体力劳动者。此外,还有最底层贱民,称不可接触者。

印度教《梨俱吠陀·原人歌》:婆罗门是原人的嘴、刹帝利是原人的双臂、吠舍是原人的大腿、首陀罗是原人的脚。贱民排除在原人身体之外。

佛教主张众生平等。这是印度教排斥佛教的原因之一。一位参与印度农村扶贫工作的美国人讲:"当汽车陷在泥里的时候,上层种姓的人在座位上等,下层种姓的人出去推车。"他醒悟到种姓制度必须彻底铲除。[③]

印度独立后,努力消除种姓的影响:宪法规定不得因种姓受歧视;出台保留政策,在政府和国营企业中为低种姓保留27%名额职位;身份证上取消种姓记录。印度还选出来自低种姓成员担任总统。然而,种姓的残余影响仍然存在,农村地区尤其明显。

(四) 殖民统治的影响

印度的位置在中国和西欧间。印度是西欧殖民国家掠夺的重要目标。中国离西欧殖民帝国最远,称远东。殖民帝国开拓殖民地先到印度。印度是大国,殖民者费了两个多世纪才把印度摆平。从某种意义上说,印度拖了殖民者的后腿。

英国是殖民印度主要力量。1600年12月31日成立英国东印度公司(British East India Company),兼有政治和军事职能。英国侵占印度是典型的蛇吞象现象。1757年普拉西战役时印度人口等于英国14倍,GDP超过英国5倍(表21-3)。英国能够在印度建立殖民统治有两个主要原因:① 英国是工业革命发源地,有先进的生产力和社会结构;② 印度政治碎片化。英国人入侵时,莫卧儿帝国开始瓦解。英国采用分而治之策略,利用印度人打印度人。普拉西战役是英国人侵占印度的转折点。那年孟加拉王公纳瓦布在法国支持下率7万大军抗击克莱武指挥的900名英军。英国人用金钱和珠宝收买

---

① 锡克族人口2000万人,信奉锡克教,分布于旁遮普邦.
② 拉吉夫·甘地是英迪拉·甘地的儿子.
③ [美]罗斯金著.国家的常识[M].夏维勇译.北京:世界图书出版公司,2013.

纳瓦布下属军官,分化强敌,取得胜利。18世纪末,英国人挑唆印度教王公攻打信奉伊斯兰教的迈索尔,唆使信伊斯兰教的王公攻打马拉塔邦印度教王公,坐收渔利。

表21-3 英国与印度人口和经济比较

项目	年份	英国	印度	英国:印度
人口/万人	1700	857	16 500	1:19
	1757	1318	18 500	1:14
	1857	2819	22 700	1:8
GDP/(百万元,1990国际元)	1700	10 709	90 750	1:8
	1757	18 768	99 900	1:5
	1857	76 584	118 040	1:1.5

资料来源:〔英〕安格斯·麦迪森著.世界经济千年史[M].伍晓鹰等译.北京:北京大学出版社,2003.

英国利用印度的土邦制度巩固殖民统治。1939年印度有600多个土邦,占面积40%以上。尼赫鲁说:"有些土邦是英国人制造出来的。""特别是马拉塔族的酋长,他们是被英国军队战败后封为藩臣的。"[①]1909年英国通过《莫莱-明托改革法案》,规定穆斯林和印度教在立法机构中分别选举教派政治代表。法案强化了印度民族运动中的分裂倾向。

1947年8月,印度摆脱英国殖民统治独立后,一分为二。信奉印度教为主地区成立印度共和国,信奉伊斯兰教为主地区成立巴基斯坦伊斯兰共和国。巴基斯坦通用的语言与印地语相同,在巴基斯坦称乌尔都语,用阿拉伯字母书写。不同的书写方法把相同的语言分割开来。

印度教信徒和伊斯兰教信徒的分布犬牙交错,不可能用一条界线分开来。独立时,有1450万难民越过边界,有50万人被杀害。宗教原则在具体执行时有一定的难度。海德拉邦上层信奉伊斯兰教,民众多数信奉印度教,划入印度。克什米尔邦民众77%信奉伊斯兰教,王公哈里·辛格信奉印度教。独立时,印度和巴基斯坦各不相让。1948年年初,爆发第一次印巴战争,联合国出面调停。1949年元旦划定停火线,巴基斯坦约占克什米尔1/4人口,1/3土地,其余由印度控制。克什米尔成了印度和巴基斯坦摩擦的导火线。

巴基斯坦伊斯兰共和国成立时分东巴基斯坦和西巴基斯坦两部分,相距1600千米,语言不同,文化有异。1971年巴基斯坦东部独立,成立孟加拉人民

---

① 〔印〕尼赫鲁.印度的发现[M].齐文译.北京:世界知识出版社,1956.

共和国。目前,印度共和国境内 13.4% 人口信奉伊斯兰教,是世界上伊斯兰教徒最多的国家之一。

过分强调按宗教、语言和民族因素划分行政区,后患无穷。

三、我国文明延续的保障

从比较中可以发现保障我国文明延续的是华夏大地、农耕经济和中华文化。华夏大地、农耕经济和中华文化构成金三角,得天独厚的金三角塑造了独一无二的文明延续的统一大国。

(一) 文明延续的规律性

生产力和生产关系协调是社会发展的第一规律。地理环境是生产力的一部分。确认华夏大地在社会发展中的不可替代性符合社会发展第一规律。埃及和巴比伦文明无法延续主要是因为地域狭小、廊道区位、主体民族不断更替。

经济基础与上层建筑协调是社会发展第二规律。确认中华文化对经济基础的反作用,确认中华文化是推动社会发展的驱动力,符合社会发展的第二规律。印度文明难以传承,关键是缺少强凝聚力的文化。

在华夏大地、农耕经济和中华文化金三角中,比较而言,最生动、最活跃的是中华文化,发挥核心作用的是中华文化,决定中国面貌和个性的是中华文化。

我国有三大基本国情。第一个国情,文明绵延五千年,是时间特征。第二个国情,地域辽阔,是空间特征。第三个国情,中华民族凝聚力强,是文化特征。三大国情互相关联,有表里关系。文明绵延和地域辽阔是表,中华民族是里。地域辽阔和文明绵延是中华民族在空间上和时间上的表现。深入探索文明绵延和辽阔地域必然涉及民族精神。

孟子有句名言:"天时不如地利,地利不如人和。"本意讲战争的规律,人的因素远比天时和地利重要。把这句名言引用到中国三大国情的关系,人和比天时与地利更显宝贵。

衣冠南渡和易主不断文脉是我国社会发展中两项重要史实。衣冠南渡和易主不断文脉可以坐实金三角概念,可以确证文化在我国社会发展中的贡献。

(二) 衣冠南渡

外族入侵,皇室、望族、百姓向南方迁移称衣冠南渡。衣冠南渡有两个条件:① 有辽阔的大地,这是埃及和巴比伦不具备的;② 有生命力强大的文化,这是印度不具备的。

西晋永嘉之乱是衣冠南渡的第一次高潮。西晋怀帝永嘉年间(307—312年)北方民族入侵。公元317年司马睿偏安建康(南京),称东晋。东晋王谢两大家族都来自北方。刘禹锡诗《乌衣巷》:"旧时王谢堂前燕,飞入寻常百姓家。"王姓以王导为首,原籍山东。[①]《晋书·王导传》:"洛阳倾覆,中州士女避乱江左者十六七。"书圣王羲之和王献之父子是王族成员。[②③] 谢姓以谢安为首,来自河南。[④]

靖康是宋钦宗年号。靖康二年(1127年),金人完颜宗翰破汴京(开封),掳走徽、钦二帝,北宋亡。宋徽宗第九子赵构继位,称高宗,偏安临安(杭州)。南宋抗金名将岳飞、韩世忠,词坛圣手辛弃疾、李清照都来自北方[⑤]。南宋在文化传承的基础上,创造出新,达到新的高峰。农业精耕细作,稻麦两熟,有"苏湖熟,天下足"一说。纺织、造船、瓷业、纸业、印刷业和火器制造达到世界领先水平。我国集唱、白、演于一体的戏曲在南宋时期开始形成。

我国国土辽阔,采用"积极防御,诱敌深入"军事战略方针。抗日战争期间,东方不亮西方亮,大西北和大西南坚守八年,岿然不动。反观欧洲战场,1940年5月10日德军绕过马其诺防线,取道比利时进攻法国。经过6周战事,6月22日法军投降。缺乏战略纵深是法军失利原因之一。

社会发展中的重大空间问题和时间问题相互关联。国土辽阔、人口众多是空间优势。上演衣冠南渡,切换成保障文明延续的时间优势。文明延续,强化凝聚力,转化为保障国家一统的空间优势。

(三) 易主不断文脉

中国是多民族国家,不是特定民族的国家。不论哪一个民族入主中原,都以中国皇帝自居,都接受华夏文化,维护国家一统,都收入二十四史,是中国正

---

① 王导(276—309),山东临沂人.
② 王羲之(303—361),山东临沂人,迁居山阴(绍兴).
③ 王献之(344—386),王羲之第七子.
④ 谢安(320—385),河南太康人.
⑤ 岳飞(1103—1142),河南汤阴人.韩世忠(1090—1151),陕西绥德人.辛弃疾(1140—1207),山东济南人.李清照(1084—1155),山东济南人,史称千古第一才女.

统。北魏鲜卑族孝文帝(477—500年在位)断北语,宗儒学,改姓氏,易婚俗,均田地。他明令:"三十以下,语音仍旧,降爵黜官。"鲜卑族渐渐融入华夏文化大家庭中。①

日本学术界有一个观点:"崖山之后无华夏,明亡之后无中华。"崖山在珠江口西侧。1279年崖山海战,宋败,南宋覆灭。历史的事实与日本人判断相左,蒙古族和满族入主中原,没有割断文脉。原因主要有三个。

第一,少数人口难以改变多数汉人坚守的文化大势。根据历史资料,蒙古族和满族进入中原的人口都不到汉民族的5%。《元史》中,至元二十七年(1290年)全国人口5823万人,蒙古族进关人口约200万人。《明史》中,神宗万历六年(1578年)全国人口6069万人,满族进关人口60万人。

第二,文化优势维持全国一统局面。蒙古人和满人入驻中原依靠中华文化维持全国一统。1264年忽必烈开始"行汉法"。1271年忽必烈发布《建国号诏》,取名元朝,来自《易经》"央中乾元"。根据《元史》《新元史》记载,元朝三品以上官员864名,汉人409名,占47%。清太祖努尔哈赤进关前创建满文,翻译国学经典。进关后,办书院,修孔庙。元朝1315年开科取士。清朝进关第三年开科取士。

第三,文人传承。唐诗、宋词、元曲代表三个朝代文学的灿烂成果。元曲在唐诗、宋词基础上"吸收民间兴起的曲词和女真、蒙古等少数民族乐曲形成"。②文学名著《红楼梦》是汉满文化交融的杰作。周汝昌说:"没有满汉两大民族的融合,是没有产生《红楼梦》作者和作品的可能的。"《红楼梦》中的风俗成分是"满七汉三"。③

元清两朝对我国大一统做出贡献。南宋偏安,绍兴十一年(1141年)国土面积约200万平方千米。元至大三年(1310年)国土面积增加到约1372万平方千米。明朝我国管辖地区在长城一线以南。清嘉庆二十四年(1819年),全国国土面积约1316万平方千米。元清两朝是中华民族发展的重要阶段。

---

① 魏书·咸阳王禧传.
② 游国恩.中国文学史,三卷.2版[M].北京:人民出版社,2002.
③ 周汝昌.满族与红学.满族研究[J].1992,(1):51.

第二十二章 中欧比较

在欧亚大陆上,中国位于东端,欧洲位于西端。中国和欧洲面积相近,人口众多,历史悠久,可比性较强。

一、地理环境

中国和欧洲是地球上环境优越的地方。中国的环境宜于农耕,欧洲的环境宜于航海、商业。中国地理环境有完整性,欧洲地理环境有破碎性。

(一)欧洲海岸线曲折

中国的纬度比欧洲低 15°左右,获得阳光较多。中国处在东亚季风区,夏季高温,有季风雨,农作物可以一年两熟,甚至三熟,绝大部分地区可种棉花,喜温的水稻可以种到最北的黑龙江省。欧洲南部是地中海气候,冬季温和多雨,夏季高温少雨。

欧洲四周有地中海、亚得里亚海、爱琴海、黑海、北海、波罗的海深深嵌入,将大陆分割成无数半岛和岛屿。欧洲三大半岛,斯堪的那维亚、巴尔干、伊比利亚合计约 188.4 万平方千米,约占陆地面积 18.5%,还有意大利的亚平宁半岛、丹麦的日德兰半岛。山东半岛、辽东半岛、雷州半岛是我国三大半岛,面积约 11.5 万平方千米,约占我国陆地面积 1.2%(见表 22-1)。欧洲的大不列颠岛、冰岛、爱尔兰岛的规模也比我国岛屿大。陆间海分割,半岛和岛屿林立,欧洲每万平方千米土地的海岸线长度约等于我国 2.6 倍(见表 22-2)。欧洲大陆中心布拉格到波罗的海和亚得里亚海的直线距离约 400 千米,道路比较平坦。我国的汉唐政治经济中心西安到泉州港、广州港的直线距离约 1500 千米,山地阻隔,交通困难得多。

表 22-1　中国与欧洲三大半岛比较

中国		欧洲	
名　称	面积/万平方千米	名　称	面积/万平方千米
山东半岛	7.3	斯堪的那维亚	75.0
辽东半岛	2.9	伊比利亚	58.4
雷州半岛	1.3	巴尔干	55.0
合计	11.5	合计	188.4

表 22-2　中国与欧洲海岸线比较

区　域	中国	欧洲	其中：希腊
陆地面积/万平方千米	960	1020	13.2
海岸线/千米	32 000	87 297	13 575
万平方千米海岸线/千米	33.3	85.6	1028.4

欧洲大陆中央有阿尔卑斯山横亘。主要河流从阿尔卑斯山流向四方，向东入黑海，向南入地中海，向西入大西洋，向北入北海和波罗的海。水系分散性加剧民族、语言、政治的分散性。我国地势西高东低，西部发源的河流奔向东部平坦的冲积平原，便于开挖运河。公元前 214 年秦朝开灵渠，引湘江水入漓江，把长江水系和珠江水系联成一体。公元 612 年隋朝贯通大运河。元朝大运河通向大都，将钱塘江、长江、淮河、黄河、海河联成一体。统一的水上运输推进民族和文化融合。

由于地理环境的差异，我国与欧洲政治中心和经济中心转移的轨迹有区别。我国的政治中心和经济中心在陆域转移。政治中心转移的大方向由西安转移到北京。洛阳和开封起过渡作用。政治上南北分裂时，南方的政治中心在南京和杭州。我国的经济中心转移的大方向从北方迁向南方。欧洲的政治中心和经济中心沿海岸线顺时针方向转移，由希腊、罗马，迁向西班牙、荷兰、法国、英国。希腊是欧洲文明发祥地，希腊的区位优势是位于地中海东端，海岸线曲折便于航行，接近埃及、巴比伦、波斯等古文明中心，便于文化交流。进入近代，世界文明面向大洋。西班牙、葡萄牙近水楼台先得月，在地理大发现和开拓殖民地过程中占有先机。希腊成了航运的末端，逐渐边缘化。英国是紧临大西洋的岛国，有英吉利海峡屏障。欧洲大陆忙于纷争，英国可以一心一意发展经济，改革体制。13 世纪英国出现君主立宪的《大宪章》，限制君主权力。在科学昌明和丰富的煤、铁资源推动下，英国引领工业革命。19 世纪英国成为日不落帝国，称霸全球。

(二) 中国农耕环境比较优越

发展农业需要光、水、土三大资源。中国与欧洲比较,光和水资源略胜一筹,土地资源各有所长。综合考察,中国农耕环境比较优越,陆地表面接受太阳辐射量与纬度成反比,纬度越高,接受的辐射量越少。北纬35°是分界线,分界线以北,接受的辐射量大于支出。分界线以南,接受的辐射量低于支出(见表22-3)。

表 22-3　各纬度带太阳辐射收入与支出

纬　度	辐射收入/(卡/平方厘米·分)[①]	辐射支出/(卡/平方厘米·分)
20°	0.320	0.284
30°	0.297	0.284
40°	0.267	0.282
50°	0.232	0.277
60°	0.193	0.272

资料来源:〔苏〕卡列斯尼克著.普通地理学原理(上册)[M].唐永銮,王正宪译.北京:地质出版社,1957.

从整体比较,我国纬度位置比欧洲低,接收的太阳辐射量较多。我国主要活动地域在北纬20°～45°。欧洲最南是希腊的阿夫佐斯岛,北纬34°50′,最北是挪威诺尔辰角,纬度71°08′,主要活动在北纬35°～60°。按主要活动地域比较,我国比欧洲靠南15°。欧洲北部有北极圈穿过。我国南部有北回归线穿过。北极圈离我国漠河还有1000余千米。北回归线离希腊南端也有1000余千米。欧洲经济最活跃的伦敦、莱茵河下游纬度相当我国的漠河,最南端的大城市雅典纬度相当北京。由于接受太阳辐射的差别,我国秦岭—淮河以南是亚热带气候,≥10°的天数为218～365天,积温4500～8000℃,农作物可以一年三熟;秦岭—淮河以北到长城是暖温带气候,≥10°天数171～218天,积温3500～4500℃,作物可以一年两熟。欧洲大部分地区处在温带。

我国降水比较丰沛。世界上北纬15°～30°大都是干旱的沙漠。我国受季风惠泽,这一带是林木郁郁葱葱的绿带,作物生长旺盛的农地。我国亚热带地区降水量1000～1500毫米,暖温带降水量600～1000毫米,大体上可以满足耕作需要。中国自然资源一大优点是水热同季。夏天高温,太平洋东南季风和印度洋西南季风带来充沛的雨量。东南季风滋润我国半壁江山。西南季风对我

---

① 1卡=4.1868焦耳

国西南一带影响较大。华西秋雨与来自印度洋的季风有关。欧洲南部受地中海气候控制,夏半年风来自大陆,干旱少雨,冬半年风来自大西洋,形成雨季。地中海气候水热错位不利于农耕。

土地资源方面,我国与欧洲比,有优势,也有劣势。欧洲是一个平均海拔较低的大陆,平均高度只有300米。我国是多高山、高原的地区,海拔3000米以上的陆地约248.64万平方千米,约占全国陆地面积25.9%。欧洲基本上没有沙漠和戈壁,我国沙漠和戈壁合计约占全国陆地面积13.36%。[①] 高山大漠是劣势,也蕴含积极因素。高原是水塔,是亚洲河流的主要发源地。西高东低,一江春水向东流,在东部形成便于贯通的平原、三角洲。高山的前缘有水土资源优越的山前冲积洪积平原,如成都平原、关中平原、汾河谷地、太行山东麓冲积洪积平原,是农耕最理想的所在。长江中下游平原、长江三角洲、珠江三角洲是少有的农耕宝地。

(三) 欧洲社会环境复杂性

欧洲在民族、语言、宗教等方面有强烈的多样性。以语言为例,欧洲95%以上人口讲印欧语系,分"三大、四小"七个主要语族。"一大"包括英语、德语的日耳曼语族。"二大"包括法语、西班牙语、意大利语的拉丁语族。"三大"包括俄语的斯拉夫语族。除了印欧语系,欧洲还有讲乌拉尔语系的匈牙利语、芬兰语,讲阿尔泰语系的土耳其语,讲闪族语系的马耳他语等。欧洲联盟28个国家有24个官方语言,享有同等权利。欧盟官方文件、出版物、会议、网站使用24种语言。开大会时24种语言同声传译成了一道亮丽的风景线。

欧洲文字采用拉丁字母和西里尔字母拼写,语音上的分歧反映在词汇拼写上,加强了文化上的隔阂。中国文字会意,书同文,消除了语音分歧的隔阂。各方言间,语音不通,文字是相通的。

欧洲基督教分三大教派。天主教分布在南部和中部,包括意大利、西班牙、葡萄牙、法国、德国南部、瑞士、奥地利、匈牙利、捷克、波兰、斯洛伐克、克罗地亚、斯洛文尼亚、立陶宛、比利时、爱尔兰。新教分布在北部,包括英国、德国北部、荷兰、北欧四国、拉脱维亚、爱沙尼亚。东正教分布在东部,包括希腊、俄罗斯、乌克兰、白俄罗斯、罗马尼亚、保加利亚、塞尔维亚、摩尔多瓦、北马其顿。此外,阿尔巴尼亚、波黑、土耳其有伊斯兰教。西欧不少国家有大批信奉伊斯兰教的移民。欧洲的犹太人信奉犹太教。

巴尔干地区包括半岛和毗邻地区,是政治破碎化的典型。巴尔干地区面积

[①] 刘明光.中国自然地理图集[M].北京:中国地图出版社,1984.

约 78 万平方千米,2000 年人口 7868 万人,分成 11 个主权国家(见表 22-4),其中,土耳其领土 96% 在亚洲。巴尔干地区有 11 种语言,信奉东正教、天主教、伊斯兰教。2006 年黑山共和国独立,面积 1.38 万平方千米,人口 63 万人,是微型国家。半岛上的波斯尼亚和黑塞哥维那共和国,简称波黑,面积 5.12 万平方千米,人口 350 万人。波黑国内有三个行政单元:① 穆克联邦,主体民族是信奉伊斯兰教的波斯尼亚人,信奉天主教的克罗地亚人;② 塞族共和国,主体民族是信奉东正教的塞尔维亚人;③ 布尔奇科特区,是三个民族共同组成的经济枢纽。在穆克联邦中仍有 3.6% 塞尔维亚人。在塞族共和国中有 14% 波斯尼亚人,2.4% 克罗地亚人。"剪不断,理还乱",强调民族分隔,是不可能彻底理清楚的。

表 22-4　巴尔干地区国家(2020 年)

国　家	面积/平方千米	人口/万人
1. 罗马尼亚	238 397	1958
2. 希腊	131 990	1114
3. 保加利亚	101 879	704
4. 塞尔维亚	86 600	876
5. 克罗地亚	56 594	416
6. 波黑	51 209	350
其中:穆克联邦		221
塞族共和国		121
布尔奇科特区		8
7. 阿尔巴尼亚	28 748	293
8. 北马其顿	25 713	208
9. 斯洛文尼亚	20 273	209
10. 黑山	13 812	63
11. 土耳其(欧洲)	24 746	1677
合计	779 961	7868

巴尔干地区又称世界火药桶。复杂的社会环境,域外势力的干扰,存在进一步分裂的潜在危机。

二、宗教文化

宗教文化是中国和欧洲差异较明显的领域。

（一）敬神与敬天

神在欧洲的封建社会意识形态中起主导作用。基督教名称来自拉丁语 Christus，意思是上帝、神。《圣经》说："神创造天地，头一日把光暗分开了。神称光为昼，称暗为夜。第二日造出空气。第三日，地发生了青草和结种子的菜蔬，各从其类，果子都包着核。第四日造了两个大光，大的管昼，小的管夜，又造众星。第五日造出大鱼和各种飞鸟。第六日神就照着自己的形象造人，造男造女。到第七日，神造万物的工作已经完毕，安息了，神赐福第七日，定为圣日。"① 《圣经》讲耶稣受难后复活，在加利利山上对门徒说："天上地下所有的权柄都赐给我了。"耶稣无所不在，无所不能，无所不知，无所不有。

在中国传统文化，起主导作用的是天。董仲舒说："天是百神之君。"天比神大，天管着神。中国传统文化认为聚道为神，道发自天。

汉语天字由一和大两部分组成。创字伊始，天就是第一。天字组成的词是崇高的褒奖。天籁之音是来自天界的音乐。天趣盎然堪比上苍的高雅。天香和天姿形容绝色美女。天府和天堂是天界般的地方。天作之合是上苍作媒的美满婚姻。《诗经·大雅·大明》："文王初载，天作之合。"周文王迎娶大姒，上天作媒，是圆满婚姻结合。

讨吉祥时，欧洲人常说："上帝保佑！"中国人常说："老天保佑！"惊奇时，欧洲人常说："我的上帝！"中国人常说："天哪！"欧洲人说到上帝时，会在胸前画十字，表达无限敬畏。

基督教徒从出生到死亡都有宗教仪式。出生请神父洗礼。结婚在教堂办婚礼，请神父主持。死前向神父做最后忏悔。平日到教堂做祈祷。娱乐活动在教堂或者教堂前广场举行。死后埋在教堂旁。

汉语节日译成英语是 holiday，深入分析，这两个词的内涵有区别。

节日源自天时，与农业生产关系密切，唯物论色彩较浓。我国将四时节令作为民俗的基础。正月初一春节形成世界最壮观的人潮。清明春始草青青，种瓜点豆好时辰，踏青扫墓勤祭祖。中秋天高云淡，望断南飞雁，五谷丰登，观赏圆月。孟子说："春生、夏长、秋收、冬藏，四时不可易也。"② 管子说："不知四时，乃失国之基。"③

---

① 圣经旧约，创世纪．
② 孟子·七十一．
③ 管子·四时．

Holiday 确切内涵是神的节日,holy 原意是神。基督世界节日围绕神设置。12月25日耶稣诞圣诞节最神圣。耶稣复活的复活节在春分后第一个星期日。11月1日万圣节纪念耶稣圣徒,又称鬼节。《圣经》没有记载耶稣确切的生日。公元4世纪罗马天主教认定12月25日是圣诞节。君士坦丁堡东正教认定1月7日是圣诞节。耶稣诞生那年是纪年的起点。公元 A.D.是拉丁语,全称耶稣诞生后某年。

(二) 欧洲神的唯一性

基督教认为神创造一切,神是唯一的。神的唯一性伴生排他性。围绕唯一的神出现两类矛盾。

第一类,宗教信仰间的矛盾。唯一性排斥其他宗教,排斥不同教派,出现异教徒、异端分子概念。异教徒概念在3世纪出现。当时基督教主要在城市中传播,农民大都信奉其他宗教。异教徒一词起源拉丁语农民。狄奥多西一世教皇(378—395年在位)判定异教徒非法。异端分子是不以基督为中心、以自我为中心的分子,如唯物论者、无神论者、科学至上论者等。

第二类,宗教与俗世权力的矛盾。11世纪格里高里七世提出两剑论:① 上帝将精神之剑和世俗之剑交给教皇;② 教皇可将世俗之剑交给国王或其他世俗领袖,委托他掌管世俗事务;③ 教皇可以随时收回世俗之剑及随剑的权力。751年法兰克国王请罗马教皇加冕。往后,国王请教皇加冕成了常态。13世纪两剑论的影响达到顶峰。

1231年天主教设异端裁判所,迫害异教徒和异端分子。1451年教庭邀宗教改革先驱胡斯到康士坦丁开会,许诺胡斯有安全通行权。胡斯到康士坦丁后,宗教裁判所背弃承诺,判胡斯死刑,送上火柱烧死。西班牙曾被伊斯兰教徒占领。1478—1820年西班牙异端裁判所共审讯30万人,10万人判火刑。①

耶稣是犹太人。《圣经》又称《新旧约全书》。旧约来自犹太教经典。基督徒有反犹太情结。基督徒认为耶稣是被犹太人出卖钉死在十字架上的。加上统治阶级转移社会矛盾,从中挑拨,历史上排犹事件频发。纳粹德国大规模屠杀犹太人是历史上排犹的延续。

---

① 〔美〕朱迪斯·本内特,沃伦·霍利特普.欧洲中世纪史[M].扬宇,李韵译.上海:上海社会科学出版社,2007.

（三）中国神的群体性

在中国，神是群体，神具有神人相通、务实和共生三个特征。

中华文化中，神的第一特征是神人相通，聚道为神，得道的伟人可以称神。常书鸿是敦煌学的开拓者，自称"敦煌守护人"。常书鸿仙逝后墓碑上刻"敦煌守护神"五个大字。[①] 人们认为按照常书鸿的品德和贡献，可以用神来赞颂。神人相通，神有人性，有亲近感。汉传佛教禅宗融入神人相通理念，倡导放下屠刀、立地成佛。关公是武神、财神。福建渔家女林默救助海难，奉为神灵妈祖。《圣经》说："神照着自己的形象造人。"事实相反，人按照自己的形象造神。耶稣是典型高加索人形象，鼻高、唇薄、毛发细软，皮肤浅白。中国寺庙中的佛祖、神灵是东亚人种，黄种人模样。

中国神的第二个特征是务实性。各路神灵分工合作，各司其职，解决人间疑难。汉民族教徒比例不高，寺庙香火很旺盛。人们无事不登三宝殿。有了急事，"临时抱佛脚、病急乱投医"，东庙烧香，西寺许愿，拜了观音拜玉皇。事态缓解，就淡忘了。寺庙招揽香客，高挂"有求必应"，宣传既灵且验。改革开放初期，上海发行奖票，人们求佛保佑中奖。画家有感，创作《保佑我中头奖》漫画（见图22-1）。画中佛陀伸出三指，是对务实性的幽默。

图 22-1 漫画《保佑我中头奖》[②]

---

① 常书鸿(1904—1994)，满族，本姓伊尔根觉罗，杭州出生。1936年法国巴黎高等美术专科学校毕业。1943年任敦煌研究所首任所长。

② 韦启美. 幽默画[M]. 成都：四川人民出版社，1996.

三教一体,九流一源,百家一理,万法一门。汉文化中,各路神灵是互补的,共生的,形成良性的神灵生态,这是中国神的第三个特征。汉语中的异教徒词是英语翻译过来的。汉字神,左边是祭坛,右边是电。《礼记·祭法》:"山林川谷丘陵,能出云,为风雨,见怪物,皆曰神。"2020年抗击新冠肺炎疫情期间,武汉建火神山医院和雷神山医院,医院所在地名与神的概念有关。

中国历史上没有宗教战争。佛教史上有"三武之祸"。诱因是佛寺占田过多,影响财政收入。"三武之祸",两次发生在局部地区。北魏太武帝(424—451年)和北周武帝(561—578年)排佛发生在北方。唐武宗(840—846年)发生最后一次排佛事件。以后历朝推行"三教归一"政策,平等对待不同教派。清雍正提出"以佛治心,以道治身,以儒治世",明确三教互补关系。山西悬空寺是建筑奇迹,也是宗教奇迹。悬空寺大殿供奉佛祖、老子、孔子。三教教主,几百年来,在同一殿内和睦相处,守望相助。此情此景,是宗教文化的奇观。

《红楼梦》第二十五回写"一个癞和尚一个跛道士"一起给贾宝玉治病的故事。《红楼梦》结尾,宝玉追随癞和尚和跛道士出家,扬长而去,没有说明宝玉是进入佛门还是跨入道界。红学家和读者也不追究。在欧洲,不同宗教的传教士,手拉手一起为信徒服务,是不可想象的事。《红楼梦》诞生的清代,北京藏传佛教盛行。大户人家有急事延请和尚、道士、喇嘛做法事。各穿各的法衣,各敲各的法器。至今,中国家庭可以容纳信仰不同宗教的成员。

最受中国百姓欢迎的神灵是观音、龙王和灶王。观音保佑人丁兴旺、宗族繁衍,龙王保佑风调雨顺、国泰民安,灶王保佑家和万事兴,都是至急。

佛学讲断净六根。中国传统文化讲"不孝有三,无后为大"。观音女性化,可以弥合文化上的对立。观音原是转轮王长子,男性。敦煌隋朝建的276窟画观音有须。唐朝建的271窟观音成文静女子,有送子功能。《法华经》:"若有女人,设欲求男,礼拜供养观世音菩萨,便生福德智慧之男。"百姓称颂观世音是救苦救难、大慈大悲送子观世音菩萨。清乾隆十五年(1750年)《京城全图》记录北京有108处观音庵。[1]

龙王兴云降雨,保五谷丰登,是农耕社会生产保护神。每逢久旱,民众到龙王庙求雨。1959年山西长治发生罚神事件。那年长治干旱无雨,百姓祭拜龙王。前三天"敬龙王",给龙王穿上黄袍,祭上丰富供品。三天无雨"晒龙王",把龙王抬到干河边转一圈。到第九天仍无雨,开始"尿龙王",剥掉龙王身上黄袍,把神像扔到干河滩上,往像上撒尿,以示惩罚。直到下雨才把龙王抬回庙里。[2]人们敢于惩罚办事不力的神灵,是世间少有的。

---

[1] 侯仁之.唐晓峰.北京城市历史地理[M].北京:燕山出版社,1991.
[2] 杨存田.中国风俗概观[M].北京:北京大学出版社,1994.

图 22-2　灶王爷[①]

灶王爷(见图22-2)又叫灶君、灶神,"察一家善恶,奏一家功过"。灶王爷旁贴"上天言好事,下界保吉祥"对联。鲁迅在《送灶日漫笔》中说:"灶君升天的那日,街上还卖着一种糖,有柑子那么大小。""本意是请灶君吃了,粘住他的牙,使他不能调嘴学舌,对玉帝说坏话。"

三、思想解放运动

欧洲经历的思想解放运动,对我国有重要的启示。

(一)欧洲三次思想解放运动

欧洲向近代资本主义社会转型经历三次思想解放运动。

[①] 张德宝.吉祥图案资料[M].上海:上海书画出版社,2000.

第一次,14世纪到16世纪文艺复兴,冲击教会精神枷锁,宣扬以人为中心的人文主义。文艺复兴揭开近代欧洲的序幕,艺术和科学技术开始繁荣。意大利是文艺复兴的中心。达·芬奇、米开朗其罗、拉斐尔是文艺复兴画坛三杰。文学界涌现莎士比亚、塞万提斯等巨匠。哥白尼40岁时提出日心说,60岁时完成《天体运行论》。迫于教会压力,临终前才出版专著。[1] 布鲁诺宣传日心说,被宗教裁判所在罗马鲜花广场烧死。[2]

第二次,1517年到1648年宗教改革。德国是宗教改革中心。宗教改革后期爆发30年宗教战争。德国、法国、瑞典、丹麦、荷兰、奥地利、西班牙、捷克、瑞士卷入战争,称第一次欧洲大战。战事惨烈,德国人口减少三分之一,个别城市人口减少一半。战事结束签订威斯特伐利亚和约(The Peace of Westphalia),确立国家主权平等原则,保护战俘人权原则,为解决国家和宗教争端提供范本。通过宗教改革,新教取得与天主教平等地位。新教教义扼要,教规简明,留下洗礼、圣餐等必要的宗教活动,教堂形式多样化。新教没有统一的组织。世界上有多少新教派系,谁也说不清楚。新教是廉价宗教,适应资产阶级需要。世界上新教为主的地区,经济发展水平一般较高。

第三次思想解放运动是17世纪到18世纪的启蒙运动。法国是启蒙运动中心。启蒙运动宣扬自由、民主、平等,批判封建专制和宗教特权。美国独立、法国大革命是启蒙运动的结晶。伏尔泰是启蒙运动旗手,曾经两次被关进巴士底监狱,被驱逐出国。[3] 人称18世纪是伏尔泰世纪。

回顾欧洲历史,思想解放运动有必然性、复杂性和长期性。

思想解放运动是社会发展进程的组成部分。社会发展,意识形态先行。社会发展越快,转型跨度越大,对先进意识形态的需求越迫切。一个意识形态停滞的社会,无法迈开前进步伐。先进的思想和先进的科学技术是推动社会前进的两个轮子。两个轮子都转起来,社会才能提速前行。思想上的先行者和科学技术先行者同样是造福人类的伟人。

上层建筑结构决定思想解放的复杂性。上层建筑中有法院、警察、监狱、军队等政治上层建筑。政治上层建筑与意识形态上层建筑互相扶持,互相依存。意识形态上层建筑突破红线时,政治上层建筑势必干预,出现激烈对抗形态。欧洲30年宗教战争是思想解放运动复杂性的极端表现。

---

[1] 哥白尼(1473—1543),波兰天文学家.
[2] 布鲁诺(1518—1600),意大利科学家.
[3] 伏尔泰(Voltarie为笔名,原名Francois Marie Arouet,1694—1778),法国文学家、思想家、政治活动家.

思想解放运动是移风易俗,是渐进的、漫长的。陈旧的制度可以突变。轰隆隆一声炮响,换旗易帜,旧制度大厦顷刻倒塌。陈旧的思想是长期教化的积淀。一旦时机成熟,陈旧的思想会冒出来添乱。清除陈旧的思想观念需要长期艰苦的努力。

(二) 对我国思想解放运动的启示

由于历史背景的差异,我国与欧洲思想解放运动的内容和形态是有区别的。我国封建社会持续时间较长,封建意识形态根深蒂固。我国经历封建社会向社会主义社会大跨度转型,思想解放运动更具复杂性。

对天子的崇拜是我国意识形态的包袱。封建社会像金字塔,由不同等级组成。塔顶是天子,老百姓称其为真龙天子。春秋时期出现天子概念。《诗经·大雅·江汉》:"明明天子,令闻不已。"《吕氏春秋·有始览·渝大》称天子"乃神,乃武,乃文""天子无戏言。天子言,则史书之,工诵之,士称之"。[①] 天子是神仙,文武兼备,金口玉言,讲的话载入史册,文人赞赏,百姓传诵。

崇拜天子是维护农耕经济、巩固封建社会需要,是国家一统需要。随着岁月流逝,对天子顶礼膜拜,钳制思想,阻碍改革,成为前进的绊脚石。从鸦片战争起,帝国主义发动八次侵略战争。清政府割地赔款,全国陷入积贫积弱状态,欠下的外债等于当时年财政收入50倍。

五四运动前我国思想解放运动的重点是冲击旧帝制。严复翻译赫胥黎的《天演论》,宣传"物竞天择,适者生存",批判"天不变,道亦不变"陈腐观念。19世纪末,上海一地有提倡改革的报纸、期刊近30份。[②] 康有为、梁启超等先行者为思想解放做出巨大贡献。五四运动后,引进马克思主义,我国思想解放运动进入新阶段。

1978年改革开放,学习世界上一切先进的科学技术和管理经验,我国思想解放进入高潮。改革开放,革除一切束缚发展的条条框框。经过四十余年努力,我国成为促进世界和平与发展的强大力量。

(三) 欧洲碎片化回顾

纵观欧洲政治地图破碎,中国一统,根本原因是文化、是民族观。中国强调文化认同。认同华夏文化是一家人,汉民族像滚雪球一样,越滚越大。欧洲强

---

① 吕不韦(?—前235),秦国丞相,史称杂家,主编《吕氏春秋》.
② 徐中约.中国近代史[M].北京:世界图书出版公司,2016.

调种族、语言、宗教等方面的差异,甚至把一些细微的差异扩大化、固定化,互相隔阂。

欧洲碎片化过程中,地理环境,域外干预是外因。一个国家,内部团结,外力是很难撼动的。内部不和,遇到风吹草动,就会分崩离析。在多民族国家中,占第一位的民族和占第二位的民族的关系尤为重要。苏联解体,俄罗斯和乌克兰的关系起到决定作用。

经济滞后是政治碎片化的催化剂。经济失去活力时,人们盼望政治独立冲破旧体制,扭转经济现状。克里姆林宫苏联旗帜徐徐降下,俄罗斯旗帜缓缓升起时,莫斯科是平静的,整个苏联是平静的。没有游行示威,没有恶性事件。

瑞士的语言、宗教、民族复杂,却是世界上最稳定、富裕的国家之一。2019年瑞士人均GDP 8.2万美元,在百万人口以上国家和地区中,排名第一。瑞士居民中,讲德语占62.8%,讲法语占22.9%,讲意大利语占8.2%,讲罗曼语占0.5%;天主教徒占37.2%,其他宗教占7.4%。瑞士四种语言都是国语。瑞士人说:"瑞士所以成为瑞士,因为有些德意志人不愿做德国人,有些法兰西人不愿做法国人,有些意大利人不愿做意大利人,于是这些人一起成了瑞士人。"瑞士从小学开始,学习母语,还学习其他两种语言。寒暑假期间,瑞士学生大规模跨区交流,学习不同语言。罗曼语使用的人口很少,在瑞士纸币法郎上印有罗曼语文字,以示尊重。

第二十三章 中美比较

美国是最大的发达国家,中国是最大的发展中国家,两国在文化上有可比性(见图 23-1)。

一、对文明的贡献

中美两国对人类文明都做出了巨大的贡献。中国缔造了五千年璀璨的文明。美国缔造了最具活力的资本主义社会。在人类发展史中,两国都有辉煌的篇章。

造纸术、印刷术、指南针、火药四大发明是中国古代科学技术的代表。造纸术为人类提供了经济便利的书写材料,掀起人类文字载体的革命。雕版印刷术促进了文化的传播。指南针为大海航行提供了保障。火药武器改变了作战方式。[①] 1550 年意大利数学家杰罗姆·卡丹指出整个古代没有能与之相匹敌的发明。马克思在《机械、自然力和科学的运用》中写道:"火药、指南针、印刷术——这是预告资产阶级社会到来的三大发明。火药把骑士阶层炸得粉碎,指南针打开了世界市场并建立了殖民地。而印刷术则变成了新教工具,总的来说变成了科学复兴的手段,变成对精神发展创造必要前提的最强大的杠杆。"

19 世纪美国在意识形态上引领世界潮流。20 世纪美国几乎全方位走在世界文化前列。人称 20 世纪是美国世纪。

美国 1776 年发布的《独立宣言》是第一个人权宣言。《独立宣言》提出,"人人生而平等,造物主赋予他们若干不可剥夺的权利,包括生命权、自由权和追求幸福的权利。"《独立宣言》体现启蒙运动的平等思想、人权思想和主权在民思想,第一次提出民主共和国政治纲领,摧毁了封建专制的理论基础。《独立宣言》诞生后 13 年出现法国大革命和法国《人权宣言》。我国辛亥革命受到《独立宣言》的启迪。

---

① 邓广铭.邓广铭全集(第六卷)[M].石家庄:河北教育出版社,2005.

第二十三章 中美比较

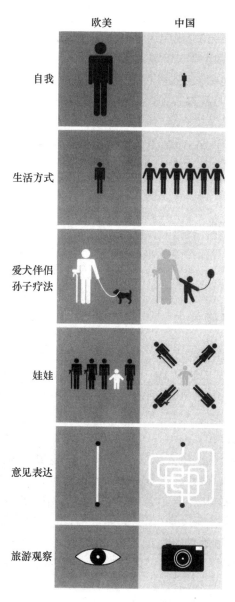

图 23-1　欧美与中国文化比较简图[①]

---

① 刘扬.好玩的德中对比[J].读者,2009,8:18—19.原意是中德文化比较,适用于中美文化比较.

1779年公布的美国《宪法》是世界第一部成文的宪法。美国《宪法》体现人民主权思想,人人遵守法律,没有例外。人民有权选择代表制定法律,有权推出代表行使权利。美国《宪法》规定联邦制政体,三权分立,互相制约,规定政府权力的有限性。许多国家以美国宪法为典范制定本国宪法。

"只要经过不懈努力,便能获得更好生活"是有感召力的美国梦。有志青年,怀揣美国梦,从四面八方来到这片土地,奋斗开拓,创新进取。2020年世界前20所最优秀的高等学校有10所在美国。[①] 1901年到2019年世界919位诺贝尔奖得主,美国占327人,遥居首位。近一百年来,美国引领世界现代文艺潮流,发展新的艺术风格。

二、意识文化比较

中美两国在思维模式、价值观、审美观等方面都有区别。

(一) 个人至上与群体至上

个人至上一般写作个人主义。中国与西方对个人主义的认识有本质区别。中国《辞海》对个人主义的注释是"一切从个人利益出发,损公肥私,损人利己,唯利是图,尔虞我诈",显然是贬义词。《大不列颠百科全书》对个人主义的注释是"重视个人自由,自我支配,自我控制。信我的个人主义,尊重你的个人主义",个人主义成了褒义词。

美国人追求个人利益,个人成就,实现个人的价值。美国人提倡自我设计,个人奋斗,喜欢独来独往,竞赛竞争。美国人崇尚英雄。开拓美国大地时,面对未知的自然环境,需要勇气,善于冒险,敢于拼搏。美国的格言是"胆小鬼不会有作为"。美国人提倡快乐生活,享受人间幸福,不必自寻烦恼。幽默、乐观、洒脱是美国人与英国严谨的绅士风度的重要区别。一旦条件允许,买汽车、建房屋、周游世界。如果有可能,美国人乐于贷款消费,提高生活质量。美国人家庭的储蓄率不高,负债状况相当普遍。

中国人重视群体,重视家庭,重视血缘,个人相对渺小,个人利益融入家和国中。"满招损,谦受益。"[②]涉及"我"要"小"写,称鄙人、愚兄、老朽。贵至皇帝,也自称寡人。自己的亲人称内人、贱内、糟糠、犬子。自己的家叫寒舍。在英语

---

① 英国高等教育调查公司(QS),2019-06-19.
② 尚书·大禹谟.

中,"我"始终是大写的,用 self 组成的词有 100 多个。围绕自我,汉语与英语,一谦一扬,对比强烈(见表 23-1)。

表 23-1 中美称呼比较

内　容	中　国	美　国
自称	鄙人 愚弟	我 忠实的
家人	内人 犬子	亲爱的 爱子
女性长辈	伯母,婶母,姑母, 姨母,舅母,阿姨	阿姨
住所	寒舍	私宅

(二) 平等与等级

中国经历漫长的封建社会。封建社会依靠金字塔式的结构来维持。官分品,人分等,导致过去等级观念根深蒂固,深入到社会生活的各个方面。从房屋的规制、门户的形式、衣服和帽子的颜色,都可以区别人的等级,"官大一级压死人"。

美国没有经历封建社会。从欧洲来的移民大都是新教徒,有较强的平等意识。美国一般不用职务称呼,不用局长、经理、校长等头衔称呼。老板要求下级直呼名字。杜鲁门当选美国总统时,有人向杜鲁门母亲祝贺:"你有这样的儿子一定十分自豪。"杜鲁门的母亲回答:"是的。不过,我还有一个儿子,同样让我骄傲,他现在正在地里挖土豆。"按照杜鲁门母亲的观念,总统和农民是平等的。

美国人有不依赖父母的观念,不轻易接受别人施舍的观念。过了 18 岁还依赖父母,是不光彩的。轻易接受别人施舍,有失尊严。美国记者埃德加·斯诺的前妻海伦帮助斯诺创作《西行漫记》,是中国人民的老朋友。海伦晚年穷困潦倒,蛰居美国。20 世纪 70 年代初,中国驻美代表黄镇要资助她访华,被她谢绝了。她变卖了珍藏 30 年的瓷盘、珠宝、驼铃、对襟绣花衣服,筹措资金,自费重访中国。海伦的行为反映美国人的自立意识。

中国人几位好友聚餐时,抢着付钱。美国人喜欢各付各的,AA 制。美国人认为别人为自己付款欠了人情,心里不舒服。中国人认为不抢着付钱不光彩,有失体面。

(三) 标新猎奇与中和、空灵、自然

在哲学思想和价值观念支配下,美国人崇尚标新猎奇,与中国人传统审美观区别明显。中国人审美观受儒、释、道三重思想影响。儒家主张中和为美,释家主张空灵为美,道家推崇自然为美。中和、空灵、自然,互相融合形成中国人审美观的核心。"温柔敦厚""宁静平和"是中国文学、艺术、戏剧的重要审美标准。[1] 朱光潜说:"西方诗偏于刚,而中国诗偏于柔。西方诗人所爱好的自然是大海,是狂风暴雨,是峭崖荒谷,是日景;中国诗人爱好的是自然,是明溪疏柳,是细雨微风,是湖光山色,是月景。"[2] 镜中花,水中月;残月如钩,月影朦胧是常见的词汇。

美国崇尚标新猎奇,主要表现在三个方面:

(1) 追求刺激性,讲究场面和视觉感受。美国的影视作品多大场面。这是《泰坦尼克号》等电影成功的秘诀。

(2) 追求参与性和娱乐性,追求快节奏,轻松、活泼、诙谐、幽默。在美国,古典音乐听众只占音乐爱好者的1/5。多数美国人喜爱爵士乐、摇滚乐。演爵士乐和摇滚乐的酒吧和夜总会相当普及。西部片和百老汇歌剧经久不衰。

(3) 追求科技含量,厚今薄古。美国立国二百多年,不可能刻意追求传统文化。美国的影视作品以高科技含量取胜。《蜘蛛侠》在美国本土的票房收入达到4亿美元。但不少中国观众不习惯看穿着紧身衣的蜘蛛侠形象。

(四) 商务文化比较

中美商务文化的差异是意识文化差异的反映。商务活动中,中国人比较重人情,讲关系。中国人商务活动形式灵活多样,有些重要决定在饭桌上敲定。美国人商务活动一般在严肃的会议桌前做决定。出现纠纷时,中国人常常私了,美国人一般在法庭解决。

参加会议时,中国人喜欢坐在会场后面。中国人常说"枪打出头鸟",不愿意做出头鸟。会议主持人反复请大家往前排坐,就是不愿意往前去。美国人参加会议,喜欢坐在前面。谁来得早,谁坐在前排,是美国人的习惯。

中国历史上提倡义利相济,儒贾相通。不少富商贾而好儒,延聘名师,教授子弟。进入20世纪以来,国际学术界对中华文化与华商经营的良性关系已有共识,称华商是儒商。有的学者将中华传统文化与现代商业的良性关系归结成四点。

---

[1] 礼记·经解:"温柔敦厚,诗教也。"
[2] 朱光潜.中西诗在情趣上的比较美学[M].北京:中国文化书院,1987.

(1) 以仁为本，顾客至上。"老吾老，以及人之老，幼吾幼，以及人之幼。"① 传统文化讲仁义。推广到现代商务上，便是"交易不成仁义在"，老少无欺，顾客至上。

(2) 以德为本，服务至上。"德义，利之本也。"② 传统文化尚道德，重伦理，追求至德至善。推广到现代商务上，便是服务至上。

(3) 以信为本，质量至上。"与朋友交，言而有信。"③ 传统文化讲诚信。推广到现代商务上，便是诚招天下客，义纳八方才，买卖无诀窍，信誉质量第一条。

(4) 以和为本，协调至上。"礼之用，和为贵。"④ 传统文化讲和谐合作，和气生财，海纳百川。推广到现代商务上，企业内部要群策群力，企业之间，企业和社会、国家之间，要互相依靠，互相协调。

三、残缺的自由平等大旗

1886年纽约港前建立93米高的自由女神塑像。女神高举象征自由平等的火炬。在亮丽的自由平等大旗上，隐藏着美国文化的斑斑污点。

(一) 种族矛盾

美国是世界上最大的移民国家。移民带来新鲜血液，吸收知识精英，是美国的优势。移民带来民族矛盾，是美国的负担。美国国父华盛顿是世界伟人，也是一位拥有黑奴的农场主。华盛顿曾经指挥部下杀戮印第安人，宣称印第安人与狼"都是掠食野兽，仅仅在形状上不同"。

印第安人是美国原住民。殖民初期，美国约有100万印第安人，19世纪末只剩30万人。印第安一位部落领袖阿尔尚博说："美国发展史是印第安人的血泪史。"

英国殖民北美时，以英王名义颁布头皮奖，剥一张印第安人头皮领40英镑奖金。美国独立后继续执行头皮奖。1814年麦迪逊总统宣布12岁以上印第安人头皮每张奖120美元，12岁以下每张奖50美元。1830年美国建立陆军第一团，主要军务是征剿印第安人。到1892年，征剿军务执行62年。

---

① 孟子·梁惠王章句上.
② 左传·僖公二十七年.
③ 论语·学而.
④ 论语·学而.

1830年美国杰克逊总统颁布《印第安人搬迁法》，在西部设200多个印第安人保留地，大的6平方千米，小的半平方千米。美国强迫居住在东部和南部10万印第安人西迁，途中死亡1.5万人。印第安人丧失34万平方千米沃土，换来贫瘠的保留地。

1619年北美殖民地开始从非洲输入黑人。1661年弗吉尼亚实施奴隶法，规定黑人奴隶身份，奴隶妇女生的孩子是奴隶，父亲是谁无关紧要。黑奴没有自由，不能受教育。有些州规定黑奴识字是犯罪。18世纪北美种植园迅速发展，急需劳力，黑奴贸易兴旺。1790年美国有黑人69.8万，占南部人口2/5。1860年美国黑人增加到400万，其中300万是南部种植园的黑奴。

美国《独立宣言》提出"人生而平等"的口号。宣言中的人是不完整的。初稿有一条谴责英王乔治三世在殖民地实施农奴制，进行奴隶贸易。南部乔治亚州和南卡罗来纳州坚决反对，条文被删除了。对《独立宣言》的司法解释承认奴隶主的财产神圣不可侵犯。1789年生效的美国《宪法》有一条著名的五分之三条款。第一条第二款："人口数目计算方法在全体自由民之外，加上所有其他人口五分之三。自由民包括订有契约的短期仆役，但不包括未课税的印第安人。"条款把美国人分成自由民、其他人口和印第安人三等。其他人口是黑人。

1863年美国发布《解放黑奴宣言》，废除奴隶制。林肯遇刺后，副总统安德鲁·约翰逊继位，淡化种族平等成果，推行种族隔离政策，剥夺黑人选举权。当时有个祖父条款(grandfather clause)，规定1867年前有选举权的男性后代不必进行测试，直接拥有选举权。种族隔离政策规定黑人不准进白人的车厢，不准进白人的餐厅。1866年南方邦联退伍老兵组织三K党，宣扬白人至上，穿白袍，执绞索，戴蒙脸白帽，实施暴力私刑。

美国是世界上最晚取消种族隔离的国家之一，仅比南非略早一些。1963年美国南部261座城市取消种族隔离制度。1964年美国通过《宪法》第24条修正案："公民选举权不得因未缴纳人头税或其他税而被合众国或任何一州加以剥夺或限制"。修正案从法理上确认黑人和原住民有平等选举权。这时，离《解放黑奴宣言》问世已整整一百年了。实际上，种族主义的幽灵至今仍在美国大地游荡。

美国是发达国家中贫富差距较大的国家，发达国家中唯一没有全民医疗保障的国家。美国盛行社会达尔文主义，认为贫富是个人能力的反映，政府不必干预。第二次世界大战后，美国贫富差距扩大。1965年美国大公司CEO平均工资约是普通员工工资的20倍，2014年扩大到300倍。当贫困与弱势种族重合时，雪上加霜。黑人失业率为白人三倍以上，平均工资只有白人一半。半数以上黑人没有自己房屋，依靠租赁、社会救济居住。美国一些衰败地区，沉淀下来的主要是黑人。在濒临破产的底特律，白人只占居民10%。

（二）枪支文化

中国是禁枪最严的国家之一。1966年实施的《枪支管理法》规定："国家严格管制枪支。禁止任何单位或者个人违反法律规定持有、制造（包括变造、装配）、买卖、运输、出租、出借枪支。"

美国是持枪门槛最低的国家之一。枪支泛滥和诉讼狂热是美国文化的两大特色。在美国，除了未成年人、罪犯、吸毒者、精神病人，都可以购买枪支。家家有枪，实际上未成年人也可以拿到枪。有些州法律规定，家长可以教十岁以上儿童开枪狩猎。据不完全统计2018年美国有私人枪支2.65亿支，发生枪击案57 103宗，死亡14 717人，受伤28 172人。枪击是未成年人死亡的主要原因之一。2017年11月9日拉斯维加斯发生枪击事件，死亡58人，受伤515人。2020年新冠肺炎疫情期间，社会矛盾激化，枪支销量和枪击事件大幅度上升。

美国在殖民初期，出现持枪游侠文化。1620年马萨诸塞州普利茅斯建立北美地区第二个殖民地。1633年普利茅斯殖民地颁布持枪条例：每个成年男子必须拥有一把火枪，一条子弹袋，一把刀或剑，两磅火药和十磅子弹。持枪的目的是对付原住民印第安人，开展狩猎。

独立战争时，美国人人都有射击基础，一分钟集合起来可以作战，称一分钟部队。1791年12月5日，美国通过的《宪法》第二条规定："一支训练有素的民兵对一个自由州的安全是必要的。民众拥有和佩带枪支的权利不可侵犯。"这条宪法是美国枪支文化的法理基础。19世纪美国南部大量蓄奴。大一些的农场有黑奴80人以上。农场主持枪管理黑奴。南北战争期间，南方军队射击水平比北方军队高。双方交战，北方军队要付出2~3倍的伤亡代价。

南北战争结束后，1871年北方将领成立美国步枪协会，宗旨是"科学地提高射击技术"。步枪协会有会员500万人，是反对管控枪支的政治团体，有影响力的院外游说组织。步枪协会经常对总统选举施加影响，成为美国权力第四极。美国先后有八位总统是步枪协会会员，有的还担任协会理事长。[①]

美国社会不断有禁枪的呼声。1981年里根总统遇刺受伤，禁枪呼声高涨。里根不愿违反宪法，说："不是枪杀人，是人杀人。"这句话成为美国枪支文化的护身符。具有讽刺意义的是，第二次世界大战后遇刺的两位美国总统都是步枪协会会员。另一位是1963年遇刺身亡的肯尼迪。三年内遇刺案18位关键证人相继死亡，随后又有肯尼迪族人被刺死。这桩案件成了20世纪最重大的凶杀疑案。

---

① 美国总统参加步枪协会的有：麦金莱、塔夫脱、艾森豪威尔、肯尼迪、尼克松、里根、老布什、小布什.

地域辽阔,居住分散是美国枪支文化的自然背景。农村住户彼此距离较远。遇有劫匪,报警出警,耗时过久,远水解不了近急。持枪可以自卫。如果禁枪,百姓无力自卫,而劫匪可以通过不法渠道得到枪支。

从全球视角分析,美国枪击案多发的主要根源是社会矛盾,是种族歧视、贫富悬殊。全世界多数国家允许个人持枪,并没有出现像美国那样严重的枪支灾害。

(三) 不断加星的国旗

美国是国旗更改次数最多的国家。1960年夏威夷州加入后,才形成目前美国的国旗。美国国旗简称星条旗,50颗星代表50州。13条红白相间的横条代表独立时13州。增加一个州,国旗添一颗星。国旗改了25次。国旗更改的过程也是美国领土扩张的过程。

美国独立战争开始时,13州面积约83.6万平方千米。如今美国面积约937万平方千米,增加10倍以上。美国四大州中,加利福尼亚、得克萨斯和佛罗里达三州都是领土扩张后建的,只有纽约州是13州之一。如果美国停留在建国初的领域内,不可能成就宏大的霸业。

1783年英国承认美国独立,签约时把大西洋沿岸土地划给美国,美国的面积增加到230万平方千米。此后,美国用战争和购买两手不断扩张领土。

1819年美国安德鲁·杰克逊率军队从西班牙手中夺取佛罗里达。1846年到1848年发动美墨战争,从墨西哥夺得230万平方千米。加利福尼亚、得克萨斯、新墨西哥、亚利桑那、内华达、犹他六州原是墨西哥土地。美墨战争,墨西哥丧失领土54%。1898年美西战争,美国从西班牙手中夺取波多黎各、关岛、菲律宾,走上殖民帝国的道路。

1803年美国购买法国殖民地路易斯安那,包括密西西比河以西到洛基山的大片领土,面积约260万平方千米。当时,美国准备谈判和战争两手,购买不成,武力夺取。法国疲于欧洲战事,急于脱手,1500万美元成交,每平方千米不到6美元。1867年美国从俄罗斯购得阿拉斯加。阿拉斯加面积约171万平方千米,是面积第一大州,成交价700万美元,手续费20万美元。

(四) 美洲警察和世界宪兵

美洲警察和世界宪兵是美国在国际事务中扮演的两个角色。

1823年12月2日美国总统詹姆斯·门罗(James Monroe)在国情咨文中要求欧洲列强不要到美洲殖民,不要干预美洲事务,称门罗主义。美国向世界宣告担任美洲警察。门罗主义口号:"America for the Americans"。American 可以理解成美洲人,也可以理解成美国人。按照美国的理解,美洲是美国人的美洲。门罗主义与当时美国国力相适应。1823 年美国独立才 48 年,人口不到 1000 万人。[①] 1821 年美国国会裁定陆军规模 6183 人。1819 年美国通过建设海军规划,限于财力,进展迟缓。19 世纪,"美国无数次派遣武装部队到古巴、尼加拉瓜、海地和加勒比地区小国去恢复秩序,或者到墨西哥去追击反叛首领"。[②]

第二次世界大战后,美国以第一霸主地位承担世界宪兵角色。1947 年 3 月 12 日杜鲁门(Harry Truman)总统在国情咨文中提出杜鲁门主义,核心是遏制共产主义"极权政体"。杜鲁门主义开启世界冷战时代。

进入 21 世纪,美国霸权进一步膨胀,推行单边主义和长臂管辖,单方面退出国际性组织,对主权国家进行单边制裁,破坏国际秩序。美国在国际事务中的表现离自由平等大旗渐行渐远。

---

① 世界经济资料编辑委员会.英法美德日百年统计提要[M].北京:统计出版社,1958.
② 〔美〕海斯,穆恩,韦兰著.全球通史[M].冰心,费孝通等译.北京:红旗出版社,2015.

第二十四章 中日比较

19世纪中叶,中日两国走上不同的道路。中国沦为半殖民地半封建社会。日本转身为帝国列强。

日本在近现代创造了两个奇迹。第一个奇迹是日本由名不见经传的小国蜕变为世界列强。1868年明治维新,1895年战胜大清帝国,1905年战胜沙皇俄国。在38年时间内完成转身。第二个奇迹是,第二次世界大战战败后,经过23年追赶,1968年超过联邦德国,登上世界第二大经济体宝座。日本在世界第二大经济体位置上稳居43年,2011年才被中国超越。

一、岛国环境

日本处在欧亚大陆板块与太平洋板块接触带上,是环西太平洋火山地震多发区。全球1/10火山、1/5六级以上地震在日本。日本有150座火山。富士山高约3776米,是活火山,1708年曾经喷发。日本人称富士山是圣岳。1923年关东大地震死亡10万人以上,东京大部分建筑被毁。2011年日本东北地区地震引发海啸,浪高40米,2万余人遇难,导致福岛核灾难。日本陆地面积约37.8万平方千米,71%是山地丘陵,平原面积狭小。最大的关东平原面积约1.3万平方千米。耕地约占国土面积12.8%,除稻米以外,农产品不能自给。工业所需的金属矿产和煤、油、气等能源资源都较贫乏。

日本创造奇迹的自然条件是地理位置。日本地理位置有两个特点。

一是四周是大海。日本由本州、九州、四国和北海道4座岛屿和7000多座小岛组成,是典型的海洋大国。日本陆地面积在世界上排序第61位,是中型国家,海岸线长3.9万千米,在世界上排序第六。排在日本前的加拿大、格陵兰、俄罗斯,海岸线主要在冰天雪地的寒带,印度尼西亚和菲律宾是炎热的热带海岸。日本有世界三大渔场之一。自南向北的日本暖流(黑潮)与自北向南的千岛寒流(新潮)在日本东部交汇,带来丰富的饵料和海产品。海洋是天然屏障。在大海的保护下,日本历史上没有外敌入侵。1274年和1281年蒙古军队两次经朝鲜半岛南下,征伐日本,战船在对马海峡遇到风浪覆没。

二是位于欧亚大陆东端,远东的远东。日本自称日出的地方。地理位置给日本改革带来宝贵窗口期。以英法为代表的殖民帝国由西方向东方扩张。1842年鸦片战争敲开中国大门。11年后,独立不久的美国才派舰队驶入东京湾,迫使日本开放门户。在清皇朝殖民地化的警示下,日本幡然醒悟,1868年走上明治维新的道路。

在欧亚大陆上,英国位于西端,引领工业革命,在殖民帝国中独占鳌头,称日不落帝国。日本位于欧亚大陆东端,成为亚洲工业革命的先驱,唯一能跻身列强的东方国家。日本与英国一样都充分享受与大陆若即若离的岛国优势。

二、学习与守俗

日本濒临汹涌的大洋,自然资源短缺、自然灾害频发,对意识文化有一定影响。日本人忧患意识和集团观念强,兢兢业业,善于学习,有地理环境的间接烙印(见表24-1)。

表24-1 中日意识观念对比

差 异	日 本	中 国
重国与重家	"岛国根性",排他性,守俗性,延续的天皇,守旧的服饰与民俗	"大国性",融合性,民族交融,改朝换代
集团和乡党	集团超越自我。勤于"残业",加班	同乡、同宗、同学、地域观念。突出英模将相
尚武和尚文	"花数樱花,人数武士。""武运长久。""戴着勋章把剑挎。"	"兵者凶器也,不得已而用之。"
道和理	茶道、棋道、剑道、柔道。讲效率,重方法	探究哲理,讲究体系
崇白和崇黄	崇白,尚素	崇黄,尚红

(一) 学习境外先进文化

美国露丝·本尼迪克特评论日本:"世界上很难找到另一个自主的民族如此成功地有计划地吸取外国文明。"日本的历史是不断学习外国先进文化的历史。

相传,公元前219年,秦始皇派徐福"发童男女数千",东渡日本,带去农耕、医药。日本学者村新太郎说:"稻米拯救了日本列岛饥饿的人们。无论如何稻米比其他一切都值得感谢。"日本把徐福奉为农神、医神。在日本徐福遗迹不下50处。新宫徐福墓有1071字的墓碑。每年有御船祭、灯祭等祭祀徐福的活动。

公元607年日本派出第一批留学生来华时,在隋朝,以后多批留学生在唐朝,称遣唐使。日本大化改革,参照唐朝范例,废除豪门土地私有制,推行劳役和兵役制,对丝绸、布匹征税。在经学、音韵、文学、书法、建筑、城市规划等方面,学习唐制。日本文字分平假名和片假名。平假名借用汉字草书偏旁,在书写和印刷时应用。片假名借用汉字楷书偏旁,标记外来词、象音词和特殊词。

学术界对日本名称来源没有定论。《新唐书》记载:"咸亨元年(670年),遣使贺平高丽,后稍习夏音,恶倭名,更号日本。使者自言,因近日出,以为名。"表明日本名称由庆贺平定高丽的遣唐使提出。提出日本的原因是原用的倭国不雅,取近日出的地理位置,改用日本。朝鲜史籍《三国史记》:"倭国更号日本,自言近日所出以为名。"可以佐证《新唐书》的记载。

大和是日本另一个名称。天平元年(751年)启用大和国号,出自《论语》:"礼之用,和为贵。"日本对和的解读是:小和和平;中和和睦;大和和谐。

日本天皇年号大都从中国经典中挑选。明治和大正出自《易经》:"圣人南面而听天下,向明而治""大亨,以正天之道也"。昭和、平成出自《尚书》:"百姓昭明,协和万邦""地平天成"。

日本明治维新制定富国强兵、殖产兴业、文明开化三大国策,从政治、军事、经济、教育到文化,全面学习西方,脱亚入欧。1871年日本右大臣岩仓具视率团考察欧美,建立内阁制,引进先进科学技术,聘请国外专家,派遣留学生。明治维新后,普及小学教育,为工业化培养合格员工。1877年建立东京大学,先后培养11位诺贝尔奖得主,16位首相,21位国会议长。随后陆续建立京都大学等8所公立大学,成为高等教育的骨干。在文明理念方面,守时、卫生等观念在全民中逐步普及。

(二)岛国根性

日本文化有善于学习一面,也有内向、排他和守俗一面。日本学术界认为守俗性受岛国环境影响,称岛国根性。

天皇体制是日本岛国根性的实例。日本天皇保持世界皇室延续时间最长的纪录。日本人称天皇是"万世一系"。传说中第一代神武天皇在公元前600年登基。2月11日神武天皇登基日是日本建国纪念日。第十五代应神天皇有确切史料可考。应神天皇公元200年登基,传了112代。神道教认为天皇是天照大神后裔,是神道教教主。天皇不是凡人,没有姓。历史上,天皇有实权旁落的时期,但是,没有人敢废除天皇。1386年足利义满将军试图篡夺天皇宝座。登基前,足利义满暴病去世。地理环境是天皇延续的有利条件。日本国土狭小,民族单一,99%是大和民族。而在中国,皇帝代表上天治国。有道为君,无道可以改朝换代。

神道教和佛教对日本民俗有深刻烙印。生育、婚姻、节庆等现实生活民俗采用神道教仪式。丧葬、祭礼、法事等活动采用佛教仪式。日本有30多项规模较大的民间祭奠活动。祭奠时,穿古衣,唱古曲,伴古乐,群情高昂。不少日本家庭有神龛,祭奠祖先神灵。

和服最初从三国东吴传入,又称吴服。《装束要领抄》:"和服沿唐衣服而其制大同小异益。"婚丧喜庆穿和服显得端庄有礼。1964年日本成立礼法着装学院培养和服人才。1966年日本成立着物振兴会,规定11月15日是和服日。

榻榻米是日语音译,是用草编成的席,一年四季铺在地上。我国汉朝盛行,称席居。唐朝后逐渐被床代替。日本沿用至今。每张榻榻米1.65平方米,是计算居室开单的单位。榻榻米功能多样,可卧、可坐、可叙。占用空间小,适合日本居室较小、楼层较矮的建筑环境。榻榻米造型简明,符合日本人淡泊宁静、清新脱俗的审美观。在榻榻米上,男女坐姿有别,男宾盘腿坐,女性双腿跪坐。

三、集团与敬业

集团观念和敬业精神是日本文化特色,对社会发展有正面效应。

(一) 集团观念

日本人的主要价值观是忠诚,献身工作,献身集团,自我融入集团。日本人尊重权威,服从命令,听从指挥。当日本人感到自己给集团带来巨大损失时,往往采取极端行为。日本人向北海道和巴西移民,大多采取集体移民形式。北海道有个新十津川町,居民来自奈良县十津川町。

中国地域辽阔,地方特色明显,语言、风俗地区差异大,家乡观念较重,同乡、同宗、同学是维系感情的纽带。日本地域范围较小,不存在显著地域差异,家乡观念相对淡薄。

集团观念在日本企业文化中有比较充分的反映。日本传统工业的劳动生产率和产品质量优异,企业文化功不可没。在日本,如果一对新人结婚,男方在朝日啤酒公司工作,女方在三得利啤酒公司工作,男方亲友喝朝日啤酒,女方亲友喝三得利啤酒。

松下商学院的培训概要反映了日本企业文化中的集团精神。松下商学院培训的目标是明德、亲民、至善。明德是竭尽全力,身体力行,实践商业道德。亲民是至诚无欺,保持良好的人际关系。至善是为实现尽善尽美目标而努力。一天的培训课程是这样安排的:早上6点,咚咚鼓声把大家唤醒。6点10分,集合点名,面向故乡,遥拜父母,心中默念:"孝,德之本也。身体发肤,受之父母,不敢毁伤,孝之始也。立身行道,扬名后世,以显父母,孝之终也。"7点10分早饭。饭前全体正襟危坐,双手合十,口诵五偈:"一偈,此膳耗费多少;二偈,自己是否有享用此膳的功德;三偈,以清心寡欲为宗;四偈,作为健全身心之良药享用此膳;五偈,为走人之正道享用此膳。"饭后双手合十诵念:"愿此功德,广播天下,吾与众生,共成道业。"7点50分商业道德课,学习《大学》《论语》《孟子》和《孝经》,确立"经商之道在于德"的观念。膳后,上业务课。晚上6点50分,茶道,换上和服,席地而坐,通过煮茶品茶,追求形式上完美,气氛上和谐,精神上享受。10点17分,点名,全体学员面壁思念父母,感谢父母养育之恩。10点30分,熄灯,一天学习结束。

(二)敬业礼貌

敬业是全身心投入,干一行爱一行。在日本,准时上班雷打不动,迟到极为罕见。中国与日本都讲勤奋。日本人勤于"残业",加班加点,不领加班费。

日本经常发生过劳死事件,工作时间长,劳动强度大,心理压力重,诱发盛年猝死。2018年日本通过法案,规定员工加班每月不得超过100小时,每年不得超720小时。有一家公司发准时下班奖,周五下午3时离开公司可以领3000日元奖金。有一家机器人企业推出下班无人机,下班时无人机发出杂音和乐曲,员工无法凝神工作,只好匆匆离去。[①]

诚信礼貌是敬业的体现。在日本购物,遇到商品质量问题,退换手续简便。参观访问时,接待行程安排可以精确到分。遗失的物件往往有人送回到居留的旅馆,或者保存在遗失的地点。

日本人有"耻感"文化,事事顾及旁人感受,不希望受人嘲笑。日本人讲谦和礼貌,谈话轻声细语。对话尽可能避免说"不",认为直白说"不",对方感受不

---

① 欧吉丧.向"过劳"说不[J].读者,2020,16:44—45.

快。不同意时每每先说是(hai)，再委婉陈述观点。这一点与美国人直率表态差异明显。与长辈和上级谈话时，日本人常用敬语。

在法国街上常看到情侣接吻、拥抱。在中国街上常看到情侣牵手搭背。这些举止，在日本罕见。日本人认为这些举止失态，是醉酒后的表现。西方亲友见面握手问好，日本人鞠躬问候。日本人钟爱鞠躬，有一家商场的培训手册对员工的鞠躬姿态有五种规范。每种姿势都画出图形，标明弯腰度数。例如，弯腰15度适用在一般见面打招呼，双手放在膝盖以上15厘米处，目光盯在身前2米处。弯腰30度适用在普通礼节，在客人进入商品区时主动上前打招呼，双手放在膝盖以上10厘米处，目光盯在身前1.5米处。明确要求鞠躬背肌要成直线，身体从腰部弯曲，不能光点头，脑中要想着顾客。[①]

在日本人心目中，白色代表希望、纯洁、愉快，是生命的象征，是神与人沟通的色彩。祭奠用白色，神社铺白沙，神官穿白衣。

与尚白一脉相承的是喜爱幽静寂闲，喜欢小巧凝炼器皿，素淡装饰。日本人喜欢用原色木材修筑房屋，打造家具。园林和居室格调清淡。日本绘画也渗透素雅清淡格调。

四、尚武精神

明治维新后，日本走上列强称霸的道路，有国际形势的外因，也有日本传统文化的内因。

明治维新，日本学习的榜样是列强。产业和教育学习英国和美国。法典制度学习法国和德国。军队建设学习德国，1873年模仿普鲁士征兵制建立现代化军队，用枪炮代替佩戴利剑的武士。富国强兵是明治维新三大国策的第一策。榜样引领日本赶上列强的末班车。到20世纪30年代，日本成为世界战争两大策源地之一。

在内因方面，日本有尚武传统。日本学者森岛通夫说："中国是文治的儒教国家，日本是武治的儒教国家。"中国人承继孔子重文观。孔子说："天之未丧斯文也，匡人其如予何。"老天爷讲斯文，匡人对我是无可奈何的。日本人尚武有历史渊源。古代日本以狩猎捕鱼为生，上山下海，需要勇猛身躯精神。

欧洲骑士崇尚个人骑术武艺。日本武士崇尚集团精神。"花数樱花，人数武士。"日本把武士比作樱花。"七日樱花"，樱花一起盛开，七天后一起凋零。

---

① 胡兆量.访问"新日铁"[J].世界经济,1980,6(增刊):55—61.

一夜间鲜红的花瓣铺满大地,没有一朵留恋枝头。樱花像守护城池的武士,集体壮烈阵亡。

日本封建社会,尚武文化演变成武士道。"所谓武士道,就是看透死亡"。①武士道无视他人生命价值,是虐杀狂,也同样对待自己的生命价值,是自虐狂。自虐的表现是剖腹自杀。武士道认为人的灵魂寄于肚中,剖腹是将自己的灵魂向众人展示,"是红是黑,请君自公断"。②

五、饮食文化比较

中日两国饮食在菜肴内容、菜肴形式和餐具方面都有区别。

(一) 生冷海鲜

日本菜肴多生冷海鲜。生鱼片是用新鲜鱼贝,生切成片,蘸调味料的食物,是日本考核餐馆水准的标尺。寿司是日本人常用的主食,用不冷不热的米饭,捏成船形饭团,外包紫菜,中夹鱼贝、蔬菜和调料,简单美味。日本四面环海,九成以上居民住在临海城镇,陆地离海最长的距离不超过150千米,海产资源丰饶,平均每人每年吃鱼类约70千克,是世界平均值5倍。

生吃海鲜可以保持食物中的维生素,易于消化,有利健康。鱼脂中有丰富的长链不饱和脂肪酸,如DHA(二十二碳六烯酸)和EPA(二十碳五烯酸),可以促进大脑和视网膜活动,预防动脉硬化和老年痴呆。海藻可以预防高血压和糖尿病。饮食文化是日本人长寿的原因之一。冲绳是日本吃海藻最多的地方,也是长寿者比例最高的地方。

中国菜肴大都是深度加工的热菜。大厨离不开火,炒、烤、炸、煨、烩、炖都是火字旁的,煎、蒸、熏的四点代表火字。中餐的冷盘一般是副菜,不是主菜。冷盘中的食物大都是煮熟后再冷的,真正的生冷食物很少。

日本植物油产量少,有节约食用油的习惯,做菜尽可能少用油煎油炸。中国多数地区离海较远,海味不易保鲜,用油煎炒可以除腥增味。在用味方面,日本菜清淡偏甜。中国菜偏咸,北方尤其明显。日本是海洋性气候,空气湿润,出汗概率少。中国大部地区是大陆性气候,空气干燥,出汗较多,需要盐分补充。

---

① 山本常期.叶隐卷一.
② 新渡户稻造.武士道.

(二) 色彩美观

中日两国饮食文化都讲色、香、味。"君子为腹不为目",中国菜色香味的落脚点在味,在美味。中国人介绍菜肴时,着重点是"味道好不好"。日本菜色香味的落脚点在形与色。日本菜像插花,把菜肴摆成花朵一般,吸引眼球。人们评论日本人用眼睛吃饭。

日本流行分食制,不讲过度,与中国食必大方、超量供应有区别。以日本茶道为例,一般敬半杯茶,很少续茶。不像中国人那样不断续茶。日本海洋性气候,人们不必大量饮茶补充水分。[1]

(三) 筷子文化

中日两国都在筷子文化圈中,但筷子文化的内容是有区别的。中国标准筷子25厘米,日本标准筷子20厘米,比中国短些。中国筷子一端圆形,比较粗,日本筷子一端尖形。筷子在桌上摆设,中国竖放,日本横放。这三点差别与两国饮食特征有关。中国会食制,菜肴放在桌子中央,筷子长些,便于夹菜,用餐时筷子是垂直运动,竖放与运动方向一致。菜肴多煎、炒、烧、比较滑溜,筷端粗些,便于着力。日本分食制,食物放在座前,筷子的运动距离短,运动的方向是横的,较短的筷子运动自如,横放与运动方向一致。日本菜中蟹虾等带壳的食品较多,筷子尖端可以挑出壳中的残肉。

日本人一般不用汤匙。汤和粥端起碗喝,汤碗中有食物,用筷子夹着吃。日本盛汤和粥的碗大都是漆器制品。用金属汤匙和瓷汤匙容易碰坏漆碗。日本许多餐馆是不提供汤匙的。

第二次世界大战以后,日本受欧美饮食文化的冲击,菜肴中脂肪的比重由7%上升到25%,蔬菜的消费量下降。《推荐粗食》作者幕内秀夫说:"日本人长年积累下来的饮食文化传统,其实是最适合我们的。迷恋欧美食品,就好像让一匹吃草的马去改吃肉一样。近年来肥胖症、糖尿病在日本激增,就是人们脱离了传统食物的结果。"

---

[1] 贾惠萱.中日饮食文化比较研究[M].北京:北京大学出版社,1999.

第二十五章　中华审美观

中华审美观是中华意识形态的重要组成部分。

一、"天地有大美"

美源自天是中华审美观的纲。庄子说:"天地有大美而不言。"①大美来自天地是不言而喻的。自然无限美,人生何渺茫。天地长在,宫殿易逝。在天地面前人们的创作是短暂的、渺小的。

(一) 审美三要点

以天为纲的中华审美观有三个要点:致高远;讲中和;重神韵。

(1) 致高远。"天高云淡,望断南飞雁"。天的特征是高远。游山观景要登高。祀神祭祖讲登高。诗词歌赋唱登高。亭台楼阁为登高。杜甫《登高》诗是七律之首。"无边落木萧萧下,不尽长江滚滚来"被后人传颂。阴历九月初九重阳登高,是民俗节日。

与高远相对应的是山水文化。仁者乐山,智者乐水。有仁德的人守信义,爱质朴厚重的高山。有智慧的人通事理,爱曲折奔腾的流水。刘勰说:"若乃山林皋壤,实文思之奥府。"②苏轼说:"游遍钱塘湖上山,归来文字带芳鲜。"③讲的是山水对文学美的影响。李白诗稿中有 770 处提到山,525 处提到水。杜甫诗稿中有 614 处提到山,443 处提到水。

释道教义深化致高远的审美观。释家"无我""深山藏古寺"。道家"无为""羽化",圈定十大洞天,三十六小洞天,七十二福地,大都是山奇、泉清、崖怪、洞幽的地方。洞天是群仙辖地。福地是访仙佳境。

(2) 讲中和。不偏不倚,不执一端,公允中一。讲中和犹如走钢丝,自始至终,战战兢兢,平衡协调。一旦失去平衡,就会酿成大祸。在美学上,讲中和是

---

① 庄子·知北游.
② 刘勰.文心雕龙·物色.
③ 苏轼.送郑户曹.

适度柔和,肥瘦得宜,疏密有致,中规中矩,增一分太长,减一分太短。"镜花水月",镜中折射的花,池中倒影的月美在柔和。旬子《乐论》:"乐者,天地之和也。"音乐来自天地的合奏,既适度,又柔和。

(3) 重神韵。"望秋云,神飞扬;临春风,思浩荡。"① 秋云春风是景,神态思绪是意。中华审美观讲寓情于景,情景一体。北宋画院录取的标准是笔意俱全。笔是技法,意是意境。笔意俱全要求情景交融。

(二) 园林法师天地

中国治园的总纲是"天造地设""虽由人作,宛如天开"。②③ "人作",园林的性质是人造景观。园林与天然景观有区别,落脚在人烟稠密的市区及其周边一带。"天开"是治园的原则,依自然之理,得自然之趣(见图 25-1)。治园又称叠山理水,山水是园林主角。园林中,山像自然的山,水像自然的水。山因水而幽,水因山而活。遵循"天开"原则治园,不出城市获山水之灵气。

图 25-1　中国园林随势起伏的游廊④

---

① (南朝·宋)王微. 叙话.
② (宋)赵佶(徽宗). 艮岳记.
③ (明)计成. 园冶.
④ 吴尚荣. 建筑与环境艺术速写[M]. 北京:中国建筑工业出版社,2008.

中国园林又称文人园林。园林中融入传统文化的价值观。退思、网师、拙政等园名反映文人的气节志向。盛栽红梅,寓意玉骨冰肌。培植幽兰,取其秀质清新。黄菊怒放,意寓傲霜斗露。苍松翠竹,岁寒后凋,虚怀若谷,气节高昂。

中国园林是对自然美的提炼和升华。园林中有诗有画。窗外花树一角,像折枝尺幅;山间枯树三五,衬奇岩幽洞。明人龚贤提出:"一株独立者,其树必作态""二株一丛,必一俯一仰,一倚一直""三株一丛,第一株为主树,第二株、第三株为客树"。精细的艺术安排在西方园林中是罕见的。

二、"锦绣中华"的命运

1952年荷兰建马都拉丹微缩景观,1955年美国洛杉矶建迪士尼乐园,是主题公园时代的标志。1989年9月深圳"锦绣中华"开业,掀起中国建设主题公园高潮。深圳有个"锦绣中华",美国佛罗里达州奥兰多也有个"锦绣中华"。两个"锦绣中华"结局不同。一个欣欣向荣,成为中国里程碑式的主题公园。另一个惨淡经营,歇业告终。

1985年国务院批准建深圳华侨城,面积4.8平方千米。华侨城按建设现代化生态城区目标,把"锦绣中华"作为建设的切入点。"锦绣中华"投资1亿元,开业一年收回。接着,陆续建成"世界之窗"和"欢乐谷",形成大型主题公园群。

深圳优越的区位和海内外游客的需求是成功的重要条件。"锦绣中华"一步迈进中华历史,一日游遍九州大地,是大好河山的缩影,爱国主义教育的课堂。港澳台同胞、海外华侨华人、国际友人,从深圳入境,可以在这里饱览九州河山。广大内地居民游览深圳,可以在"世界之窗"瞭望全球胜景。

1993年在美国佛罗里达州奥兰多建"锦绣中华",占地30公顷,耗资1.5亿美元。奥兰多号称"世界欢乐之都",有迪士尼、环球影城、未来世界、世界之窗、海洋世界、动物王国、乐高等主题公园,开一家成功一家,唯有"锦绣中华"败下阵来。

美感有主观性。同一个对象,有文化的人和没有文化的人感受不同,富人和穷人感受不同。林清玄禅诗:"白鹭立雪,愚者看鹭,聪者观雪,智者见白。"[①]漫漫雪地上有群白鹭,文化素养低的人看到的是鹭的本身,艺术家欣赏雪景衬托,思想家从白茫茫大地中领悟哲理。方成[②]漫画《观点不同》展示对6的不同感受,倒看6成9,侧看6像草书中的四,四大皆空的高僧看来一无所有(见图25-2)。

---

① 林清玄(1953—2019)台湾诗人、作家、佛教徒,当代台湾八大散文家之一。
② 方成(1918—2018),漫画家,与华君武、丁聪称"漫画三老"。

图 25-2　漫画《观点不同》[①]

"锦绣中华"不能适应美国人的审美观,特别不能适应美国孩子的审美观。迪士尼按照美国人喜好新奇、动感、刺激、参与的口味设计,每年投入数亿美元开发高科技含量的惊险项目。在美国人看来,"锦绣中华"展示的长城、故宫、孔庙、敦煌石窟,是不同形式的建筑物,是静态的、无法参与的,缺乏惊险性和刺激性,引不起孩子的兴趣。事后总结,在"锦绣中华"内,惊险的杂技和武术表演,可口的中餐对美国人有吸引力。如果对美国文化有深入的分析,集中力量办好杂技馆和中餐馆,可以收到事半功倍的效果。

三、公墓园林化[②]

园林化是公墓建设的方向。在欧美,公墓是园林的一个类型,著名的公墓是游览胜地。按历史追溯,公墓园林比一般园林出现得更早些。王蒙说:"也许你想不到,在我们的 1996 年欧洲之旅中,一种温馨的经验,乃是徜徉在一些墓地里。"[③] 目前,我国多数公墓阴森简陋,是精神文化资源的浪费,也是土地资源的损失。

---

① 徐鹏飞.幽默画[M].成都:四川人民出版社,1996.
② 胡兆量.公墓园林化[J].规划师,2003,1:93—95.
③ 王蒙.安息的家园[M]//黎先耀主编.墓园情思.北京:经济日报出版社,2001.

（一）继承传统丧葬文化积极因素

"慎终追远，民德归厚。"[①]墓地是与先哲神游交往的地方，可以升华道德修养，凝聚乡亲故里。郁达夫在《忆鲁迅》中说："有了伟大的人物，而不知拥护、爱戴、崇拜的国家，是没有希望的奴隶之邦。"

园林化公墓是培养科学人生观的课堂。人生观与人死观不可分。对死的理解蕴涵对生的认知。道家讲"死生一体"。[②]儒家主张"在族类绵延、创业垂统、成仁成义的道路上，树立生命的丰碑"。[③]视死如归，才能将有限的生命融入无限的社会，在治国平天下大业中奉献毕生精力。

公墓园林化可以展现精神文化积淀。历史文化的主要承担者是生活在这里的人。留下哲人踪影可以提升城市品位，塑造城市特色。袁枚有诗："赖有岳于双少保，人间始觉重西湖。"[④]袁枚是杭州人，对岳王庙和于谦墓的精神价值有深切体验。岳王庙楹联"青山有幸埋忠骨，白铁无辜铸佞臣"，千百年来，激励华夏子弟爱国热情。

（二）扬弃传统丧葬文化消极成分

公墓园林化可以扬弃我国传统丧葬文化中的消极成分。鬼怪地狱观念是我国丧葬文化消极成分之一。我国盛行鬼怪地狱观念有多方面的原因。

(1) 先民万物有灵观。万物有灵，灵魂不死。灵魂不死成鬼。"鬼者，归也"。[⑤]《汉书》："精神者，天之有也；形骸者，地之有也。精神离形，各归其真，故谓之鬼。"鬼与神是相通的。

(2) 佛道理念。佛讲生死轮回，道说羽化成仙，与民间鬼怪融合，强化地狱、阴曹。地狱有十八层。阴曹有阎王、城隍、土地、大鬼、小鬼。《隋书·韩擒虎传》说，立国大将韩擒虎到阴曹任阎王。南宋以后，民间封包拯任阎王，"日断人间，夜断阴间"。

(3) 统治集团提倡。宋朝按城市的等级封城隍为帝、王、公、侯、伯，管辖阴曹。朱元璋大封城隍后说："朕立城隍神，使人知畏。人有所畏，则不敢妄为。"[⑥]

---

① 论语·学而.
② 庄子·知北游："死生有待耶？皆有所一体."
③ 靳凤林.窥视生死线——中国死亡文化研究[M].北京：中央民族大学出版社，1999.
④ 袁枚.谒岳王墓作十五绝名之十五.小仓山房诗集，卷二十六.
⑤ 王充.论衡·论死.
⑥ 续文献通考·群祀考三.

造访寺庙,印象最深的不是面容端庄和颜悦目的佛祖,而是阴曹地府。那里有口吐长舌的黑白无常,有青面獠牙的大鬼小鬼,有怪模怪样的牛头马面,有凶煞恶狠的夜叉罗刹。中国老人爱用小鬼吓唬小孩。在鬼怪文化影响下,人们对墓地有畏惧感。

北京石景山区八宝山公墓,区位条件优越,周边局面冷清。这里靠近长安大街,有地铁一号线经过,有北京最近的山景,有全国最丰富的人文精神资源。受鬼怪文化影响,周边的土地潜在优势无法转化为现实优势。

(三) 吸纳西方丧葬文化合理内核

在欧美,公墓荟萃园林、建筑、雕塑艺术,展示先人精神财富。著名的公墓,如维也纳中央公墓、柏林多罗顿公墓、华盛顿阿灵顿公墓,都是观光热点。徜徉公墓,感受精神的光辉、生命的温馨。

公墓是先人安息长眠的地方,是造访者凝思的地方。长眠也好,凝思也好,需要高雅安谧的环境。托尔斯泰墓"只是树林中的一个小小长方形土丘,上面开满鲜花,没有十字架,没有墓碑,没有墓志铭,连托尔斯泰这个名字也没有"。奥地利作家茨威格认为,托尔斯泰墓是"世间最美的,给人印象最深刻、最感人的坟墓"。[①]

对比梅兰芳和乌兰诺娃两位大师的墓地可以说明公墓园林化的紧迫性。乌兰诺娃墓在莫斯科新圣母公墓,有精美的白色大理石墓碑和雕像,游人络绎不绝。乌兰诺娃称赞梅兰芳在《贵妃醉酒》中"施展魔法""把他那绝无仅有的手势用得淋漓尽致,是民族戏剧遗产精华的集中表现"。[②] 由于公墓园林化滞后,梅兰芳墓地没有成为人们瞻仰的景点。

根据美国森林服务局研究,园林化公墓周边房地产的价格可以增值10%。在我国传统丧葬观影响下,公墓周边房地产普遍减值。一增一减,差别明显。

四、中央电视台新楼的争议

2002年12月荷兰大都会建筑事务所库哈斯提交北京中央电视台新楼方案。方案引起激烈的争议。国际建筑界给以极高评价。2007年《泰晤士报》评选10座全球在建优秀建筑,新楼名列第八。我国百姓对新楼的观感相反。

---

① 〔奥〕茨威格.世间最美的坟墓[M]//黎先耀主编.墓园情思.北京:经济日报出版社,2001.
② 高莽.白天鹅[M]//黎先耀主编.墓园情思.北京:经济日报出版社,2001.

2009年9月评选北京十大建筑，收到9 711 753张选票，新楼落选。同年10月，在全国范围评选北京十六景，又不见新楼。北京当地人戏称新楼是"大裤衩"。

（一）温柔敦厚与标新猎奇

对中央电视台新楼评价的分歧，可以从两方面解读：① 温柔敦厚与标新猎奇，审美观的主观性和地域差异；② 绿叶配红花，距离产生美，环境对建筑的影响。

温柔敦厚本意是为人之道，不做过分的事，不说过分的话。孔子说："温柔敦厚，诗教也。"[①]温柔是温文尔雅，文质彬彬。敦厚是老实憨厚，淳朴忠诚。温柔敦厚的审美内涵是阴阳和谐，刚柔并济，空灵飘逸。

电视台新楼有两座塔楼。一座52层，高234米；另一座44层，高194米。两座塔楼向内倾斜6度，在162米高程处分别伸出高10层的悬臂。两条悬臂连接处成90度直角（见图25-3）。部分人认为新楼稀奇古怪楞歪斜，不符合温柔敦厚审美观。

图 25-3　中央电视台新楼

---

① 礼记·经解.

适度的稀奇古怪可以满足好奇心。看惯了常态建筑会产生审美疲劳。入芝兰之室,久而不闻其香。好吃的美食,好看的图画,天天吃、天天看,觉得平淡。东方人初到西方享受异国情调,西方人初到东方觉得事事好奇。稀奇古怪产生新鲜感,留下过目不忘的印象。

美学认为稀奇古怪是美,是非常态美。世上事情十全十美是少数,残缺不全是多数。大千世界由美和丑组成,由常态和非常态组成。刘熙载说:"丑到极处,便是美到极处。"欣赏丑中大美是对大千世界的领悟。

追求稀奇古怪有个限度,称先进然而可接受原则。"在历史和人生中,光明面终究是主要的,丑在人的审美活动中不应该占有过大的比重。"类似的古怪建筑多了,见怪不怪,引不起人们关注,还会产生反感。

中央电视台新楼一斜二悬,挑战地心引力和经济原则。大楼借助钢结构支撑稳住倾斜和悬臂。悬臂长 75 米,重 1.8 万吨。大楼单位建筑面积耗钢材等于普通高层建筑 10 倍(见图 25-4)。新楼在经济上是不宜复制的。

图 25-4 中央电视台新楼外墙金属结构

(二) 距离产生美

对建筑的评价有两个不同视角。

一是从建筑本身评价,关注建筑物本体创新度,在建筑史上的地位。这是国际上对新楼评价的出发点,也是新楼美誉的依据。可以推断,评选的专家大都没有到北京实地考察新楼的景观效果。从设计图纸和影像资料给新楼打分,打的是建筑本体的分。

二是从建筑景观效果评价,既考察建筑本体,也考察它与周边环境的协调性,与周边环境共同组成的景观体系。同一座建筑,放在不同的地段、不同的环境中,景观效果是有区别的,美感是有区别的。

近取质,远取势。欣赏山岳叠嶂、乱云飞渡的雄伟气势,要保持一定距离。苏东坡《题西林壁》:"横看成岭侧成峰,远近高低各不同。""庐山形同一座北东西南向的巨大笔架,故横看成岭,侧看成峰,只有绕庐山一周,全方位观察,才能发现其真面目,才能把握此景。"①山区步换景移,到了山脚,看到的是块块岩石,花草树木,山势是看不清的。景区往往设最佳观赏平台,供摄影爱好者取景留念。人们用若即若离形容距离产生美。把握好若即若离的确切尺度因景因时而变化。

红花要有绿叶配。建筑物的美要有周边环境衬托。艾宾浩斯发现一条视觉规律:同一个物体在体量较小的对照物衬托下,显得雄伟;在体量较大的对照物衬托下,显得细小。这一规律称艾宾浩斯错觉。

图 25-5　高楼群中的中央电视台新楼

---

① 谢凝高.名山·风景·遗产[M].北京:中华书局,2014.

区位是北京中央电视台新楼的险处。区位环境很难衬托新楼的景观效果。中央电视台位于北京中央商务区核心地段，被大批超高层建筑环抱。"中国尊"高528米，等于中央电视台两倍以上；像国贸大厦三期330米高的大厦密密麻麻，中央电视台新楼在超高楼群中犹如鸡立鹤群，很难展示风姿（见图25-5）。人们行走在东三环路上，仰望紧挨人行道的新楼，悬臂在头顶成90°角相连，往往有高山压顶的感受。

参 考 文 献

[1] S A Wurm, Wang Gungwn. Language of China[M]. Hong Kong：Longman Group(Far East),1987.
[2]〔美〕A.萨默维尔普.古代美索不达米亚诸帝国[M].李红燕译.北京：商务印书馆,2015.
[3] 阿成.哈尔滨人[M].杭州：浙江人民出版社,1995.
[4] 车吉心.中国状元全传[M].济南：山东美术出版社,1993.
[5] 陈从周.中国园林[M].广州：广东人民出版社,1996.
[6] 陈炎.海上丝绸之路与中外文化交流[M].北京：北京大学出版社,1996.
[7] 陈章太.闽语研究[M].北京：语言出版社,1991.
[8] 陈支平.福建六大民系[M].福州：福建人民出版社,2000.
[9] 陈植.园冶诠释[M].北京：中国建筑工业出版社,1988.
[10] 段宝林,江溶.中国山水文化大观[M].北京：北京大学出版社,1995.
[11] 樊杰等.中国人文与经济地理学者的学术探索和社会贡献[M].北京：商务印书馆,2016.
[12] 冯禹.中国传统文化大观[M].北京：大百科全书出版社,1993.
[13] 冯钟平.中国园林建筑[M].北京：清华大学出版社,2000.
[14] 韩茂莉,胡兆量.中国古代状元分布的文化背景[J].地理学报,1998,6：528—536.
[15] 何绵山.闽文化概论[M].北京：北京大学出版社,1996.
[16] 胡兆量,陈宗兴,张乐育.地理环境概述.3版[M].北京：科学出版社,2006.
[17] 胡兆量,韩茂莉,冯健.图说中国文化地理[M].北京：北京大学出版社,2013.
[18] 胡兆量,韩茂莉,汪一鸣.中国区域发展导论.3版[M].北京：北京大学出版社,2008.
[19] 胡兆量,韩茂莉.汉姓发源地述要[J].地域研究与开发,2005,1：125—128.
[20] 胡兆量,李燕茹,阮学金.澳门人地关系研究[J].地理学报,1999,6：481—486.
[21] 胡兆量,沈惠淑,阿尔斯朗,琼达.中国文化地理纲要[M].北京：人民教育出版社,2005.
[22] 胡兆量,王恩涌,韩茂莉,阮学金.广东方言特征及其成因[J].经济地理,1998,6：1—4.
[23] 胡兆量,武廷海.中国建筑园林的南北差异[J].经济地理,1999,5：91—94.
[24] 胡兆量.澳门葡萄牙人：宝贵的人文资源[J].城市问题,1995,2：34—38.
[25] 胡兆量.地理环境与建筑[M].北京：高等教育出版社,2012.
[26] 胡兆量.访问"新日铁"[J].世界经济,1980,6增刊：55—61.
[27] 胡兆量.公墓园林化[J].规划师,2003,1：93—95.
[28] 胡兆量.区域形象设计[J].地域研究与开发,2003,2：1—4.
[29] 胡兆量.文化资源[J].论城市问题,2005,4：2—7.
[30] 胡兆量.我国第一所西式大学：论澳门圣保禄学院的历史地位[J].深圳大学学报,1999.4：28—31.

[31] 胡兆量.我国经济地带与东亚经济地带的文化地理背景[J].经济地理,1987,4:248—252.

[32] 胡兆量.中国民俗地理探幽[J].经济地理,1999,1:1—5.

[33] 胡兆量.中国戏曲地理特征[J].经济地理,2000,1:84—87.

[34] 黄菊盛.中国戏曲大辞典[M].上海:上海辞书出版社,1995.

[35] 季羡林.谈东西方文化[M].杭州:浙江人民出版社,2016.

[36] 贾蕙萱.中日饮食文化比较研究[M].北京:北京大学出版社,1999.

[37] 蒋宝德.中国地域文化[M].济南:山东美术出版社,1997.

[38] 昆武.云南十八怪[M].北京:晨光出版社,1995.

[39] 李汉飞.中国戏曲剧种手册[M].北京:中国戏剧出版社,1987.

[40] 刘德增.山东人[M].济南:山东人民出版社,1997.

[41] 刘善龄.西洋风:西洋发明在中国[M].上海:上海古籍出版社,1999.

[42] 刘卫东等.经济地理学思维[M].北京:科学出版社,2013.

[43] 李新魁.广东的语言[M].广州:广东人民出版社,1994.

[44] 罗哲文.中国建筑文化大观[M].北京:北京大学出版社,2001.

[45] 马戎.西藏的人口与社会[M].北京:同心出版社,1996.

[46] 钱云,金海龙.丝绸之路绿洲研究[M].乌鲁木齐:新疆人民出版社,2010.

[47] 沈益民.中国人口迁移[M].北京:中国统计出版社,1992.

[48] 司徒尚纪.广东文化地理[M].广州:广东人民出版社,1993.

[49] 司徒尚纪.岭南历史人文地理:广府、客家、福佬民系比较研究[M].广州:中山大学出版社,2001.

[50] 苏伟光等.内地—香港:比较文化的视野[M].北京:人民出版社,1999.

[51] 陶无礼.北"风"与南"骚"[M].北京:华文出版社,1997.

[52] 田广林.中华传统文化学[M].北京:高等教育出版社,1999.

[53] 王恩涌,胡兆量,李向荣.当前我国文武人才的地理分布与南北差异[J].云南地理环境,1996,1:1—8.

[54] 王恩涌.文化地理学导论[M].北京:高等教育出版社,1989.

[55] 王恩涌等.中国文化地理[M].北京:科学出版社,2008.

[56] 王刚.历代文武状元[M].北京:中国文联出版社,2000.

[57] 王仁湘.饮食与中国文化[M].北京:人民文学出版社,1994.

[58] 王淑娉.广东族群与区域文化研究[M].广州:广东高等教育出版社,1999.

[59] 王蔚.不同自然观下的建筑场所艺术[M].天津:天津大学出版社,2004.

[60] 王晓澎,孟子敏.数字里的中国文化[M].北京:团结出版社,2000.

[61] 吴东平.色彩与中国人的生活[M].北京:团结出版社,2000.

[62] 吴桂就.方位观念与中国文化[M].南宁:广西教育出版社,2000.

[63] 吴同瑞.中华文化讲座丛书[M].北京:北京大学出版社,1994.

[64] 吴永生,冯健,张小林.中国民歌文化的地域特征及其地理基础[J].人文地理,2005,2:88—92.

[65] 夏春平.香港文化色彩[M].北京:龙门书局,1997.
[66] 项光盈.世纪之交看温州[M].北京:华夏出版社,1998.
[67] 谢凝高.名山·风景·遗产[M].北京:中华书局,2011.
[68] 谢让志.解读人文天津[M].天津:天津人民出版社,2012.
[69] 徐杰舜.汉民族的人类学分析[M].上海:上海人民出版社,1999.
[70] 徐兆奎,韩光辉.中国地名史话[M].北京:中国国际广播出版社,2016.
[71] 〔英〕亚京斯著.破解古埃及[M].黄中宪译.北京:三联书店,2016.
[72] 杨辛.甘霖.美学原理[M].北京:北京大学出版社,2001.
[73] 叶春生.区域民俗学[M].哈尔滨:黑龙江人民出版社,2004.
[74] 叶朗.中国美学史大纲[M].上海:上海人民出版社,1985.
[75] 余从.中国戏曲史略[M].北京:人民音乐出版社,1993.
[76] 袁行霈.中华文明之光[M].北京:北京大学出版社,1999.
[77] 袁义达,张诚.中国姓氏:群体遗传和人口分布[M].上海:华东师范大学出版社,2002.
[78] 张海鹏.徽商研究[M].合肥:安徽人民出版社,1995.
[79] 张琦.中国双城记:北京人和上海人趣谈[M].北京:金城出版社,2000.
[80] 张薇."园治"文化论[M].北京:人民出版社,2007.
[81] 张卫东.客家文化[M].北京:新华出版社,1991.
[82] 张正明.晋商兴衰史[M].太原:山西古籍出版社,1995.
[83] 张祖刚.世界园林发展概论[M].北京:中国建筑工业出版社,2003.
[84] 赵荣.陕西文化景观研究[M].西安:西北大学出版社,1999.
[85] 中华孔子学会编辑委员会.中华地域文化集成[M].北京:群众出版社,1998.
[86] 周维权.园林·风景·建筑[M].天津:百花文艺出版社,2006.